中国工程院院士
是国家设立的工程科学技术方面的最高学术称号,为终身荣誉。

中国工程院院士传记

柳百成传

曾晓萱 著

清华大学出版社 北京
人民出版社 北京

内容简介

本书是科学家柳百成院士的传略。作为柳百成先生一生的简要总结，涵盖了近90年的历史，从一个侧面反映了知识分子与祖国人民同命运、共呼吸的奋斗史。作为新中国培养成长的新一代知识分子，他个人的一些特殊经历具有一定的代表性，反映了中国社会主义初期时代的某些特色。

本书从多方面为我们展示了一位丰富而立体的科学家形象，希望能对当代年轻人有所启迪。

版权所有，侵权必究。举报：010-62782989，beiqinquan@tup.tsinghua.edu.cn。

图书在版编目(CIP)数据

柳百成传 / 曾晓萱著. -- 北京：清华大学出版社，2025.4.
(中国工程院院士传记). -- ISBN 978-7-302-68968-3
Ⅰ. K826.1
中国国家版本馆CIP数据核字第20256G5366号

责任编辑：鲁永芳
封面设计：常雪影
责任校对：赵丽敏
责任印制：宋　林

出版发行：清华大学出版社
网　　址：https://www.tup.com.cn, https://www.wqxuetang.com
地　　址：北京清华大学学研大厦A座　　　邮　编：100084
社 总 机：010-83470000　　　　　　　　邮　购：010-62786544
投稿与读者服务：010-62776969, c-service@tup.tsinghua.edu.cn
质量反馈：010-62772015, zhiliang@tup.tsinghua.edu.cn
印 装 者：小森印刷（北京）有限公司
经　　销：全国新华书店
开　　本：170mm×240mm　　印　张：18　　字　数：212千字
版　　次：2025年4月第1版　　　　　　　印　次：2025年4月第1次印刷
定　　价：129.00元

产品编号：108985-01

中国工程院院士传记丛书

编辑出版工作领导小组
  顾　问：宋　健　徐匡迪　周　济
  组　长：李晓红
  副组长：钟志华　蒋茂凝　邓秀新　辛广伟
  成　员：陈建峰　梁晓捷　罗莎莎　唐海英　丁养兵
     李冬梅

编辑和审稿委员会
  主　任：辛广伟　罗莎莎
  副主任：葛能全　唐海英
  成　员：梁晓捷　吴晓东　赵　千　常军乾　侯　春

编辑出版办公室
  主　任：赵　千
  成　员：侯　春　张丽四　龙明灵　蔡昌金　方鹤婷
     姬　学　高　祥　何朝辉　宗玉生　张　松
     王小文　张秉瑜　丁　宁　聂淑琴

总序

20世纪是中华民族千载难逢的伟大时代。千百万先烈前贤用鲜血和生命争得了百年巨变、民族复兴，推翻了帝制，肇始了共和，击败了外侮，建立了新中国，独立于世界，赢得了尊严，不再受辱。改革开放，经济腾飞，科教兴国，生产力大发展，告别了饥寒，实现了小康。工业化雷鸣电掣，现代化指日可待。巨潮洪流，不容阻抑。

忆百年前之清末，从慈禧太后到满朝文武开始感到科学技术的重要，办"洋务"，派留学，改教育。但时机瞬逝，清廷被辛亥革命推翻。五四运动，民情激昂，吁求"德、赛"升堂，民主治国，科教兴邦。接踵而来的，是18年内战、8年抗日和3年解放战争。恃科学救国的青年学子，负笈留学或寒窗苦读，多数未遇机会，辜负了碧血丹心。

1928年6月9日，蔡元培主持建立了中国近代第一个国立综合性科研机构——中央研究院，设理化实业研究所、地质研究所、社会科学研究所和观象台四个研究机构，标志着国家建制科研机构的诞生。20年后，1948年3月26日遴选出81位院士（理工53，人文28），几乎都是20世纪初留学海外、卓有成就的科学家。

中国科技事业的大发展是在新中国成立以后。1949年11月1日成立了中国科学院，郭沫若任院长。1950—1960年有2500多名留学海外的科学家、工程师回到祖国，成为大规模发展中国科技事业的第一批领导骨干。国家按计划向苏联、东欧各国派遣1.8

万各类科技人员留学，全都按期回国，成为建立科研和现代工业的骨干力量。高等学校从新中国成立初期的200所增加到600多所，年招生增至28万人。到21世纪初，高等学校2263所，年招生600多万人，科技人力总资源量超过5000万人，具有大学本科以上学历科技人才达1600万人，已接近最发达国家水平。

新中国成立60多年来，从一穷二白成长为科技大国。年产钢铁从1949年的15万吨增加到2011年的粗钢6.8亿吨、钢材8.8亿吨，几乎是8个最发达国家（G8）总年产量的2倍。1950年代钢铁超英赶美的梦想终于成真。水泥年产20亿吨，超过全世界其他国家总产量。中国已是粮、棉、肉、蛋、水产、化肥等第一生产大国，保障了13亿人口的食品和穿衣安全。制造业、土木、水利、电力、交通、运输、电子通讯、超级计算机等领域正迅速逼近世界前沿。"两弹一星"、高峡平湖、南水北调、高公高铁、航空航天等伟大工程的成功实施，无可争议地表明了中国科技事业的进步。

党的十一届三中全会以后，实行改革开放，全国工作转向以经济建设为中心。加速实现工业化是当务之急。大规模社会性基础建设，大科学工程、国防工程等是工业化社会的命脉，是数十年、上百年才能完成的任务。中国科学院张光斗、王大珩、师昌绪、张维、侯祥麟、罗沛霖等学部委员（院士）认为，为了顺利完成中华民族这项历史性任务，必须提高工程科学的地位，加速培养更多的工程科技人才。中国科学院原设的技术科学部已不能满足工程科学发展的时代需要。他们于1992年致书党中央、国务院，建议建立"中国工程科学技术院"，选举那些在工程科学中做出重大的、创造性成就和贡献、热爱祖国、学风正派的科学家和工程师为院士，授予终身荣誉，赋予科研和建设任务，请他们指导学科发展，培养人才，对国家重大工程科学问题提出咨询建议。中央接受了他们的建议，于1993年决定建立中国工程院,聘请30名中国科学院院士和遴选66名院士共96名为中国工程院首批院士。于1994年6月3日,召开了中国工程院成立大会,选举朱光亚院士为首任院长。中国工程院成立后,全体院士紧密团结全国工程科技界共同奋斗,在各条战线上都发挥了重要作用,做出了新的贡献。

中国的现代科技事业比欧美落后了200年。虽然在20世纪有了巨大进步,但与发达国家相比,还有较大差距。祖国的工业化、现代化建设,任重道远,还需要有数代人的持续奋斗才能完成。况且,世界在进步,科学无止境,社会无终态。欲把中国建设成科技强国,屹立于世界,必须持续培养造就数代以千万计的优秀科学家和工程师,服膺接力,担当使命,开拓创新,更立新功。

中国工程院决定组织出版"中国工程院院士传记"丛书,以记录他们对祖国和社会的丰功伟绩,传承他们治学为人的高尚品德、开拓创新的科学精神。他们是科技战线的功臣,民族振兴的脊梁。我们相信,这套传记的出版,能为史书增添新章,成为史乘中宝贵的科学财富,俾后人传承前贤筚路蓝缕的创业勇气、魄力和为国家、人民舍身奋斗的奉献精神。这就是中国前进的路。

作者简介

曾晓萱，1934年8月生于青岛，籍贯浙江温州瑞安。1955年毕业于清华大学机械工程系，在校期间曾任清华大学学生会副主席。毕业后留校任教，从事教学科研工作40余年。1991—1992年获美国富布莱特基金，赴麻省理工学院科学技术与社会中心做访问学者一年。1992年受聘为清华大学教授，获国务院政府特殊津贴。1997年退休。

在校任教期间，曾分别为本科生、硕士生、博士生开设政治经济学、自然辩证法、科学技术与社会等7门课程。1993年，清华大学人文社会科学学院科学技术与社会研究所成立，曾任研究所副所长。主要从事科学技术史、科学技术与社会、高技术产业管理与人文以及中国与美国高等工程教育的比较等课题研究工作。先后完成国家自然科学基金项目3项，北京市哲学社会科学基金项目2项，国家教委科学研究基金项目3项。共发表论文70余篇，合作出版专著7部，独著《高科技管理与人文》《美英揽胜——另眼看世界》等3部。

著作《美国高等工程教育》等7篇论文和《科学认识论与方法论》分别获北京市1991年及1992年哲学社会科学优秀成果奖二等奖及全国图书奖。课题《关于在有条件的重点大学创办工程研究中心的研究》获1994年国家教委科技进步奖三等奖。教材2部获清华大学优秀教材奖。

前言

本书作为柳百成一生的简要总结,涵盖了90多年的历史,也是新、旧中国交替及新中国艰难成长、改革开放、奋斗崛起的历史,从一个侧面反映了知识分子与祖国人民同呼吸、共命运的奋斗史。作为新中国培养成长的新一代知识分子,他个人的一些特殊经历具有一定的代表性,反映了中国社会主义初期时代的某些特色。现就以他学术人生中的体验,对青年学生提出的廿字箴言——爱国奉献、创新思维、顽强拼搏、健康体魄、热爱生活,作为本书的前言,来简要概括他的学术人生和理想追求。

爱国奉献

柳百成1933年生于上海,少年时期日寇铁蹄的奴役、国民党反动腐朽的统治,在他幼小心灵中留下了深深的烙印。在敌、伪和反动统治的夹缝中学到的优秀中国传统文化,滋养了他的天下胸怀——祖国一定要强大,才能不受帝国主义的欺凌,不受反动派的奴役,人民才能当家做主、生存发展,才能民富国强,泱泱5000年的东方大国才能重新奋起,立于现代世界民族之林。这样的家国情怀一直激励着他前行。

他从小受到了很好的爱国主义教育,小学学到了文天祥的"人生自古谁无死,留取丹心照汗青",中学学到了范仲淹的"先天下之忧而忧,后天下之乐而乐",这些深入他的心髓。1951年,他考上了清华大学,初步接受了全新的爱国主义和社会主义教育。

1955年,他以全面发展的优异成绩获得了清华毕业生最高荣誉的金质奖章,这更增强了他热爱祖国和服务人民的意识。

1978年,改革开放,掀开了中国历史的新篇章,迎来了社会主义经济建设的高潮,更迎来了科学的春天。1978年年底,柳百成经过严格遴选,成为第一批(52人)赴美访问学者,并任总领队,带着祖国和人民的特殊使命赴美学习两年。

在美学习期间,中美科学技术的巨大差距,更激起了他奋起直追的迫切愿望。他下定决心一定要尽快学习美国的先进科学技术,为祖国重新崛起而拼搏,努力用自己的智慧、知识和劳动促进我国科技教育事业的发展。他争分夺秒,迅速学习和掌握了当时材料科学最先进的分析仪器和设备的使用方法,对铸造合金做了深层次基础研究,连续发表了多篇高质量论文。其中一篇获得美国铸造学会1982年度的最佳论文奖。

1981年年初,柳百成按时学成回国。他是第一个回国任教的访问学者,一回国便立即投入教学和科研工作中。在球墨铸铁等铸造合金科研生产取得重要成果的同时,他开始部署将信息化引入铸造行业,筹建崭新的团队,向全新的领域进军!他以披荆斩棘的精神,掌握了先进的、多学科、多尺度的铸造过程建模理论与仿真技术,突破了理论与实践的重重难关,首次构建了具有自主知识产权的铸造三维模拟软件,为祖国铸造事业建立了新学科,解决了国内重要装备及军工急需产品中的重大难题。例如,三峡水轮机叶片、大型轧钢机机架、航空发动机叶片等一系列中国尚不能制造、受制于人的大型高端关键产品,为国铸重器,推进中国铸造事业的科研、生产跃上新台阶。多次获部级、省市及国外的奖励,多次主持召开国际学术会议或在国际学术会议做主旨报告并担任主席。柳百成先后访问了30多个国家和地区,在麻省理工学院等几十所大学讲学。2011年他获中国机械工程学会"中国铸造杰出贡献奖",2015年又获"中国铸造终身成就奖",成为铸造学术界同时获得两项奖励的第一人。

1999年当选中国工程院院士,2002年获"光华工程科技奖"。在中国工程院的直接领导下,20余年来,他接受重托,参与并完成了"国家中长期科学和技术发展规划战略研究报告"中的"制造业发展科技问题研究""制造强国战略研究""工业强基战略研究"等国家制造业重大战略研究课题。2015年至今,他担任了两届国家制造强国建设战略咨询委员会委员,为国家制造业由大变强,争取进入世界制造强国行列,为编制"中国制造2025",力争中国制造业由在低端徘徊跃上掌握研发制造核心自主先进技术,根本改变制造业的产业结构而呕心沥血。他先后在国内外做了80多场解读、宣讲有关"国家制造强国发展战略"的报告。与此同时,他还为许多高校、研究院所的年轻学生及学者做"学术人生"讲座,再三告诫青年学人,爱国奉献是科研人员第一位的、最基本的品德要素,鼓励青年为中国崛起而多做贡献。

他从学制造、干制造,到为国规划制造,殚精竭虑,整整奋战了一甲子,把一生都献给了振兴中国的制造业。

创 新 思 维

作为传统的制造业及材料成形加工行业,如何适应一日千里的科学技术发展,根本的出路在于创新。柳百成一贯强调只有勇于创新、学科交叉、跟踪追赶前沿,利用世界上最先进的科学理论和信息技术来改造和促进传统制造业的技术进步,才能取得创新成果。

1978年他在美国做访问学者,看到了新的材料分析仪器,如扫描俄歇谱仪、电子显微探针等,他抓紧学习并掌握其原理和操作技能。因而,在探索铸铁结晶凝固机理领域取得了一批创新成果。

刚到美国时,他看到房东家读小学的小儿子正在熟练地玩苹果计算机。当时,在国内他还从未见过任何计算机。他为计算机在工程领域的应用感到震惊,敏锐地意识到计算机正在改变人类社会。他以近50岁的年龄,开始学习计算机语言课程,每晚七八点就到学校计算机中心编程,直至凌晨三四点才回去睡觉,日思夜虑地探寻信息化与专业的结合点。回国后,立即带领研究生开辟铸造和凝固过程宏观及微观模拟仿真研究新领域。经过研究团队几十年的共同奋斗,取得了一系列理论创新成果,并在铸造业推广应用中取得了多项突破性进展,推进了我国铸造业的发展,他领导的研究团队在国际铸造学术界占有一席之地。

顽强拼搏

在清华学习,在清华教学,在国外做访问学者,回国后从事科学研究,顽强拼搏与实干精神始终是他的做事准则。在美国做访问学者期间,他在材料分析实验室和计算机中心日夜奋战、顽强拼搏,快速掌握了顶尖且复杂的先进仪器设备的使用方法,较他人取得更快、更好的成果。一分辛劳、一分收获,今天的这些成就,是和早年乃至一生始终坚持的勤奋实干精神分不开的。

有了好的创新思想,还要靠脚踏实地、不断持续努力拼搏,才能够取得成绩,获得成功。他在"学术人生"讲座时,经常告诉青年学生:"我不是出身书香门第,也没有天赋,我是'笨鸟先飞',靠的是几十年如一日,甘坐冷板凳,顽强拼搏而取得的一点成绩。"

现代的工程科技创新一般都以团队的形式进行,而不断创新、顽强拼搏应该成为团队的共识与灵魂。柳百成注重以爱国主义、科学精神,为国民经济跃进做出更大贡献，鼓舞、培育和团结团队。更重要的是培育一代敢于创新、勇于顽强拼搏的新人。先进科技创新已很不易，要在工业中实践和应用，给人民带来实惠，往往需十年、几十年艰苦卓绝的奋斗才能完成。十年树木、百年树人，创新思维、顽强拼搏应成为科研团队的灵魂。几十年后，柳百成团队的不少年轻教授薪火传承，以创新思维、顽强拼搏取得了丰硕成果，赢得多项大奖，为制造业的持续发展注入了活力。

健康体魄

柳百成自幼喜爱运动，初中时就代表学校参加上海市篮球比赛，高中时参加垒球队，获全市中学生比赛冠军。大学时，老校长南翔同志"为祖国健康工作五十年"的教导更是一直铭记在心，严格执行。大学时他不仅积极参与"劳动卫生制度"各项体育锻炼和赛事，取得优秀成绩，更钟情于花样溜冰。毕业后，仍然多年活跃在清华冰场上，直到70余高龄。柳百成从事基础研究，还要从事工程推广应用，经常带领研究生马不停蹄地奔赴各地进行考察、调研或试验。有时，晚饭后回到住宿地还精神抖擞，召集研究生讨论他们的论文写作和如何进一步解决生产问题等。有的研究生早已累倒在床，感叹"精力还不如导师"。充沛的精力、健壮的体力，是他取得科研成果的重要保障。

随着年龄的增长，周围的同学、同事甚至学生不时离世，自己的身体也出现了一些老化的指标，引起了他的注意。工程科技人才要为国家多做贡献，没有健康的体魄，即使有长期积累的、丰富的学识，敏锐的头脑和工程实践经验，许多想做的事也只能戛然而止。年过80后，柳百成有了更深刻的体会，他在70岁时赠予学生的前十二字箴言基础上，特别又加上了"健康体魄、热爱生活"八个字，共五句话、二十个字，与同仁、学生共勉。

他坚持肩负使命、积极工作，直到86岁高龄才正式退休。他仍退而不休、力争保持健康，为祖国制造业由大变强竭尽所能，鞠躬尽瘁。

热爱生活

柳百成认为工程科技人才，绝非枯燥无味、干巴巴的书呆子。除了思维活跃、善于思考、勤于学习、心灵手巧、富于创新，还应成为品德高尚、兴趣广泛、热爱生活的人。他钟情摄影、热爱旅游。平时很忙，他就利用出国参加会议的空隙旅游、摄影，抓拍世界各地奇特的风光美景、历史、文化、民俗。几十年的积累，他收集了世界瑰丽多彩的影像资料，正式出版了《五洲锦绣》等3本摄影集。由于风光宜人、山川迥异、人文情趣、异域奇观、科技异彩，独具风骚，摄影集获得了不少中外专家、师生、亲友的赞赏。摄影作品还多次在中国工程院、清华大学等单位展出并获奖。更重要的是，通过旅游、摄影，开阔了世界视野、丰富了人生阅历，更懂得了山外有山、天外有天，更加珍惜美好人生。

柳百成对青年学生更是严慈相济、爱护有加，把他们视为国家的学术梯队和栋梁来培养，不仅传授知识和方法，更精心育人，发扬科学民主、因材施教的精神，共同切磋成长，亦师亦友。他多次造访学生家庭，深入棚户区探访，了解他们的成长环境，对贫困、生病的学子更是爱护关切。每年假期，他都会与研究生聚餐交流，资助他们组团游历祖国大好河山，分享祖国建设的光辉成就，与民同欢共乐。老师热爱生活的乐观情操，学生深受感染，培养了热爱祖国、热爱人民、乐观奋进的一代。

柳百成以学术生涯的廿字真谛，严格要求自己；也以此作为箴言与学子分享，彼此共勉。他为中国制造业发展鞠躬尽瘁，也为培育创新攀峰、乐观奋进的一代新人殚精竭虑，力尽师责。

目录

第一章　水深火热国危难　救国济世奋争先 / 1

第二章　勤学苦练基础强　雏鹰展翅志霄汉 / 18

第三章　闻亭钟声催奋进　清华精神铸心灵 / 28

第四章　基层锻炼促成长　学习卓越获金奖 / 43

第五章　水木清华育相知　风雨同舟铸良俦 / 54

第六章　反"右倾"飞来横祸　"新富农"兴资先锋 / 68

第七章　是非扭曲鼓造反　独立思考待静观 / 78

第八章　极左思潮再泛滥　教育革命乱象猖 / 83

第九章　改革开放催赴美　任重道远图赶超 / 94

第十章　出国终为强国梦　球墨铸铁初展锋 / 115

第十一章　建模仿真显神威　多年拼搏硕果累 / 126

第十二章　形势严峻制造业　战略科学家对接 / 149

第十三章　八五高龄不辞劳　遍取真经穿九霄 / 165

第十四章　学术交流重人文　我播你种共绿荫 / 178

第十五章　教书育人一甲子　桃李芬芳满园春 / 196

第十六章　追逐完美性乐观　童趣盎然求新见 / 212

柳百成生平大事年志（编写到 2018 年退休）/ 226

后记 / 261

致谢 / 267

第一章
水深火热国危难　救国济世奋争先

民族危亡人有责　奋发图强救国亡

柳百成出生在上海，祖籍常州，祖父辈生活在清末、民国时期的社会底层。当时，列强凌国、强盗瓜分、政治腐败、民不聊生、国将不国。作为曾经具有5000年灿烂文化的泱泱大国、雄居东方、世界盛世的子孙，谁堪受辱？谁愿沦为亡国奴？！他们中的先悟者、先行者毅然奋起，苦苦探索救国济民之路。柳百成父辈中的不少人都曾前仆后继地投入这个伟大的行列，历经近百年之久。他们或探索民主、社会主义革命之道，路途艰险曲折，甚至抛头颅、洒热血也在所不辞；或探索工业救国之路，历尽艰辛，做出了众多突出的贡献。这些爱国救亡的光荣传统是我们民族和人民的宝贵财富，这些勇于探索民族生存发展，敢于担当、为之奋斗的传承，更是中华民族赖以生存和发展的精神瑰宝。先辈们的榜样，细雨无声、沁润家人，使柳百成从孩提时就深受感染和教育，再加上亲身经历了抗战时日寇的严酷迫害、国民党政府的反动统治、解放战争血与火的生死斗争，初步懂得了国重于家，拥有深沉的家国情怀，树立了强烈的爱国主义思想和肩负民族复兴重任的担当。

中华人民共和国成立后，他踏入清华校园，更容易接受爱国主义和社会主义革命的教育。在清华这个革命和科学交相辉映的大熔炉中，学习成长、经受锻炼，经历了新中国成立早期暴风骤雨斗争的锤炼，体验了社会主义初级阶段建设和革命的艰险。1978年，迎来了改革开放新时期，柳百成被首批选派赴美留学，担任总领队，更亲历和见证了中、美建交震撼世界历史的伟大事件。他较早而深切地体会了我们与工业发达国家间的巨大差距，目睹了世界的巨变，感受到发自内心的震撼！中华民族必须在当今世界巨变的浪涛中崛起，迎头赶上，才能生存和发展，才能立足于世界。他更加明确了自己应该继承先辈的光荣传统，完成振兴中华的伟任。

清寒勤学艺高人　关心国事拥革命

　　柳百成的祖父曾是常州武进的一位私塾教师，曾中举人，后在上海商务印书馆当校对。因人口众多、家境贫寒，伯父和父亲读完小学就辍学当了学徒。对祖父来说，这是多么刻骨铭心的痛楚，自己一生校阅了成百、上千万的文字和书稿，自己的孩子小小年纪却不得不与书本绝缘！然而，天无绝人之路，父辈们有幸生活在上海，这里是近代中国工商业的摇篮和中心，拥有新兴的、全国最庞大的近代工商业，也为一切有志之士提供了发展的空间，父辈们在这里得到了特殊的锻炼和成长。上海更是中国工人阶级出现最早、最集中的城市，全国四分之一的工人阶级、50万产业大军在这儿工作、生活。上海产业工人阶级意识的萌生、发育，为开始初步觉醒的社会带来了新的、巨大的震荡。上海既是近现代新文化、工商业的中心，也是中西文化交汇的窗口，各种新思想、新文化源源不断地通过上海涌入中国，为中国的新一代知识分子和工人带来了巨大的冲击。帝国主义更在上海滩割占租界①，肆意掠夺中国人民，激起了中国人民的强烈反抗。以"五四运动"为代表的反帝反封建的思潮，虽发生在北方，却在这儿生根开花。苏联十月革命的社会主义革命思想，更给苦闷的中国知识分子和开始觉悟的工人阶级指明了方向，也为上海追求进步的青年开辟了前所未有的光辉前景。1921年，积聚在上海的先进知识分子与工人阶级结合，促使了中国共产党的诞生，许多有理想、有抱负的知识分子和工人，跟随共产党踏上了救国济民、为实现新的理想的社会而奋斗的艰苦历程。

柳百成的伯父柳溥庆（1900—1974年）、父亲柳荫（1903—1979年）就是这样的上海工人的典型。当时，伯父在商务印书馆先做学徒，后为工人，日积月累有了相当的文化沉淀，较早接触到新思想、新文化，积极参加了"五四运动"和"五卅惨案"的罢工②。父亲柳荫早年也参加了"五卅惨案"的革命活动及反对日本纱厂勾结日军屠杀中国工人顾正红而举行的罢工斗争，兄弟二人共同接受了20世纪初上海工人阶级开始有组织的反帝反封建的战斗洗礼。后来，为了摆脱贫困，探索工人解放和救国济民的道路，他们兄弟俩都先后投入了中国共产党领导的工人运动，为工人阶级的解放而战斗。当时，他们生活工作在这个中国技术最先进的大都市里，

---

① 租界：晚清国力衰弱，帝国主义以炮舰轰开了中国的门户，强行订立丧权辱国的不平等条约，其中就包括强行割让租界。所谓"租界"就是在中国沿海、沿江、沿河的大城市，凡有外国人居住、经商、传教、从医、从教、从事军警活动等的地区，该地区的行政、司法、警务、税务、教育、交通、公用事业、卫生、宗教、宣传等活动，皆被他们所把持，中国政府一概不得干涉。侵略者组织了自己完整的、独立的行政及警务系统，形成了"国中之国"。在这里，他们是统治者，中国人反成了被奴役者。

② 五卅惨案：1925年5月30日，日本纱厂停工，克扣工人工资，引起工人罢工。工人、共产党员顾正红被枪杀，工人罢工抗议，走向街头，与学生一起游行示威，共产党领导了这次工人运动，是共产党与工人阶级运动早期结合的重要标志之一。

接触到了20世纪初世界一些先进的技术和文化。这些先进技术和文化也给他们带来了极大的震撼和冲击，感到中国实在太落后了！中国工人阶级一定要掌握世界上最先进的技术，才能振兴工业、发展经济，成为富民强国之本。他们从工人的天职出发，较早地把发展工业技术与强国联系起来，除了探索救国济民之路，更孜孜不倦地钻研技术、刻苦学习，以滴水穿石的精神努力提升自己，先后都成了本门技术的掌门人、专家、企业家。他们这种奋发图强、精益求精、一丝不苟努力学习、奋力掌握先进技术、发展经济的思想行径，对后人也产生了深远的积极影响。

伯父于1921年参加中国社会主义青年团，是商务印书馆及上海闸北区的第一位社会主义青年团员。他积极响应共产党的号召，赴法勤工俭学。1924年，他先后以自己在商务印书馆学习的优秀绘画特长和多年在工人夜校刻苦学习法语的成绩，进入法国顶尖的里昂国立美术学院、巴黎国立高等美术学院及巴黎国立印刷学校学习，成绩优异。1926年，加入中国共产党，曾与邓小平等革命先辈一起出版了旅法少共的机关报《赤光》。他还负责封面与插图设计，使《赤光》图文并茂，一时成为巴黎中国进步青年的精神食粮。1927年，他赴莫斯科中山大学学习，参加了中共第六次全国代表大会（简称中共六大）的筹备并在秘书处工作，任中共六大代表。后因反对王明错误路线被开除出党。1931年返沪后，受王明影响的当地组织通知他："自谋职业，等待联系。"然而，这个"联系"从此石沉大海，杳无音信，不得不与党脱离了联系，自谋生路，这一脱离竟是整整20年！

然而，在这20年中他没有沉沦，一方面自强不息，在美术、印刷等领域逆境拼搏，推动、发展了中国的近代印刷事业，领导组建了中国第一个印刷学会，出版了《中国印刷》杂志。与柳百成的父亲一起，发明了中国第一台手动华文照相排字机，印出了当时被誉为上海印刷精品的《生活画报》等。另一方面，在白色恐怖下，他仍冒着生命危险，尽自己最大可能为党工作。例如，在白色恐怖下，他与某些信得过的党员联系，以自己的社会地位为掩护，长期把自己的家当作党的地下工作联络站、军械藏匿处、重要物资的储存处和干部休养处。新四军的某些重要伤病干部都曾在他家中长期养病，《新华日报》的印刷设备、抗日根据地的医疗器材，甚至枪弹和炸药都长期藏匿在他家中。

1940—1941年，新四军为了发展经济，决定筹建制币厂，伯父多次秘密亲赴苏北根据地，帮助筹划、招聘、输送工人，采购、安装设备，进行技术指导等。工厂建成后，印制出质量高超的钞票，为根据地的巩固和经济发展做出了重要贡献。1942年及1948年，遭叛徒告密，先后被日寇与上海警备司令部逮捕，两次投入监狱。他立场坚定，巧于应对，经社会多方营救，保护了党的机密，终无罪释放。1948年，受党的委派，伯父赴香港筹建南方人民银行印钞厂，印刷了钞票、通行证、广州解放纪念邮票等，为迎接南方的解放做先期准备。

1949年5月，上海解放，党组织急调伯父返沪，任命他为上海人民印刷四厂副厂长。1950年，伯父重新入党（"文革"后，重新恢复了其1926年的党籍）。后调到北京，任中国人民银行总行制币厂二级总工程师，兼印刷技术研究所所长。由于他业务强、眼界宽阔、经验丰富，以多项发明和创造，经过大规模的技术改造和引进，为新中国建立了先进的印刷厂，印制了当时世界一流的钞票，为发展国家经济建设做出了突出贡献，出席了全国工农兵劳动模范代表大会。他从一个普通工人，经过几十年艰苦卓绝的奋斗，始终把自己的命运与共产党连在一起，终成了我国近现代杰出的印刷名家和出版家之一，获"新中国60年杰出出版家"称号，是中国印刷界传奇的领军人物之一。

父亲柳荫早年与伯父一起参加早期的工人运动，16岁只身远赴北平，在当时财政部印刷局当学徒，学习当时先进的铜版雕刻技术。返沪后，任职中华书局雕刻部，技术上刻苦钻研、精益求精，以"螺蛳壳里做道场"的精神，逐步达到炉火纯青的地步，声名鹊起。后独立经营，成立了华东美术雕刻公司。他逐步成了独步于华东地区铜版雕刻技术的佼佼者，闻名遐迩。抗战爆发，日军占领上海，他坚守爱国立场，拒绝受聘为日伪沦陷区的印刷纸币厂工作，而到地下党员领导的印刷厂任副厂长兼雕刻技师。他曾冒着生命危险，历经艰辛，与伯父一起秘密帮助新四军建立印币厂并完成制币的任务。他还亲力亲为，负责为新四军抗日根据地的"四达银行"雕刻、印制"流通券"（实为苏北抗日根据地的货币）。后来，又为苏北抗日根据地的"江淮银行"发行的一元纸币精心设计图样、雕刻制版并参与制币的全流程。为此，还专门创办了由共产党出资创办的上海"华光印刷公司"，伯父任经理，父亲任副经理，以厂家作掩护，率先为苏北抗日根据地印制精致的货币。该币由于刻版精致，质量上乘，为根据地的经济发展做出了贡献。1948年，中华人民共和国成立前夕，不幸遭叛徒出卖，与伯父一起被国民党反动派当局逮捕入狱，全家遭灾，只能东躲西藏。由于证据不足，经社会人士多方营救，终获释放，一块石头才落了地。孩子们再次背起书包上学校，然而，处在敌人刺刀下的、暂时的安宁再也没有了。孩子们深知伯父、父亲的爱国思想与活动不会就此消失，反动派可能还会再来抓伯父和父亲，从此小小年纪多了一块心病，增添了一分忧虑，也逐渐成熟了。他们懂得了只有打败日本帝国主义、消灭反动派，中国人民才有出头之日，他们家的平安才有保障，他们的幸福才能持久。

图 1-1　柳百成父母（柳荫及戎悦礼）

上海解放后，中国人民解放军华东军管会有关部门，曾专门发公函表彰父亲和伯父敢于坚持对敌斗争的勇敢奋斗精神："贵公司自 1941 年成立以来，在人民政府领导下，先后秘密印制了四达银行的'流通券'和江淮银行纸币。因此，曾受反动派军警迫害。此艰险牺牲奋斗之精神，尤为人民大众所景仰。"1956 年，父亲带头公私合营，被任命为上海市一联印刷厂厂长，1964 年，他从上海市第八印刷厂的厂长岗位上离休。

柳百成的父亲和伯父出身上海工人阶级，把中国的解放和自家的希望、幸福都寄托在中国共产党的身上，这对家庭成员和后辈产生了重要影响。再加上父辈们都身处中国最先进的城市——上海，接受了世界先进文化技术的熏陶，较早认识到要摆脱贫困就要努力学习，长期付出超人的努力，掌握先进的科学技术。所以，柳百成的父亲不管经济多困难，借债也要想方设法把孩子送入上海最好的学校接受教育。他还在经济窘迫时，毫不犹豫地为孩子购买大量课外读物，如购买 500 本一套的、百科全书式的《小学生文库》给孩子们阅读，以开阔他们的视野，培养他们读书的兴趣和爱好，汲取民族和世界文化的精粹，提升他们的知识和情操。柳百成小时读了文天祥的诗，牢记了"人生自古谁无死，留取丹青照汗青"；读了范仲淹的著作，牢记了"先天下之忧而忧，后天下之乐而乐"；读了顾炎武的著作，牢记了"国家兴亡，匹夫有责"，从中华优秀传统文化中，汲取了宝贵的营养，坚定了对民族和国家的担当。他亲历了当时上海日军统治下沦陷区的惨境，决心把父辈们的殷殷嘱托作为自己一生奋斗的座右铭。

沦陷孤岛度日艰　抗日救国育少年

1933年2月，柳百成出生在抗战初期，虽然年纪小，但与父辈一道受尽了沦陷区的煎熬，尝够了日本铁蹄下苦难生活的艰辛酸苦，更从反面受到了深刻的爱国主义教育。14年抗战，由于未出生，或年龄小，不能有所作为，后来逐渐成长，耳闻目睹，受到家庭、学校、社会的教育熏陶，懂得了日本帝国主义是中国人民的死敌，拯救中华民族、抗日救国人人有责！

1937年"八一三"事变①，上海军民奋起英勇抗战，同仇敌忾反抗日本帝国主义的侵略，四行仓库抗击日军的英雄事迹深深刻印在柳百成幼小的心灵里。上海被日军占领，租界地区成为孤岛②。1941年，柳百成8岁，

---

① "八一三"事变：1937年，日寇侵略了华北，中国奋起全面抗争，8月13日，日军又南下侵占上海，狂喊"3月灭亡中国"，气焰嚣张。中国组织30万军民奋起抗敌，开展了淞沪大会战。终因海军、空军军力悬殊，虽奋勇抵抗，最终失败，上海失守。

② 孤岛：上海有我国最多的租界，中日开战后，珍珠港事变前，日本帝国主义还不敢随便触动其他列强在上海的租界。居住在英、美、法等上海租界内的中国人，虽四周皆是日寇统治，但还能暂保平安，故称"孤岛"。

至今仍清晰记得当年守卫四行仓库的英雄团长谢晋元[①]被叛徒刺杀,出殡的悲壮场景,素衣白马,数万群众为英雄送行。幼小的柳百成站立街旁,目睹了为谢晋元团长庄严肃穆的送殡行列,民族的哀痛刺伤了像柳百成这样小小幼儿的心魂,使他刻骨铭心,永世不忘:只有赶走日本帝国主义,中国人民才能生存!柳百成的哥哥柳小培,"八一三"抗战时已是十来岁的少年,他更积极地投入了这场抗日救亡活动。看到报载我军保卫吴淞的英勇事迹,听到他们缺粮、少弹的悲凉处境,深受上海人民慷慨解囊支援军队的感染,他与小舅一起买了大饼等食品,租小船,跨过租界与战地交界的苏州河,给四行仓库守卫将士抛送食品。热爱祖国,不做亡国奴,奋起抗战,消灭日本帝国主义的爱国主义精神在青少年一代心中点燃、升起。

图1-2 1942年上海,柳小培、柳百敏、柳百成、柳百新

[①] 谢晋元团长:"八一三"淞沪抗战最后的守卫团长。奉命死守四行仓库,延缓日军进攻,保证大军撤退。与日军激战四日,打退日军数十次进攻,最后弹尽粮绝,只好退到租界内。谢团长仍借公园日夜操练,准备再战,受到上海广大人民的热情支持。日军对其恨之入骨,1941年派人收买其下属,将其暗杀。他是中国人民的抗日英雄。

1941年12月珍珠港事变[①]后,日军全面进驻上海,上海沦为日本独占的殖民地,日军挖空心思镇压抗日力量,显现其威风。如1942年2月除夕晚,在原租界著名地段先后发生投掷炸弹和枪击事件,日军认为是抗日分子所为,封锁六大区域,设置路障,拉上铁丝网,风声鹤唳,枪杀数十人,血流遍地、惨不忍睹,上海人民处于水深火热中。日军还在交通要道设置关卡,在电车经过外白渡桥时也要施展淫威,每次电车过桥都要强迫中国百姓起立,向他们最早占领的日租界——虹口方向致敬,并对群众搜身。一次,大哥过桥去虹口,就经历了这种受尽屈辱的场面,哥哥深为不满:"在我们自己的国土上坐电车,凭什么要对这些日本侵略军起立致敬,凭什么要受他们的蛮横搜查?"

抗战后期,大哥柳小培已进入中学,耳闻目睹日军暴行,更是义愤填膺。当时日本军国主义奴化教育的魔掌已伸入学校,日、伪强制给学校派来了日文教师,逼迫青少年学日文,灌输奴化思想。铁蹄下的少年早早识事,认为报仇雪耻的日子到了,他的一位同学借故和日本教师比武,乘日本教师无准备之机,把那个日本教师狠揍了一顿,那个欢畅劲儿,真是甭提了!几天后,大哥和同学们仍沉浸在胜利的欢乐之中。大哥也成了柳百成学习仰慕的好榜样,抗日救国,少年也责无旁贷。

经济上,日寇对上海居民进一步实施统治勒索,对许多物资进行统

[①] 珍珠港事变:1941年12月,日本突袭美国太平洋的军事要地珍珠港,美军毫无戒备,海军和空军损失惨重,美国遂对日宣战。美国参战,加速了日本帝国的失败,促进了第二次世界大战的结束。

管，搞"以战养战"的反动策略①，成立了"米统会""油统会"等，搜刮民脂民膏，控制每户居民的粮、油、煤等的供应，以供日本侵略军军用。例如，从1942年开始，实施每周配给每人1.5升大米（后改为10天供应每人1.5升）的政策，缺口高达人均需求的2~3倍。而且，供应的大米质量低劣，砂子、碎米、虫米和霉烂米占了相当部分。有时连配给的大米也取消了，只供应以粗粮和少许面粉混合的"六合面"充饥。而一般上海普通人家多不会做面食，只能吃"六合面"疙瘩汤，清汤寡水夹着一点疙瘩，根本就吃不饱。因此，每当配给大米时，都会排起长龙。柳家人口众多，孩子们又都处在长身体的时期，粮食消耗量大，一到买大米的时候，就必须早早起床去排队。排队的艰巨任务就落到柳百成的姐姐——柳百敏的身上，有时柳百成也去帮忙。由于队伍长，日本人根本不把中国人当人，春夏季用深蓝色的墨水作为号码，写在购米者的手臂上，按号排队买米。这种侮辱人格的蓝色印记会快速渗入皮肤，十分难看，长时间都洗不掉，姐姐很不高兴，但为了全家的口粮，也只能忍受这种侮辱。买回的粮食根本不够吃，晚上只好熬"六合面"疙瘩汤充饥。母亲负责分发，实在为难，眼看孩子吃不饱，也毫无办法。孩子们都很懂事，从不吵闹，分多少，吃多少，家里人多，只能吃这么一点儿，总不能把父母兄弟姊妹的那份也吃掉吧？孩子们饥饿的眼神，母亲看在眼里，痛在心上，强忍眼泪，往肚里咽。

---

① "以战养战"：上海沦陷时，日、伪疯狂掠夺战争物资，提出"以战养战"，进一步实施掠夺中国物资的策略。对出入上海的物资作了严格规定：出上海者，不得携带的物资包括大于三码的棉布，多于5小盒的火柴，多于6块肥皂。进上海者，不得携带多于4市斤（1市斤=0.5千克）的大米，多于10市斤的面粉，多于5市斤的豆类等，一切物资都要受日寇管控。如"非法"运送这些物资，一旦被查出，或刀枪棍棒齐下被活活打死，或放军犬咬死。

课堂剧院抗日昂　少小奋学为担当

1941年珍珠港事变前,柳百成的家住在租界内,日本帝国主义还不敢贸然直接插手他国租界的内部事务,特别是对当时美国办的教会学校,如上海著名的教会学校——中西女中及其第二附属小学等。在抗日战争早期,这些教会学校还保持相当的独立性,比当时一些日、伪严密控制的公立学校少受日寇干扰,抗日思想颇为活跃,学生可得到稍宽松的环境。再加上教会学校英文要求高,对孩子从小打好外语基础十分有利。父亲当时经济并不宽裕,每当开学还要东奔西跑、四处借债筹措学费。然而,为了孩子们受到较好的教育,他还是咬紧牙关,下决心把孩子们都送入中西女中第二附属小学学习。

图1-3　1945年中西女中第二附属小学毕业照(前2排右1:柳百成)

在小学一起上学的柳百敏、柳百成、柳百新三姐弟年龄太小,不能直接参加抗日活动。然而,学校中的教师多是中国人,他们多是爱国的,在日寇侵袭上海时，教师们千方百计、心照不宣地通过教学活动，使学生受到更多的爱国主义教育。他们借助语文、历史、地理等课程，讲解诗词、中华史实、疆域，寓意是明确的，使民族爱国正气在教室内荡漾，让爱国主义的种子在孩子们心中生根发芽，代代传承。柳百敏、柳百成、柳百新和许多小学生都在这种特殊的环境中接受了爱国主义教育和中华优秀文化的浸润熏陶。日寇的统治虽然森严，但它不可能占领每一个教室、家庭、医院、剧场、商店。哪里有中国人，哪里就有抗日爱国活动。一时，岳飞、文天祥、戚继光、史可法等都成了学生们仰慕的民族英雄、学习的榜样。《满江红》《正气歌》《木兰辞》等，更成了学生争先背诵的绝句和天天临摹的字帖。这些诗词，一字一句、一笔一画都沁人心脾，寄托了中华儿女的爱国情怀，中华文化的正气，点点滴滴，入脑入心！70多年后的今天，柳百成还能琅琅背诵这些充满爱国激情、正气昂然的诗篇。

　　当时上海滩上演的戏剧，也是抗战的另类战场。更使柳百成兄弟至今不能忘怀的是，敌、伪时期上海爱国演剧艺人石挥、张伐等主演的话剧《文天祥》，曾风靡整个上海滩，场场爆满。他们借历史剧，怒斥日本帝国主义的侵略行径、激昂国人的爱国主义情操，这是借演戏进行抗战宣扬，勿忘国耻，齐心协力，赶走日本帝国主义，深得上海人民的赞扬。父母特意带孩子们去"兰心大剧院"，观看《文天祥》大戏，接受教育。话剧演出的热烈场景，至今还历历在目。当话剧演至高潮时，剧场中的观众与演员真正达到了悲戚与共，同仇敌忾！这哪里是在演戏、看戏，人们简直是在共同宣泄爱国救亡的心声。当戏演到文天祥率军战胜敌人时，全场掌声雷动，经久不息。看到文天祥战败被俘，受尽折磨达数年之久，宁死不屈，观众更是悲愤难忍，掩面痛哭。剧终，观众久久伫立在剧场不愿离去，同声高歌《文天祥》剧中的唱词："人生自古谁无死，留取丹心照汗青！"好像只有在这里才能呼吸到祖国的自由空气，抒发上海人民的爱国情怀，重振中华民族的雄风。虽然这样的好戏终被日、伪反动当局禁演了，但是文天祥的高大形象却永驻柳百成心中。柳百成决心以民族英雄文天祥为榜样，长大了一定要报效祖国，把日本鬼子赶出中国，把自己的喜怒哀乐与争取民族抗战胜利和解放的命运紧紧地联系在一起。

多年来在上海滩的工作生活经历和中国贫穷落后、挨日本帝国主义欺凌的现实，父亲更加体会到国家强大、民族复兴、人民富裕最根本的出路在于教育。因此，不管多么困难，压缩一切生活开支，节省每一个铜板，借债交学费、购图书，也要千方百计把孩子送到最好的学校，接受最好的教育。这种努力于教育投资、培育人才的做法，充分反映了父亲柳荫在日寇占领下的远见卓识和良苦用心。父亲平时话不多，但多次告诉孩子们，要读好书、长本领、学知识，将来才能强国富民，不受日本鬼子欺侮。课外书籍成了柳家兄弟姊妹的精神食粮，每日课余必读，有的还读三四遍，甚至某些段落、篇章，都能琅琅上口背诵。他们逐渐懂得了多读书才能成才，读好书才能救国的道理。

由于父母工作繁忙，文化水平有限，不大可能对孩子们进行具体辅导，家中学习条件也并不是很好。但对孩子们的功课却要求极严格，每晚所有孩子都必须围坐在吃饭用的小方桌上，认真完成作业，当日功课当日毕，不得马虎松懈。久而久之，孩子们逐渐养成了良好的、自觉的学习习惯，读书作业都很认真，一丝不苟。一些文科课程，他们都遵从"温故而知新""学而时习之"的古训，自觉复习，倒背如流，加深对中华文化的理解。理科课程则认真复习、深入思考、理解特点和难点，难题更力争做出多种解法方肯罢休。英语则按教师要求，熟记、背诵课文和文法规则；生字则要字字清晰正确，谙熟于心，不容许有半点差错；发音则力求字正腔圆；口语则要求达到不假思索，脱口而出；语调则要求尽量具有母语一样的格调；作文则按英文的要求一丝不苟，尽量追求完美（perfect）。由于热爱学习、长年坚持，柳百成、柳百新成绩都很优秀，每学期一结束，父母总是给予奖励，但这个奖励不是物质的，而是精神食粮。母亲会带他们到上海福州路著名的中华书店、商务印书馆去选购图书。母亲受过初中教育，能指导他们选购好书。书店对孩子们来说是书的海洋，是那样丰富多彩、深邃广袤！柳家的孩子们一学期一次在这里浏览、在这里畅游，真是一次美妙神奇的享受！看到新书、好书，只要经济条件允许，母亲总是出手大方地给他们购买，然后拎着一大堆书籍回家。寒、暑假就在吞食丰盛的精神大餐中度过，其乐无穷！就这样，柳百成、柳百新从小养成了热爱读书，爱逛书店的习惯，与书为伴、与书交友，向书中的人和事学习，成了他们的爱好和向往。他们的知识与日俱增，眼界更加开阔，才智得到了开发，品德得到了熏陶。

抗战14年，在日本的铁蹄下，柳百成、柳百新度过了他们的少年时代，"国家兴亡，匹夫有责"在他们幼小的心里深深地扎根滋长。小小年纪干不了抗日的大业，但在父辈和学校的教育下，逐渐明白了强国富民要靠有知识的人，快快长大成人，赶走日本鬼子，报效祖国，强盛中华。读书报国成了他们出自内心的强烈愿望，也成了他们每日活动的中心。半个世纪后，柳百成、柳百新终于实现了自己的抱负，分别当选为中国工程院院士（1999年）和中国科学院院士（2001年），初步圆了他们的少年强国梦。

放喉高歌迎胜利　读书报国需自强

盼呀盼，抗战胜利的曙光终于展现了。1941年12月，日本偷袭珍珠港，美国立即参战，美、中正式成为同盟国。美国的飞机开始运送物资，援助中国抗战，还从中国基地起飞轰炸日本本土。1944年年底，美国空军的B-29轰炸机，更载着重磅炸弹从成都等地起飞，开始连续不断地轰炸东京等日本本土的城市及军事设施。轰隆隆的飞机声划破了天空，铁鸟蔽天，上海人民都喜笑颜开，炸得好！穷凶极恶的日本鬼子也有今天！柳百成、柳百新更是带着少年的好奇和兴奋，避开大人，置安危于不顾，跑到晒台上，爬到屋顶上去观看。他们多么盼望抗日胜利早一天到来，把日本鬼子赶出上海，赶出全中国！

图1-4　2005年北京，五兄弟姐妹。左起：柳百林、柳百成、柳小培、柳百敏、柳百新

1945年8月5日，传来了日寇无条件投降的喜讯，上海更是一片欢腾，鞭炮齐鸣、凯歌嘹亮，马路上、弄堂里大人、小孩都在奔跑跳跃、

拥抱狂欢，喊呀，蹦呀，唱呀，我们胜利了！什么节日也没有这个节日给上海人民、全国人民带来的欢乐这么激动。抗战时期，在日本的铁蹄下，家家户户都经历了不少的痛苦委屈，不少人家更是家破人亡、妻离子散，我们为抗战付出的代价确实太大了！三千万人的热血与生命换来的胜利与和平，谁不热爱、谁不珍惜、谁不从心底里庆幸？

柳百成一家也沉浸在欢庆中，他们的悲喜哀乐和抗日民族解放运动紧紧相连，长辈们帮助新四军抗日，做了一个中国人应该做的事，虽受尽恐吓迫害，却无愧民族、无愧良心。柳百成在抗战中度过了惊心动魄的少年时代，日军的残暴统治、沦陷区的痛苦，从反面教育了他。在父辈、学校和社会的教育下，逐渐明白了强国富民、振兴中华要靠知识、靠人才。要多读书、读好书、勇担重任、报效祖国，建设强盛的中华。读书报国是他在抗战中的最大收获，也成为他发自内心的迫切愿望。

本章参考文献：

[1] 柳百琪．柳溥庆：中国近现代印刷事业的先驱（上、下）[J]. 印刷杂志，2010，11.

[2] 柳溥庆纪念文集编委会．柳溥庆文集[M]. 北京：中国金融出版社，2000.

[3] 陈发奎，柳伦．柳溥庆传奇人生[M]. 上海：复旦大学出版社，2020.

第二章
勤学苦练基础强　雏鹰展翅志霄汉

少小严学志弥坚　灵活运用思为先

1945年8月，日本帝国主义无条件投降，经历了多年艰苦抗战的中国人民终于迎来了胜利。上海人民更是兴高采烈。取消了租界，赶走了日本帝国主义，上海人民多么期盼能过上当家做主的好日子。柳百成家更是兴高采烈，除了迎接全国抗日胜利，孩子们开始踏上了人生新的征途，考上了高一级的新学校，面临新的人生转折点。

1945年，柳百成考入上海著名的教会学校圣芳济中学（1952年改名为时代中学），学校师资雄厚、外语水平高、实验室等设备俱全、体育活动开展得很好，教育质量在上海名列前茅。优良的学习环境为柳百成的健康成长提供了有利的条件，他很快成了学校成绩优秀的佼佼者，直到毕业一直处于班级的前三名。他的优秀学习成绩并非凭空得来，而是长年累月热爱学习、刻苦钻研、比一般人有更高的要求、更多付出的结果，尤其是通过在学习中善于动脑、认真探索、不断改进学习方法获得的。

柳百成中学学习具有如下一些特点。

态度端正，主动学习　上中学不久，他眼界大开、兴趣盎然，逐渐明白了，学习能获得如此众多的广博知识，丰富自己的头脑，世界真是太奇妙了！面对无穷的新知识，他觉得自己的知识太贫乏了，有一种如饥似渴的感觉，总想学得更多、更好。然而，作为中学生，能力有限，怎么能学得更多、更好呢？

首先，把老师课堂上讲授的重要知识尽量掌握、消化，转化为自己的知识。把学过的基本原理记牢，还要力争把新学到的知识融入自己原有的知识体系中，使其系统化，日益丰富充实，像滚雪球般越滚越大，需要用时，可顺手获取，解决问题。

其次，要多思，不断主动提出问题。学问，学问，就是要从问题中增长学识，学习中要多问几个为什么，不仅知其然，还要知其所以然。这样就可以触类旁通、一通百通。当时，圣芳济中学不仅开设了很好的物理课，还开出了一系列的物理实验课。柳百成物理、几何学得特别好，也特别喜欢物理实验课。他至今还记得通过物理课做的加速度、力平衡分析等实验带来的惊喜，原来物理课的理论和自然现象是如此吻合！这些为他后来在大学学习物理、力学、机械原理等课程打下了坚实的基础，培养了浓厚的兴趣。课外，他还喜欢自己动手制作飞机、军舰等模型，提高了动手能力。

全面发展，不偏科目 柳百成在中学时不仅数理化成绩优秀，文科成绩也很好，临摹的颜体大楷更是苍劲有力。文科教给学生文学、历史、地理、伦理、社会知识，可提高学生文化、艺术、品德的修养，增进学生对社会、历史、人文的了解，让学生学会辨别善恶，选择做什么人，走什么路，对中华民族和祖国的热爱。这些对成长中的青少年提高全面素养，争取做对社会有贡献的人、勇于担当社会重任，立志推进社会进步、健康成长都有极大的好处。柳百成在中学的寒、暑假期间，阅读了大量的文学名著，特别喜欢鲁迅、巴金、俄罗斯的屠格涅夫等的著作，增进了对社会、对时代的了解，明确了自己的责任。同时，开始懂得了中华文化的博大精深、文字的优美、哲理的伟大,向往尽量写好美妙的文章,表达自己的心声。

柳百成不仅课内功课学得好,对体育活动更是情有独钟,足球、排球、篮球、垒球等样样在行,对棋类、桥牌也兴趣浓郁。每天下午放学后都要在操场上一显身手,锻炼1~2个小时才回家。长年累月,处于青少年成长时期的他体格健壮、性格开朗、勇于克服困难、体育技能较完备,一辈子都受用不尽。

体育锻炼使他身体健康、体育技能掌握比较全面,为后来参加多样的体育活动打下了坚实而广泛的基础。他的口头禅就是:"Work while we work, and play while we play. That is the way to be happy and gay!"(工作时努力工作,玩耍时尽情玩耍,这是我们的欢愉之道。)

图2-1　1950年,圣芳济中学"石狮"垒球队合影(后左2:柳百成)

体育锻炼还培养了他的团队精神,由于许多体育活动(如篮球、足球、排球、垒球等)多是集体竞技项目,通过竞技活动培养了他的团队精神、开朗阳光的性格，促进了友爱团结的集体主义精神。初中时，他参加的学校"圣幼"篮球队，参加过上海市的比赛；高中时，他参加的学校"石狮"垒球队，曾获上海市乙组（中学生组）冠军。体育活动还锻炼了意志，对培养青少年的顽强拼搏、克服困难、坚忍不拔、实现自我、超越自我的品质都有极大的好处。中学时代柳百成常年积极参加体育锻炼，在不自觉中提高了对体育锻炼的兴趣，形成了体育锻炼的习惯，终生与体育结缘，一生受益。

学好英文，扩展领域 圣芳济中学的英文教学要求更为全面，训练特别严格而完善。柳百成在这里受到全面训练，打下了扎实的英文基础。圣芳济中学的英文课比一般学校严格，包括阅读、作文、文法、听写四门，再加上几何、代数、物理、世界地理等课程全部用英语授课。初中时他已能和外籍教师顺畅交流，为他后来迅速广泛地汲取世界科学、技术、文化知识打下了牢固的基础。他还养成了大声朗读和背诵英语的习惯，许多重要的英语课文他都按要求背诵，通过朗读背诵他的发音、语调变得更加准确、原汁原味、有声有调。柳百成至今仍能背诵许多英美著名作家的作品和散文片段，例如，美国著名作家华盛顿·欧文名著 *The Sketch Book* 散文中的片段，是他喜爱背诵的英文散文片段之一。下面就是华盛顿·欧文散文中的片段：

"This rambling propensity strengthened with my years. Books of voyages and travels became my passion ... How wistfully would I wander about the pier-heads ... with what longing eyes would I gaze after their lessening sails ..."

散文片段的译文如下：

"漫游的爱好随着我的年龄而日益增长，有关航海和旅游的书籍成了我的激情之源……当我在码头的外缘徘徊时，我是如此的伤感……当我凝视那些远去的航船时，我真是随着它，心往神驰……"

通过大量的朗读和背诵，柳百成找到了英语的语感，欣赏和了解了真正的英美文学精粹和优美，更重要的是把英语变成了自己的第二语言，为他后来的英语口语有声有调、不假思索、脱口而出，奠定了牢固的基础。对英文文法，老师要求相当严格，对名词、动词、形容词、副词、动名词、不定式、短语等的定义，都要求用英语背得滚瓜烂熟。某一种词类、句型的内涵以及文法中的正确用法，都必须搞得一清二楚、分毫不差。句子结构的分析要求更严格，这对准确理解某些较深奥的英文通篇的语义有极其重要的作用，使他手中多了一根认识世界的魔杖，肩背上多长了一对翅膀，使他能在高空更好地审视世界。后来，无论在他自己的英文写作、发表论文专著、国外学术演讲，还是科技交流和修改研究生的英文论著中，都起了重要作用，使他能在另一个世界自由翱翔。

这些都为他于1978年选拔成为第一批赴美访问学者，顺利开展科研奠定了扎实的基础，也为他较快开展国际学术交流，拓展世界眼光提供了条件。1985年他在美国底特律国际铸钢会议上做大会报告时，一位印裔美国学者听了他的演讲，对他说："你的英文怎么这么好？我在美国生活了几十年，英文口语还不如你。"这说明柳百成中学所受的英文训练是过硬的。后来，他在清华指导博士研究生的论文及英文文章写作时，能较快地发现他们英文写作中的错误，特别是文法错误，随时予以纠正。这对扩展研究生眼界、提高用英文在国外高质量的杂志发表论文的概率、培养严谨的学风都起了很好的作用。也为他刚回国就能用高质量的英语为研究生开出两门专业课程，大大帮助当时的研究生克服英语的短板，开启了学习先进科技之窗。

经过中学 6 年严格训练，柳百成在英文的听、读、说、写方面都取得了比较优秀的成绩。即使经历了 1952 年后全国高校实施"一边倒""全面学苏联"的政策，将近 30 年不再接触任何英文资料的情况下，一俟改革开放，国家需要人才赴美留学时，柳百成在没有任何时间准备的情况下，仍能短期顺利连闯三关严格的英语考试，脱颖而出，成为首批赴美访问学者的总领队。他在国外留学时也能应付自如，很快融入校园生活，进入角色，较好地完成了进修、科研、学术交流和广结朋友的任务，这绝非偶然。

柳百成和弟弟柳百新，年龄相近，经常在一起学习讨论交流，相互促进，哥哥的榜样对弟弟有巨大的影响，弟弟的卓越也促使哥哥突飞猛进。哥俩都自幼养成了高标准要求自己，刻苦努力、精益求精的学习习惯，真正做到了"哥俩好"。中学时，哥哥总拿班级前三名，弟弟则稳坐全年级第一。1955 年，弟弟考入清华，成为清华大学工程物理系的拔尖学生，校羽毛球队的主力，毕业后留校，更成为清华科研、教学的顶尖骨干。1999 年和 2001 年，柳百成、柳百新兄弟双双先后当选中国工程院院士和中国科学院院士，被誉为"清华兄弟院士"。这既非天赐，也非书香门第的传薪，而是他们几十年孜孜不倦、发奋图强、学习精益求精、刻苦努力的结果。

总的来说，柳百成在圣芳济中学时学到了知识、掌握了方法、开阔了视野、增长了才干、提高了学习兴趣、健全了体魄、得到了成长，为他后来的发展打下了坚实的基础。他潜心学习，富有独立的思想，从不参加校内的宗教活动。再加上当时国民党统治区"反饥饿、反内战、反迫害"开辟"第二战场"①，风起云涌的学生运动、解放战场的节节胜利和哥哥参加中共地下党的影响，使柳百成较早具有了民族觉醒意识，倾向进步，能较健康成长。当然，在中华民族觉醒、中国人民反对日本侵略和美国干涉中国内战汹涌澎湃的巨浪中，教会学校也必然会涌现一大批学生参加、拥护民族解放运动。解放后，不少教会学校的学生参加了抗美援朝和祖国建设事业，为祖国的发展做出了贡献。

图2-2　1951年，上海圣芳济中学高三同学合影（后2左1：柳百成）

教会学校苦心培养中国学生的本意，是要他们为帝国主义服务。然而，历史事实是，学生毕竟是中国人，中国人民奋起抵抗帝国主义侵略

---

① 第二战场：抗战胜利后，蒋介石欲消灭中国共产党，建立独裁的蒋家王朝。中国共产党领导中国人民及解放军进行了殊死的、大规模的武装斗争，为解放全中国而奋斗，被称为"第一战场"。在国民党统治区，学生、工人和其他爱国人士受尽了美帝国主义与蒋介石的反动统治，忍无可忍，在党的领导下发起了"反内战、反饥饿、反迫害"波澜壮阔的群众运动和游行示威，有力地配合了解放战场的斗争，削弱了国民党的统治，对推翻蒋家王朝有重要作用，故称"第二战场"。

的、不屈不挠的顽强斗争，教育振奋了他们，他们中的大多数终会同仇敌忾地参加反对帝国主义和反动派的斗争。中华人民共和国成立前，教会学校中的反帝、反蒋家王朝的学生运动也和全国学生运动一样，如火如荼。中华人民共和国成立后，大批教会学校的学生参加了抗美援朝和祖国建设事业，一些人甚至成了国家栋梁之材，这就是明证。在民族解放运动波澜壮阔的推进下，最终培养了一批帝国主义的掘墓人，历史的辩证法就是如此。

柳百成中学阶段，正值抗战后国民党开始接收上海到垮台的时期。上海作为蒋家王朝统治的重要据点，柳百成亲身经历了抗战胜利后的喜悦和欢乐，也经历了国民党接收上海后的腐败和衰朽，社会环境对他产生了深刻的影响。社会的现实教育了他，引起了柳百成的思考和觉醒，从爱国主义出发，逐渐走向反对蒋家王朝、拥护中国共产党、争取民族解放之路。

抗战胜利后，从重庆飞来了国民党的接收大员，他们把大量敌、伪财产化为己有、中饱私囊，上海人民愤怒地斥责他们不是"接收"，而是"劫收"。上海成了蒋帮家族和其爪牙独霸的城市，到处都是"有官必贪，无吏不污""有条（金条）有理，无法（国民党发行的货币称为法币）无天"的状况。上海人民又重新坠入水深火热的深渊之中。一边是朱门酒肉臭，一边是路有冻死骨，柳百成亲眼见过大冬天冻毙的饿殍横尸街头的惨景。物价飞涨、货币急剧大幅贬值、经济全面崩溃，民不聊生。人民群众经过14年抗日苦苦期盼的胜利果实全部化为乌有，失望和推翻蒋家王朝的情绪笼罩了整个上海、整个中国。

蒋介石一心想打内战，用武力和特务来维持蒋家王朝的一统天下，美帝国主义乘机大肆控制中国，独占上海。美国兵更在中国耀武扬威、横行霸道，经常打人、杀人、侮辱妇女，由于有不平等的治外法权①保护，他们犯罪后却从未受到任何应有的惩罚。1946年圣诞节晚，美军在北京东单广场强奸北大女学生；同年，由于向坐车不给钱的美国大兵要钱，上海一名洋车夫被活活踢死。中国人民的民族自尊心受到极大的侮辱，上海许多大学生和工人群众逐渐觉醒，和全国人民一起奋起反抗，开辟了反美、反蒋（介石），规模宏大的"第二战场"，配合解放军的第一战场，掀起轰轰烈烈争取民主、自由、民族解放的斗争。

因初中时年纪尚小，柳百成没有直接参加这些活动，但社会剧烈的震荡给予了他深刻的教育。更直接的影响来自大哥柳小培，由于抗日战争树立了强烈的民族意识，在抗战胜利后又目睹了美、蒋的倒行逆施，哥哥不愿祖国再沦为殖民地，开始寻找民族国家解放的出路。中国共产党的正确政策吸引了他和许多青年学子，大哥奋不顾身地参加了上海的学生运动和地下党。上海解放后不久，大哥、大嫂毅然抛弃了上海较舒适的生活和学习环境，投身到北京的华北革命大学，参加到迎接全国解放的革命洪流中去。柳百成十分钦佩大哥、大嫂爱国爱民、不怕牺牲的英勇奋斗精神和投向革命、公而忘私的高尚情操。

解放突显新天地　展视野为民学习

1949年5月26日夜，上海炮声隆隆，混杂着蒋军战车慌忙撤退的噪声，1949年5月27日，平地一声春雷，上海解放了。柳百成更是高兴，

---

① 治外法权：指根据国际关系、法律及惯例，国外元首、外交官、政府首脑及其他服务于国际政治机关的官员在他国可享受的各项特权。帝国主义侵略中国后，强迫中国签订了不少不平等条约，如规定其驻军、警员、商人、神职人员、教师、医务工作者等及一切居住在中国的国外人员，均可享受治外法权。他们干尽了坏事，触犯了法律，却不受中国法律及法院审判制裁，甚至无罪释放。是帝国主义统治殖民地的重要手段之一。

他目睹了解放军的英姿、官兵一致、军民一家，敬佩之心油然而生。柳百成被深深吸引住了，和上海广大青少年一起，投入到迎接解放大军的队伍中去。

1949年10月1日，毛泽东在天安门城楼庄严宣告："中国人民站起来了！"全国人民不再受帝国主义的侵害凌辱，蒋介石在旧中国的统治即将结束。柳百成开始沐浴在新中国成立后的灿烂阳光下，心情舒畅、在新的中国、新的上海，茁壮成长。经过政治形势学习，参加一些社会工作后，他初步意识到建设新上海不易，建设强大的中国更难，作为青年，建设祖国、强大祖国，义不容辞，责任在肩。他开始激情满怀，憧憬着为未来中国的建设而学习。他从一个仅仅把学习当成个人事业的人，初步升华到要为祖国、为人民而学习的人。像成千上万、积极展翅待飞的雏鹰一样，他们要凌云重霄、聚众之力，把一个落后虚弱、千疮百孔的中国，建设成世界的现代化强国。

本章参考文献：

[1] WASHINGTON I. The authors account of himself,"The sketch Book"[M]. Pennsylvania: The Spencer Press, 1936.

[2] 马克思. 马克思恩格斯选集（第二卷）[M]. 北京：人民出版社，1962: 68.

第三章
闻亭钟声催奋进　清华精神铸心灵

清华风物凝民魂　神往学子步后尘

经过两天一夜的火车，1951年初秋，柳百成终于从上海到了朝思暮想的清华园。自从大哥从北京寄回了身着灰色棉布的解放服、站在清华大礼堂前的留影后，柳百成第一次目睹了清华大礼堂的靓丽风姿，它是那样巍峨端庄、魁伟辉煌，红砖墙衬着四根白色、挺立的大石柱，是那样挺拔耀眼。对于从小生长在上海里弄中的孩子，他很少见到这样雄伟奇妙的罗马与希腊风格混合式的大圆顶建筑，一下子就把他的心勾去了。清华大学大师云集、学风严谨、钟灵毓秀、中西融合、爱国风骨，早已蜚声上海，名震中华。同时，清华大学在北京，那里是中国的首都，全国的中心；那里是五星红旗首先升起的地方，党中央的所在地，比起上海，它更清新、神圣，富有革命传奇色彩。柳百成暗下决心，一定要到清华大学去学习，去迎接那更加美妙、更加理想的新生活，去探索世界的奥妙，去实现自己建设新中国的梦想。

一到清华园，柳百成放下行李，就像许多第一次踏进清华园的学子一样，急不可待地到清华大学各处去溜达、转悠，想目睹这所最高学府的风采，去探究大师们学习、工作的环境，去接受革命的熏陶。清华大学之大，使他很是震惊，一天都没有走完，清华园好似一个大公园，更胜似大公园。各种历史余韵、英烈遗事、名胜古迹，使他流连忘返；多彩绚丽的风光，使他目不暇接；清华人爱国爱民的风华，更使他荡气回肠。杰出的科学和人文巨匠，群星璀璨、中西荟萃，更可贵的是许多清华的科学、人文巨匠，多和革命精神交相辉映、水乳交融。他们不少人都曾挥洒青春，为抗日呐喊，为民主奔波，为反帝尽瘁，同时又创造了中国20世纪30年代科学、文化之最。它的学子在民族危亡关头，抛头颅、洒热血，呼唤、组织民众，抗击日寇，反抗美、蒋反动统治，一代又一代，矢志不渝，和全国革命者一道，拯救中国于危难之中，这样的学校在世界上绝无仅有。柳百成的心灵受到了极大的震撼，原来清华是这样的丰富多彩、可歌可泣、动人魂魄，真是一个学习读书的好地方，更是一个学习做人的绝佳之处。

他漫步校园，欣赏清代遗留下来的回廊环绕、画栋雕梁、满园繁花似锦的工字厅，荷绽散风香、小丘揽秀水的水木清华，遭受英法联军破坏、满目苍殇的荒岛（近春园），开近代留学先河、灰墙红顶的清华学堂，气宇轩昂、巍然屹立的圆顶大礼堂，朱墙大窗、铜铸雕花馆门、别开生面的大图书馆，当时曾雄踞亚洲第一、附有悬空跑道和温水游泳池的体育馆，白色靓丽、造型别致、具有三个通道的二校门，绿草如茵、平整如毯的大草坪，曾给清华带来学术辉煌、盛极一时的科学馆、化学馆和生物馆等。桃红柳绿映两岸、横贯校园东西、蜿蜒清澈的万泉河支流，好似一条穿过郁郁葱葱几万棵覆盖校园翠林的银带，古树新木，更把整个清华园装扮得绿色尽染、葳蕤莽莽。他感到能在这里学习、生活是何等幸福美满！

可是，当他在校园中漫游时，多处革命遗址又使他心潮澎湃、荡气回肠。那安置在大图书馆草坪前,当时为纪念"三一八"惨案、象征国家痛失栋梁之材的圆明园断柱,映入眼帘。当时,23岁的清华学生韦杰三,因反对段祺瑞政府丧权辱国的行为,在参加游行时被执政府枪杀,真使人痛心疾首,悲情愤怒油然从心中升起。韦杰三烈士的最后遗言:"我心甚安,但中国一定要强起来啊!"那发自肺腑惊天动地的呼唤,更是对后人的殷殷嘱托,在柳百成心中久久激荡,不能平息。来到清华学堂,仿佛听见了1935年为反对日本帝国主义阴谋侵吞华北的"何梅协定"①时,清华中文系学生、中共地下党员、党支部书记蒋南翔在地下室,奋笔疾书"清华大学救国会告全国民众书"的笔声。"华北之大,已经安放不得一张平静的书桌了!"的悲愤呐喊,真是振聋发聩,启发振奋了清华及全国千万学子,爆发了闻名全国的"一二·九"运动,掀起了抗日救亡的高潮。抗日初期,清华学子大量涌入抗日队伍,英勇抗击日本帝国主义的侵略罪行,例如,领导东北抗日游击队的张甲洲②、参加太原牺牲救国同盟会的纪毓秀③、领导创立鄂中抗日武装根据地的

---

① "何梅协定":1931年日军占领东北三省后,进一步妄图吞并华北,把它变成第二个"伪满洲国"。1935年5月,日军华北屯军司令梅津美治与国民政府军政部长何应钦多次商谈,提出中国政府应限制抗日活动、从华北撤走东北军、日军对华北进行统治等无理要求。7月6日,何复函竟接受了日方蚕食华北的狂妄要求,"何梅协定"是出卖华北的卖国协定,遭到全国广大人民的坚决反对。

② 张甲洲:1930年考入清华大学政治学系,中共党员。曾任北京西郊区委书记。1931年9月18日日本侵吞东北,成立"伪满洲国"。张甲洲赴家乡东北巴彦县组织抗日游击队,抗击日军,任中国工农红军第36军江北独立师师长。1937年壮烈牺牲。

③ 纪毓秀:女,1935年考入清华大学电机工程系,后转入外国语言文学系,参加"一二·九"运动,后为清华大学民族解放先锋队负责人,中共党员。1937年春赴山西太原,参加山西牺牲救国同盟会工作,任青年敢死队连指导员,为山西"三大妇女领袖"之一,对国民党山西军阀阎锡山消极抗日做过坚决的斗争。1939年10月因积劳成疾,年仅22岁不幸逝世。

杨学诚①等，他们曾是抗战的中坚，都在青春年华时为抗战献出了宝贵的生命。大礼堂畔、水木清华对面小山东侧挺立着纪念闻一多教授的闻亭。闻亭的清脆钟声响彻方圆十里，更使柳百成百感交集，心潮澎湃。1946年7月15日，杰出的教授、诗人闻一多，上午在李公朴殉难经过报告会上愤然公开痛斥蒋介石反动派杀害李公朴先生的罪行，怒声犹在空中震荡，下午旋即被蒋帮特务枪杀，倒卧在血泊中②。为了争取民主与解放，中国人民流了多少血，付出了多少牺牲，教授也未能幸免，今天我们的幸福确实来之不易！来到荒岛（近春园），环丘衔水、小岛卧波的荷塘，夏秋之交，秋意漫漫，莲叶开始萎黄，满池凋谢的荷叶更使人想起撰写了脍炙人口的《荷塘月色》《背影》等的散文大家——朱自清教授③。中华人民共和国成立前夕，他贫病交加，坚持不食嗟来之食，拒绝购买收买人心、便宜的、"美援"施舍性的面粉，刚50岁就愤然倒下了。这样的伟人，这样的风骨，怎能不使清华的后继者肃然起敬、高山仰止呢？面对桩桩件件滴血的往事，更拨动着柳百成年轻的心弦。为民族、

---

① 杨学诚：1934年考入清华大学物理系，积极参加"一二·九"运动、南下扩大宣传等活动，为中华民族解放先锋队队员。"七七"抗战爆发，任平津流亡学生工作指导，后任中共长江局青年委员。继而转入新四军第5师，任鄂皖兵团指挥部政委及行署副主席等要职，对鄂皖革命根据地的发展、壮大，做出了重要贡献。1944年随军转移中不幸病逝，年仅29岁。

② 闻一多、李公朴：闻一多，文学家、诗人、昆明西南联大著名爱国教授。中国民主同盟早期领导者之一。1945年，昆明反动当局镇压学生运动，发生了"一二·一"惨案，闻一多带头游行，支持学生。1946年7月11日，国民党反动派派特务杀害了进步教授，反对蒋介石反动政权，要求抗日的"七君子"之一的李公朴先生。闻一多教授在云南大学主持追悼会，痛斥蒋帮的倒行逆施、杀害李公朴先生的罪行，随后即被蒋帮特务枪杀，身中数十枪，满身鲜血地倒在追求民主和解放的道路上。

③ 朱自清：现代著名散文家，清华大学中国语言文学系主任。著有《荷塘月色》及《背影》等名篇。中华人民共和国成立前夕，教授生活困难，又患严重胃病，奄奄一息。美国发放廉价面粉企图收买人心，他拒吃美国配给的救济面粉，重病而亡。

为国家，多少清华学人以身殉国、慷慨就义，实现了"生当作人杰，死亦为鬼雄"的壮志，正是他们的正气与牺牲和全国的众多烈士一道，换来了人民的觉醒，赶走了美、蒋反动派，取得了全国解放的胜利。他们为我们创建了如此美好的校园，铺垫了如此优良的学习环境，我们能当之无愧吗？

柳百成漫步校园更使他醒悟到："国家兴亡，匹夫有责。"学做清华人，正气为先。柳百成详尽了解了清华几十年来为国家培养的众多杰出人才，他们是民族的英烈、科学的泰斗、工程的帅才、人文的巨星，为当时的中国填补了科学、工程、文化空白。当柳百成看到他们，或进清华留美预备学校，或进清华大学时，犹带稚气、憨厚的娃娃脸，然而在民族的危难之际、在清华的熏陶培养下，勤奋努力，背负民族的希望，漂洋过海，借他山之石以攻玉，终成大业。

开学前的校史学习与校园参观，使柳百成的思想境界有了较大的提升，上了一个新的台阶。他认识到，上清华不仅是个人的志愿与爱好，更不是找个好职业以换取个人美好生活的敲门砖，而应向清华的前辈学习，继承清华爱国、好学、创新、挑大梁的光荣传统。以富强祖国、提升人民幸福生活、振兴中华为己任。做清华人，首先要做民族的脊梁。在旧社会战乱不断、条件极差的情况下，老学长们励精图治以谋国家富强、人民的幸福，他们发扬了民族的优良传统，实践了"先天下之忧而忧，后天下之乐而乐"，成为民族的一代精华。他们把维护科学真理、实现民富国强作为高于自己的生命的大任，树立了为国为民的人生观。"不患位之不尊，而患德之不崇，不耻禄之不颗，而耻智之不博。"[①] 一个有

---

① 张衡语："君子，不患位之不尊，而患德之不崇，不耻禄之不颗，而耻智之不博。"意即：人不应考虑职位高低、薪俸多少，应该认真考虑道德是否高尚、学问是否丰足。

着光荣传统的学校，本身就是一部伟大的教科书，严肃对待人生和事业，永远值得清华后人敬仰和传承。一个严肃的问题摆在柳百成的面前，使他深入思考：我能否像清华前辈一样为民族存亡，为科学真理而奋不顾身？我们这一代如何像前辈一样，奋力拼搏、踵事增华，为真正重振中华、屹立于东方而奋斗一生？

改造专业一身担　育"工程师"重实践

1952年，响应中央关于教育改革的号召，全面学习苏联工科大学的经验，加强专业工程师的培养，清华理科、文科等全部并入北京大学，清华大学、北京大学、燕京大学的工科全部集中到清华，清华从此成为以工科为主的大学。同时，又把工科专业分得更细，如机械工程系就先后分成了汽车、热能、机械制造（冷加工）、铸造、锻压、焊接、金属热处理等七个专业。当时根据苏联的经验，认为这样可较快地培养出能在企业中尽快发挥作用的工程师。现在看来，这种教育改革弊端不少，专业分得太细太专，基础不宽不深、后劲差、创新不足，在技术急速更新换代的时代极易被淘汰，这是后话。

当时的铸造专业是又脏、又累、又苦的专业，一般学生不爱念。但是，当党组织和系行政领导把情况摆明，希望同学们自告奋勇去铸造专业，以自己的行动和努力去改造、美化祖国最落后的专业，夯实制造业的基础时，柳百成和许多同学都积极响应学校的号召，自觉申报了铸造专业。铸造专业的学生几乎都是第一志愿。而且，进入铸造专业的，不少还是学习成绩突出的学生。柳百成和大多数同学一样，希望用自己的努力和勤奋，去美化、改造和发展暂时还落后的专业，为祖国建设而学习，不怕吃苦。铸五班（柳百成、曾晓萱所在班级，1955年毕业）的同学觉悟较高、自觉性强，平均成绩一直名列前茅。然而，铸造专业具体是干什么的？需要哪些条件？将来能做什么工作？多数同学都不甚清楚，带有一定的盲目性。当时的学生单纯、朴实、可爱，认为全国形势一片大好，建设祖国前景璀璨辉煌，该是我们这一代建功立业、大显身手的时候了。全班同学提出了响亮的口号："祖国的需要，就是我们的志愿""自觉接受祖国挑选"，整个班级爱国之情洋溢，学习热情高涨。

图 3-1　1953 年铸五班在鞍钢实习
（前排左 4：柳百成，2 排左 2：曾晓萱）

真正把爱国热情与专业学习结合起来，还是通过两次实习，一次是去鞍山钢铁公司的"认识实习"，一次是去山西榆次纺织机械厂的"生产实习"。通过"认识实习"，班上同学知道了冶金工业及铸造业在祖国机械制造业中的特殊重要地位，明白了自己的专业和祖国建设休戚相关，是制造业的重要基础。社会主义建设最苦最累的活，我们不去，谁去？进一步的"生产实习"则需到工厂、工地了解学习专业生产过程的工艺、材料、设备等问题，以及初步学习解决生产过程中出现的问题。最后还要进行"毕业实习",了解某项生产任务的完整生产过程,并独立完成该产品的车间设计,为产品的生产过程建立生产线,通过毕业答辩,才能成为一名合格的铸造工程师。

在鞍山钢铁公司进行"生产实习"时,同学们生平第一次看到了几百吨的平炉出钢的盛况,几百吨上千摄氏度的钢水从炉中倾泻而出,倒入钢水包里,由吊车吊起,浇注到钢锭中。炽热的钢花金光四射,照亮了整个车间,比烟花更美丽辉煌、激人肺腑,对学工的青年大学生来说,真是一幅动人心弦、永生难忘、最壮丽的画面。钢锭再通过压延,长长的钢铁火龙在轧钢机上飞舞旋转,依次有序地进入轧钢机,最后变成了钢轨、钢管、钢筋等工业建设所需的钢材,运往祖国的建设工地和工厂。在轧辊铸造厂,几十吨重的钢水浇入几米高的大型轧辊砂箱,钢花四溅,铸造工人站在高高的钢架上指挥若定,蔚为壮观。看到这一切,同学们真是开了眼,情绪高涨、浮想联翩,企盼着有一天能在这些"国之重器"前奋力工作,为祖国的制造业添砖加瓦。

在鞍山钢铁公司实习时,开展了"访贫问苦、忆苦思甜"、访问老师傅的思想教育活动,柳百成向老师傅请教:"什么是铸造?"老师傅回答:"铸造就是睁着眼睛造,闭着眼睛浇。"意即砂箱的造型过程是看得见的,而上、下砂箱装配好,铸造的浇铸过程就完全看不见了,里面的物理化学过程完全不知道,浇好、浇坏,铸件质量根本无法保证,只好听天由命,碰运气。柳百成听了甚是吃惊,原来铸造工艺还是一个暂无答案的"谜",这个谜底不解开,铸造就只能在黑暗中摸索,完全听天由命。这样的工艺、这样的技术,铸造业怎能不落后?祖国强大的制造业怎么能建立在这样不可靠、缺乏科学的基础上呢?这个看似无解的谜,一直在柳百成心中盘旋,时隐时现,困扰着他,也激励着他。柳百成暗自下决心,一定要通过学习劳动,把这个历史久存、暂时无解的谜解开。

图 3-2　1954 年柳百成在清华大学图书馆前

三年级时,铸五班去山西榆次经纬纺织机械厂进行"生产实习"。它的铸工车间是我国自行设计、新建的机械化车间,整个铸造过程不再像原来的铸造厂那样,工人必须整天蹲在地上造型,腿脚酸痛,站都站不直,现在则是站在造型机边,在流水生产线上完成造型、合箱、浇注、清理,劳动强度和工作条件已大大改善,完全机械化了。这别开生面的景象,带给同学们不小的震动,短短两三年时间,铸造工人居然站起来了!祖国在飞速发展!同学们更感到在学校里学的材料力学、机械原理、机械零件、铸造合金、铸造原理、铸造设备等课程,都是针对性很强的、有实用价值的工程科学技术。运用自己所学的知识,手脑并用,将来定可扭转乾坤,使落后的铸造行业"机械化""自动化",使工人再次得到解放，这真是改造世界的、伟大而宏伟的事业！同学们个个心情激动，热情满怀，都以未来的铸造工程师自居，他们要以今日的勤奋努力，来换取铸造工业灿烂的明天。一身灰、一身泥、一身汗，均不在话下，心中装着祖国工业化的愿景，再苦再累也心甘！

　　两个暑假的实习结束了，当他们乘坐火车返回清华时，更加豪情满怀，准备去从事那美化、改造专业的神圣事业。柳百成和大家想的一样，祖国需要我，我们有能力、有决心响应祖国的召唤，为祖国的铸造及机械制造业贡献力量。谁能想到这个朴素的愿望，竟使他一生和铸造业结缘，更为它贡献了整整一生。

图3-3　2005年校庆，铸五班毕业50周年聚会
（第3排左3：柳百成，前排右6：曾晓萱）

"五年计划"鼓人心　全面发展报国殷

　　1953年，宏伟的第一个五年经济建设计划即将实施，同学们都沉浸在雄伟壮观、国人百年期盼的工业化前景中，中国将以崭新的姿态屹

立于东方。当每天早上伴着闻亭清脆嘹亮的钟声踏入教室时，新的动力在柳百成心中激荡，他以全新的心态投入每天的学习。清华的钟声是向知识进军的号角，催人奋进。柳百成总是早早抢占教室前排座位，专心聆听教师的讲授，学习科学的深奥，满腔激情地探索自然的奥秘。清华工科大一、大二年级的基础课程十分繁重，无论物理、数学、力学、画法几何、机械制图、机械原理等，都是重头课，他都学得特别突出。由于中学几何基础好，又爱好绘图，他的空间概念特别清晰，画法几何、机械制图都画得循规蹈矩、有板有眼、图面整洁、线条清晰，屡次受到老师的表扬。学物理和力学时，由于中学时已有相当的基础和较好的学习心得，学会了举一反三、融会贯通的方法，大大扩展了知识面，启发了思维的想象力和创造性。对老师或书本给出的条件、结论从不满足，总是自觉想方设法变通某些条件，加深理解求出新的结果。例如，力学中载荷的变化、支撑点的变化、运动状态的变化，会带来什么神奇的后果？自己给自己出难题，演绎出许多新的结论，达到一通百通、更好加深理解、掌握扩展基础理论、灵活运用的目的。

再加上新中国成立初期社会稳定，比较强调经济建设，清华大学在学生中强调为建设祖国努力学习，学生学习热情高涨，坚持"三好"，即"思想好，工作好，身体好"，准备着参加祖国未来的经济建设。晚饭后，大图书馆灯火通明，座位早被抢占一空，图书馆中成百上千的学子在此学习，却静可落针。除了周六晚上，或星期日下午，同学们挤出时间处理点私事，或稍事休息，所有能用得上的时间全都用来学习。柳百成在这儿如鱼得水，深探知识的奥妙，虽然他考进清华时的入学成绩不在前列，但经他刻苦努力，学习逐渐进入佳境，取得了骄人的成绩，成为系中学生的翘楚。

清华大学的体育锻炼早已闻名全国，体育课不及格，"劳动卫生制度"①（以下简称劳卫制）不通过，是不能毕业的。再加上蒋南翔校长特别重视体育，把"体育"与"智育""德育"一起作为全面发展的"三育教育"来培养学生。著名的体育名师马约翰教授，更是亲力亲为、大力倡导、现场指教。当年，马约翰教授已年近七旬，满头银发、目光炯炯、声音洪亮、满脸红光、神采奕奕、乐观豁达。春、冬季的北京，寒风料峭，他也只穿薄外套，甚至仅着衬衣、背心和短马裤，英姿飒爽，精神抖擞，大步流星地在校园中走动，指导学生的体育锻炼。他经常在大礼堂做"增强体质、预防疾病和科学锻炼"的报告，深入浅出，从正、反面例证，引人入胜、笑话信手拈来，引得同学们满堂哄笑，轻松、活泼、愉快，同时又受到了深刻的体育、德育的双重教育。例如，他倡导学生每天沐浴后再用冷水冲一下，可加强刺激，增强体质，避免感冒，同学们试了，坚持下去，真是"灵光"，不再感冒，终身受益匪浅。他不仅提倡练体、竞技、强身，更强调体育道德，这一切谆谆教导都被清华同学身体力行，发扬光大。接着，全校开展了劳卫制的锻炼，同学们每天至少在操场上进行一小时强度较高的体育锻炼，再加上伙食营养丰富，搭配均衡，学生无后顾之忧，身体都锻炼得健壮结实、活力四射，许多同学大学四年都从未踏过医院的门坎。

蒋南翔校长来清华时已快 40 岁，兼职甚多，工作繁忙。然而，只要有空闲，他就会和同学一起锻炼，下午 5 点，经常会看到校长跑步出现在西大操场上。榜样的感召力既是无形的，又是巨大的，它振奋

---

① "劳动卫生制度"：是苏联为了应对生产与国防的需要，在大学、中学及工厂建立推广的一种增强学生等体质的一系列群众体育健身运动，包括体能与技巧训练的测试。后在我国大学、中学推广，对增强学生体质起到重要作用，分优秀与及格两个等级。

学生的斗志，增加了学生锻炼的信心和毅力。他又提出"为祖国健康工作50年"的口号，深得人心，清华学生都以此作为信条，坚持锻炼。每天下午 4:45—5:45 是全校雷打不动的锻炼时间，教室、宿舍空无一人，学生都活跃在操场上，热火朝天，朝气蓬勃。为了锻炼意志、强身健体，再加上体育教研组名师多多、教诲有方，清华的群众体育运动开展得激情澎湃、长年不断，多年包揽了全国大学生运动会男、女团体赛冠军。这对全体同学具有很好的示范、鼓励作用。四年大学下来，学生的体质、体育技巧都有较大的提高，每个人还至少有一项体育爱好或特长，为终身坚持锻炼，具有健康体魄、培养健身兴趣，都打下了坚实基础。

柳百成所在班级，在体育委员的带领下，男同学每天要跑3000米以上，女同学每天也要达到 2000~2400 米。不少同学每周都能从清华跑到颐和园来回三次，风雨无阻。劳卫制测验对体能、技巧更有全面要求，劳卫制的通过率和成绩，铸五班是机械系全年级达标最早、最好的班级之一。柳百成由于中学时体育锻炼基础较好，自然成了全班的佼佼者之一，他不仅达到劳卫制优秀等级，而且篮球、排球、足球、短跑、溜冰都是拿手好戏。他成为班上的体育骨干、运动场上的活跃分子，短跑成绩曾是全班最好的成绩之一。

从南方来到北方，最吸引柳百成的体育运动就是溜冰，特别是花样溜冰，那美妙的旋转、腾空的飞跃、急速的平衡、优美的身姿都使他眼花缭乱，如醉如痴。这个"冰上芭蕾"深深地吸引了他，使他心驰神往，他自认身体灵活，可以一试。但是当年冰鞋米珠薪桂，一般同学只能望"鞋"兴叹。练花样溜冰费时较多，学校功课繁重，只能见缝插针抓紧锻炼，坚持不懈，才会有些成效，有双自己的冰鞋至关重要。他下决心节省不多的零用钱，砍掉一切不必要的花销，一点一滴、有计划、有目标地积攒，最后买了一双二手鞋，虽然质量不太好，但价钱便宜。他总算有了一双梦寐以求、属于自己的、可自由支配的花样溜冰鞋了。

图 3-4　1954 年柳百成在清华溜冰场

有了冰鞋就大不一样，可以自由掌握时间，随时练习。白天功课紧，班上集体的体育活动又必须参加，只好早起挤时间。他每天清晨五点多钟起床，轻手轻脚地从上铺溜下来，背起冰鞋，一路小跑，直奔荷花池。荷花池畔空无一人，隆冬季节，严寒料峭，寒风刺骨，天还未亮，只有几盏半明半暗的池边路灯与他相伴。柳百成仗着年轻气盛、血气方刚，大步流星跨进冰场，练将起来，奔跑、旋转、跳跃。有时一个动作要练几十遍，跌倒了爬起来，爬起来再跌倒，这种滋味没有练过花样溜冰的人是难以想象的。柳百成想，既然开始了，就要坚持学下去，把它学好，不达目的誓不罢休。他常常在溜冰场孤独起舞，冬季结冰的荷花池剔透平滑，在清晨的微弱灯光下，这面镶嵌在周边环丘、大树围绕中的荷花池犹如一面似亮似暗、变化多端的魔镜。北方冬季清晨朦胧、迷茫、虚幻的自然之美，皆依稀倒映其中，不是身临其境的人，是享受不到这种清华清晨冬日独特美景的。早晨六点半前,他必须背起冰鞋跑步返回宿舍,再进食堂,早餐后还得匆匆赶往教室。功夫不负有心人,经过年复一年隆冬的艰苦锻炼,再加上体育教研组好心的苏老师的热心指点和自己的潜心琢磨,经过三个寒冬的苦练,柳百成的花样溜冰已无师自通,有了长足的进步,成了他大学体育运动中的最爱。在这里,砥砺了他的意志、增强了体质、提高了技艺,溜冰使他学习时更加精力充沛,成绩优异,意志坚强,虎虎有生气。

图 3-5　留校工作后仍坚持冰场溜冰

到了 70 多岁的耄耋之年,他仍兴致勃勃,带着小外孙在荷花池冰上奔跑,看到小外孙迎着刺骨的寒风,冻得通红稚嫩的脸蛋,如飞地围着荷花池的冰道奔驰时,他笑了,这不是他当年青春的再现吗?清华园的孩子就要在艰苦环境中磨炼意志、增强体质、有所作为,清华精神后继有人,代代相传。

第四章
基层锻炼促成长　学习卓越获金奖

正气轩昂聚人心　团结活泼争先进

柳百成所在的机械工程系铸五班共30人，1952年秋，来自原清华、北大、燕京的机械工程系，都按上级规定，全部合并到清华，彼此互不熟悉了解。经过两年多的磨合，学校的多方培养和教师的辛勤教育，再加上同学们刻苦努力的学习，经过"认识实习"和"生产实习"的实践锻炼，学习态度逐步端正，学习氛围浓郁，成绩斐然，劳卫制达标也是全校最早、最好的班级之一。班上朝气蓬勃，增加了彼此的了解，团结向上，政治思想工作很有特色，学习成绩突出，因而铸五班获得了全校"先进集体"班级[①]的光荣称号。领导全部同学的核心就是班级的团支部委员会和班委，其中不少团干部先后入党，也为系里输送了不少学生

[①] "先进集体"班级：是蒋南翔校长20世纪50年代到60年代初，在清华倡导的学生工作方法的重要一环。强调学生以班级为单位，争取德育、智育、体育的全面发展，培养集体主义、爱国主义和社会主义精神，开展青年自己教育自己的多种活动。班级学习成绩好、劳卫制达标、团结向上、思想进步，方可授予"先进集体"的称号，以榜样带动全校同学共同前进。

政治思想工作干部当政治辅导员[①]。团支部委员作风正派、以身作则、团结同学、关心集体，也比较注意工作方法，开展多样化的、适合青年学生的自我思想教育和喜闻乐见的活动，深得同学们的拥戴。

柳百成从大学三年级开始就担任团支部的宣传委员（曾晓萱为团支部书记），他学习优秀、积极热情、课外活动兴趣广泛、组织能力强、富有凝聚力，能和各类同学交朋友，和团支部委员一起把班上的各种活动组织得有声有色、丰富多彩。铸五班学习成绩突出的同学较多、能人较多、上进心迫切、喜读书、善动脑、爱提问题、勤于独立思考，对许多问题，不管正确与否，常有自己的独特见解。这是一个富有个性、勤于思考、不盲从的班级。从当时情况来看，也是一个不太好领导、不太听话的班级。团支部开展多种同学们感兴趣和喜爱的活动，以吸引同学参加。团干部更是严格要求自己，做出表率，在政治讨论、业务学习、体育锻炼、公益活动和团结同学中起模范带头作用，从而取得了很好的效果。柳百成也在团支部和班集体中得到了锻炼和提高，学会了向大家学习、团结关心同学、为同学服务。在为同学服务和做群众工作中，增长了才干，发挥了基层团干部应有的积极模范作用。这个团支部和班干部动脑筋、想办法、依靠集体，开展了一系列很有特色、适合当时青年成长、丰富多彩的思想教育活动，以及提高业务学习的各种文体活动，深受绝大多数同学欢迎。

团小组日记：为了敞开心扉，增进彼此的了解，依靠团员自己教育

[①] 政治辅导员：1953年，蒋南翔校长在清华提出，为了加强学生的政治思想工作，抽调高年级的学生党员任低年级学生的政治辅导员。一方面，使高年级的党员学生得到全面锻炼，学会做政治思想与社会工作，为党和国家未来输送又红又专的干部；另一方面，使低年级的同学身边有学习的榜样，而且年纪相近，较易沟通，便于掌握低年级学生的思想动向和学习情况，及时向学校反映，改进工作。同时，也注意早期发现优秀学生，进行因材施教，培养学习优秀拔尖的人才。

自己，根据团员的建议，建立了团小组日记。团小组日记由团员轮流书写，可记述自己的读书心得、学习进步、思想收获、体育锻炼的成绩、班上的好人好事；也可记述自己的困扰、苦闷、问题，以及对班级、学校工作的意见和对其他同学提出善意的批评和建议。这个团小组日记坚持了近两年，促进了青年同学敞开心扉，相互关心，共同进步，成了许多同学倾诉心声和团结的纽带。它倡导了一种民主、真诚、和谐、团结和追求上进的正气和君子风度，让团员之间更加了解，更加"心通"，深受广大团员的欢迎，大家都获益匪浅。日记整整记了一厚本，对铸五班的成长、进步和团结起到了重要的推动作用。

多种多样的课外活动：由于柳百成学习突出，爱好广泛，热心助人，和同学关系较好，许多课外活动都是以他为核心自发组织起来的。例如，周六晚上，根据同学共同感兴趣和热点的问题，组织阅读和讨论文艺书籍的活动，同学可自由参加。曾组织过对苏联小说《远离莫斯科的地方》《三个穿灰大衣的人》《钢与渣》等小说的系列讨论和点评会。由于这些小说描述的都是当时苏联青年工科大学生、青年工程技术人员的学习、工作、生活和热情参加社会主义建设的体验，以及与官僚主义做斗争等事迹，与同学们的生活和理想较贴近，深受同学们喜爱。大家认真读书、发表点评、畅所欲言、各抒己见、交换看法，有时也争论不休，甚至争得面红耳赤。然而，通过交换意见，拓宽了思路，丰富了阅历，增进了友谊和了解，提高了对爱国主义、社会主义的领悟，也提高了对是非的辨识与文学艺术的欣赏水平。

柳百成还和班上文娱委员积极组织各寝室的歌咏比赛、合唱表演，演唱中国和苏联的歌曲，既有革命的，也有抒情的。苏联歌曲则多用俄语演唱，既是学习俄语的好机会，又可体验俄罗斯的音乐、文化和民情。

《喀秋莎》《共青团员之歌》《红莓花儿开》《山楂树》《伏尔加船夫曲》《贝加尔湖》《三驾马车》等,都成了同学们引吭高歌的名曲。明斋三楼东南角铸五班的男生宿舍,周六晚上经常飘出明快而高昂的歌声。当时没有什么丰盛的物质享受,但高尚而愉悦的精神生活,使同学心中充满了憧憬与欢乐。至今,柳百成仍能哼唱若干俄语歌曲的片段。

节假日,有时他和班干部也会组织同学外出郊游,或去颐和园划船,或去天安门、天坛游览,或去圆明园凭吊。柳百成是划船高手,有一次班上组织同学去颐和园划船。开始,昆明湖上蓝天白云、风和日丽,湖中碧波荡漾、周边烟柳依依,亭台楼阁倒映湖中,真是一片大好天气,美景如画!一眨眼功夫,大风乍起、乌云密布、强对流天气突然袭来,

图 4-1 1954年铸五班部分同学在天安门
(前左4:柳百成,前左2:曾晓萱)

湖面顿时被黑暗吞噬。在昆明湖心的几叶扁舟,随风浪起伏,随时有被黑浪吞噬的危险!大伙一点儿思想准备都没有,真有点恐惧!小舟几经挣扎,在大浪中飘浮不定,危难中,大家都心悬一线,担心不已。柳百成指挥大家团结奋力、搏击风浪,终于艰难地回到岸边。四十多年后,老同学相聚,还兴奋地谈起这次颐和园划船遇险的特殊经历,依然兴奋不已。

过年,班上同学自己包饺子、煮饺子,更是热闹非凡,既培养了同学们的独立生活能力,又冲淡了一些同学的思家之苦。大家吃着自己包的饺子,胃口大开,其乐无穷,一顿饺子团圆饭更增进了同学之间的团结和友谊。

助人为乐,团结友爱: 由于新中国成立初期政治运动频繁,又因种种原因一些同学家庭发生变故,经济来源断绝,也有一些同学得了慢性病,经济困难,没钱买药品……团支部了解后,都尽量在不伤害同学自尊心的前提下,予以帮助。柳百成乐于助人,有位同学因家庭问题,经济来源曾一度断绝,甚是苦恼,柳百成主动将自己每月的生活费抽出一半,长期支援这位同学,解除了他的后顾之忧,使他得以安心学习。柳百成负责组织同学郊游时,有的人因家庭经济拮据,囊中羞涩,无钱购买车票、门票,推说自己不想去。柳百成得知后,挑头主动邀请几位经济较宽裕的同学共同为其分担游园费用,让这位同学痛痛快快地游览了北京的名胜古迹。有位同学患病住院治疗,经济困窘,柳百成和其他团支部委员和党员,将自己全部的零花钱倾囊捐出,买奶粉、水果给他送去,鼓励他安心养病。一些同学还抄好笔记,帮他补课,让他较快地恢复了健康,赶上教学进度,正常按期毕业。这些助人为乐的活动,也教育了柳百成和其他团支部委员,学会关心他人,更要注重雪中送炭,懂得了热忱无私、善待别人，才能真正赢得友谊，凝聚人心。

热爱劳动、建校光荣：柳百成大学期间，正是清华大学在新中国成立后第一次大规模扩建时期，许多楼宇同时动工，劳动量极大，人手不够。学校考虑让学生参加部分辅助性义务劳动。一方面劳其筋骨，树立劳动观点，"天将降大任于斯人也，必先苦其心志，劳其筋骨，饿其体肤，空乏其身，行拂乱其所为，所以动心忍性，曾益其所不能。"培养社会主义国家的栋梁之材，首先要同学们尊重劳动、热爱劳动、学会劳动。另一方面，通过劳动自己动手建校，懂得学校一草一木、一砖一瓦皆来之不易，只有通过艰苦的建校劳动，改变和美化了学校，学生才能体会其中的艰辛，从而更加热爱学校。当时课外义务劳动比较多，同学们都热情洋溢地参加，铸五班曾参加过植树劳动、建设学生宿舍1至4号楼的劳动。当1至4号楼拔地而起，傲然屹立于学生宿舍区，那民族形式的红墙衬着绿色的、阳光下闪烁的大屋顶，熠熠生辉、尽显风采，成了当时清华学生宿舍一道全新的、美丽壮观的风景线。毕业四五十年后，铸五班白发苍苍的老校友校庆返校，还一定要去1至4号楼转转，仰视当年盖起的大屋顶，摸摸当年围绕大楼、亲自种植的小白杨树，别是一番深情在心头！现在的白杨树，早已长得枝繁叶茂，成了与大楼共比高的参天大树了。

铸五班同学学习成绩优秀，在全年级出类拔萃。除了学好正课，他们还有充分的余力进行课外阅读和科学研究，老师因势利导组织了科研小组，充分发挥同学的学习积极性和创造性。柳百成积极参与科研小组的活动，小组成员都得到了较全面的锻炼，无论是对科学研究的兴趣和方法，还是科研能力和自信心都比其他同学更加出色。

图 4-2 1954年铸五班部分同学在天坛游览
（后右1：柳百成，2排中：曾晓萱）

柳百成还以大学后三年各门学科成绩获得全五分的优异成绩，以及优秀毕业设计、德智体全面发展，被评为校级1955级的优秀毕业生，荣获学校颁发的金质奖章，全班同学都为他高兴。他以优异的成绩完成了他青春之路的第一个台阶，踌躇满志地准备迎接人生的第二段更加辉煌之路。

四年的大学生活很快就要结束了，柳百成在学校的教育下、在教师的辛勤培育下、在同学的帮助下，在班级基层工作中得到了全面锻炼。热爱社会主义祖国、关心国家大事、关心集体，与团支委、班委一起，促使班级天天向上，时刻准备着为祖国的现代化献身。毕业后不久，柳百成就以教学成绩优异、全

图 4-3 优秀毕业生金质奖章

面发展、积极参加政治思想社会活动,被光荣地吸收入党,成了一名共产党员。

为人师勇挑重担　潜心教研休得闲

毕业了,学校把他留作助教,分配他为铸七班(1957年毕业)开一门近50学时的"特种铸造"新课。面对突如其来、出乎意料之外的新任务,要在清华当教师,而且为仅低一年级、5年制的同学讲新课,谈何容易?这真是全新的挑战!柳百成在清华读书时,当时的大学学制是4年,而下一年级同学的学制改为5年。4年制刚毕业的大学生柳百成,竟要给5年制的同学为了满足国家建设的更高需求而开"特种铸造"的全新课程,自己从未学过,更谈不上有充分准备了。他常听老教师们说起,"要给学生一杯水,自己就得准备一桶水",自己哪有这种储备啊?他顾不得毕业前的劳累,立即投入做新教师的备课活动中,全身心地投入新的教学活动中去。书桌上堆满了从图书馆借来的参考书,而课时有限,必须取其精华、去其糟粕,还特别要注意材料新颖、概念清晰、重点突出、逻辑性强。他翻遍国内外的相关资料,发现当时苏联特种铸造的某些方面远落后于欧美等工业发达国家,他就大胆跳出当时"学苏"的框框,冒了一定的风险,引用了当时美国和欧洲的最新材料教给学生。为了教好课,柳百成花费了大量劳动,初步尝到了"教书匠"呕心沥血的艰辛。"教师是人类灵魂的工程师"的要义,要立德、树人,以德育人,为社会主义祖国培养一代新人。时势造英雄,当时铸工教研组人手不够,青年教师欠缺,而国家五年经济建设计划已经开始,需要大量基础工业的科技和工程人才,铸造工程更是机械制造业基础的基础。教育优先的关键是师资，"大学非有大楼，乃有大师也"①。因此他下定决心做一名优秀的人民教师。当他第一次踏上三尺讲台，讲"特种铸造"时，他还是相当紧张的，台下听课的对象都是只低一年级的同学，有的同学只比他小一岁，有的与他同年，有的比他还大呢！讲台下面的同学眼睛都睁得大大地瞪着他，其中既有鼓励，也有怀疑，这位小老师行吗？由于态度认真、备课充分、材料新颖、条理清晰、逻辑性强，具有启发性，一下子就得到了同学的好评。他讲的课在当时新教师中堪称上乘，成了青年新教师中的翘楚，成功迈出了做教师的第一步，很快受到系领导的表扬，顺利完成了由学生到教师的初步过渡。

大兴建设环境佳　兄弟成才"哥俩好"

1955年柳百成大学毕业，他的弟弟——柳百新也踏进了清华园，以高分考入清华大学机械工程系。当时清华大学开始筹办新兴专业，即工程物理系、工程化学系、工程力学数学系、无线电系、计算机系、自动化系等，以适应尖端国防工业的需要。这些学科，科学理论深奥、技术新颖、难度大，比其他系的同学要求更高，蒋南翔校长决心从各系中抽调成绩优秀、家庭出身清白的学生，迅速组成新专业，以加快培养尖端人才。由于入学考试成绩优秀，柳百新被选拔转入工程物理系学习。他理化基础强、学习态度端正，很快脱颖而出，成了工程物理系卓荦超伦的学生。正是这种认真严肃的学习态度，他毕业后也留校任教，与哥哥一样，初出茅庐就要为低一年级的同学开新课，这门课——"固体物理"是自然科学结合工程的学科，也是系中最难的课程之一。他深入钻研，

---

① 原清华大学校长梅贻琦，1931年12月3日在就职会上演说："所谓大学者，非谓有大楼之谓也，有大师之谓也。"成为办大学著名的重要指导思想。

四处请教,把这门课讲述得理论清晰、由浅入深、丰富多彩,深受学生欢迎,很快成为一名优秀教师。日积月累,他在科研上更取得突出骄人的成就,使他成为清华又一颗耀眼的、材料科学的新秀。

图 4-4　2002 年,柳百成、柳百新在人民大会堂参加两院院士大会

柳百成、柳百新之所以成才,是与清华大学对他们的辛勤培育、打下的坚实基础分不开的。在此期间,他们在德、智、体诸方面都得到了长足的进步。现在看来,他们的成长得益于以下三方面的因素。

(1)环境佳:1953 年开始了全国第一个五年建设计划,全国全党意气风发地投入了经济建设,社会稳定、风气清新、人民团结一心、努力学习、艰苦奋斗。学校强调以教学为中心,为国家培养建设人才,教学秩序井然有序,教学指导思想相对正确,教师严格要求,学生刻苦学习,学校呈现了一片欣欣向荣、你追我赶的胜景,迎接科学春天的到来,为国家培养了大批有用之才。

(2)师资强:清华名师云集,有较深的科学历史沉淀,他们中不少人基础雄厚、远见卓识、诲人不倦,学生受到很好的、严格的培养和熏陶。严师出高徒，不少优秀学生接过老师的接力棒，奋力向科学高峰攀登，为祖国的繁荣富强贡献青春。

（3）生源好：清华学生是从全国优秀学生中选拔出来的，人才济济。他们基础扎实、知识面广、学习刻苦、善于思考、方法对头、发展全面、社会责任心强。进入清华，"厚德载物，自强不息""行胜于言"的优良传统、实干精神，更促使他们的德、学跃迁升华。在全国奋力投入第一个五年建设热潮的推动下，清华强烈浓郁的学习气氛感染下，个个奋勇争先，培养出了一大批热爱祖国、忠于人民、博学多才、全面发展建设国家的栋梁之材。

柳百成和柳百新在清华获得了宝贵的学识、独立的思考和工作能力、强健的体魄，更懂得了做人的根本。后来，虽然受"阶级斗争为纲"的影响，道路艰难曲折、历经千险万难，但他们最终都以扎实的基础、坚忍不拔的学习精神、持续的创新，在自己的专业领域做出了杰出的贡献。1999年及2001年，柳百成、柳百新双双踏入了中国科学技术界的最高荣誉行列，分别当选中国工程院院士与中国科学院院士，为发展祖国的科学教育事业而奋斗终生，获得清华园"兄弟院士""哥俩好"的美名。

第五章
水木清华育相知　风雨同舟铸良俦

光辉理想相携手　相互仰慕萌情幽

1952年秋，全国高等学校院系调整，清华、燕京、北大三所学校的工科院系合并，清华成为一所多科性工业大学。为了加快工业化建设的进程，学校学习苏联的经验，决定分系、分专业，对学生进行工程师的培养。柳百成、曾晓萱都自愿报名服从分配，进入了清华大学机械系最苦、最累、大多数人不愿去的铸造专业五班学习。当时正值抗美援朝取得了决定性的胜利，第一个五年计划（1953—1957年）准备实施，要把中国从一个落后的农业大国建设成一个现代化的工业强国。经过专业教育，班上同学开始懂得了铸造专业是机械制造业的基石，是机械制造业的第一道工序，只有它强大了，才能有中国强大的机械制造业，真正做到富国强兵。同学纷纷誓言，将以青春和智慧来改造落后的铸造专业，为祖国未来强大的机械制造业做铺路石子。

班上开展了为"实现祖国第一个五年建设计划，努力学习"的活动，同学们学习热情高涨，几乎把所有的时间都投入到了学习中。但如何在努力学习时，关心国家和世界大事？如何明确学习目的，提高学习效率？如何注重德、智、体全面发展，成为新中国优秀的社会主义建设人才？曾晓萱、柳百成和另一位同学一起挑起班里团支部的重担，曾晓萱担任团支部书记，柳百成担任团支部宣传委员，另一位同学任组织委员。铸五班是一个很有特色且个性极强的班级，这个班的学生学习成绩突出、上进心强、知识面广、思想活跃、绝不盲从，体育成绩优秀，不少人还有竞技特长，参加校、系体育代表队的人数众多。班里除两位女同学之外，全是男同学，而且来自上海、江苏和浙江一带的同学占了多半。因此，开会、讨论、聊天，上海话几乎成了官方语言。曾晓萱刚走马上任时，不要说和同学搞好关系做思想工作，简直连话都听不懂。好在，团支部是一个很好的集体，大家遇事经常在一起商量，解除了她的顾虑。班里的工作全面、复杂、多样，真是麻雀虽小、五脏俱全，主要由曾晓萱、柳百成和班长负责。无论是组织端正学习态度、树立远大理想的教育，还是交流学习经验、提高学习效率、丰富文体活动、促进同学健康、相互了解和增进友谊、发扬友爱精神、帮助有困难的同学、共同提高觉悟、进行爱国主义教育，争取成为"先进集体"等的班级活动，两人经常商量，沟通就多一些，逐渐加深了彼此的了解。

柳百成学习拔尖、爱动脑、勤思考，常常提出一些别人想不到的问题。在清华严谨学风的熏陶和老师的辛勤培育下，经过自己的艰苦努力，他的学习潜力和发展前景渐渐露出了"尖尖角"。他乐观阳光、作风正派，却不时爱搞点小幽默，常常引得同学哄堂大笑，他自己更是笑声远扬，成了笑场震荡的中心。他熟悉多种运动技巧，运动场上篮球、排球、足球都突显身手，短跑、划船、花样溜冰更是他的强项。他关心集体、乐于助人、常主动解囊帮助困难同学，从不声张。他组织能力强，不管是实习小分队，还是班里的远足、游园、合唱团、文艺小说讨论会，他都能应对自如、搞得井井有条、有声有色、让同学尽兴，在同学中颇有威信。

曾晓萱是班上年纪较小（倒数第二）的女同学，突然要担起这样一个男生占绝大多数、业务强、思想活跃班级的团支部书记，谈何容易？刚接工作时，曾晓萱在公开场合不善言辞，传达一些上级指示，发表一些简短的讲话，还经常词不达意，有些尴尬。然而，曾晓萱政治热情较高，新中国成立后在高中和大学初步练就的学生干部的工作经验，为她壮了胆。她勇敢地打破男女同学的界限，经常主动去班上男同学宿舍聊天。周末，一个房间一个房间地拜访、了解情况，征求意见。功夫不负苦心人，日积月累，班上的男同学渐渐接受了她，把她当成了他们中的一员，愿意和她聊天、交流思想，男女同学的生疏和界限基本消除。曾晓萱对每个同学家庭成员的政治背景、经济状况、本人的特长、兴趣爱好、身体状况、脾气秉性、理想志愿等，基本都摸得一清二楚。真诚地关心每位同学，交流有了共同语言，思想工作也做到有的放矢，富有成效，关键是取得了同学们的信任和支持。

不是听不懂上海话吗？曾晓萱就争取多和他们聊天，开会时仔细听他们的发言，半年多后，基本能听懂同学们叽里呱啦的上海方言了。与他们有了共同语言，更懂得了他们那些方言背后的潜台词，对他们就有了更深一步的了解。沐浴在这样一个学习努力、奋发有为、团结友爱的集体中，曾晓萱心情舒畅，把他们视为兄长，决心向他们学习。倾听他们的意见和批评，与他们融为一体，共同成长。岁月浸染，共铸芳华，一心为把班级建设成先进集体而努力奋斗。

曾晓萱和团支部委员及班长一起，共同组织全班同学关心国家大事，拥护社会主义和大学生在未来祖国建设中应有担当的讨论，组织业务学习交流会，研究如何从端正学习态度、改进学习方法方面提高学习效率。发动班上的体育骨干和爱好者，积极带领全班参加劳卫制的锻炼，强身健体。组织文娱活动,发挥同学各自的长项,尽显风华,适应了大多数青年同学的爱好,满足了他们的需要。整个班级经过一年多的拼搏磨合,学习成绩、劳卫制达标率都处于校、系前列,班风纯正、积极向上、团结互助,获得了全校"先进集体"班级的称号,同学都非常高兴。曾晓萱、柳百成也在工作中得到了锻炼和成长,由于接触多,相互支持加深了了解。两人的性格都比较开朗,彼此的优缺点都一目了然,长短互补,日久生情,萌生了彼此相互敬仰爱慕之心。产生了似友、似爱之情,心有灵犀一点通,只是谁也没有捅破这层窗户纸而已。

"绿树成荫"拒爱情 五年相隔终结姻

1953年年底,曾晓萱被发展入党,很快调至校学生会任副主席,社会工作量陡增,异常繁忙,班上团支书的工作就转交给其他同学担任,与班上的联系逐渐减少。由于工作繁重耽误了不少功课,柳百成就时不时地帮助曾晓萱补课,柳百成正争取入党,曾晓萱被指定作为他的入党介绍人,也经常与柳百成交谈,交换对党的认识和学习心得,两人依然保持着密切联系,友谊继续增长。1954年三八妇女节,清华党委副书记,也是清华的学长(女),以亲身经历,专门给清华全体女同学做报告,再三强调:"国家培养一个清华学生不容易,培养一个女同学成才更不易。清华女同学要立大志,干大事,自强自立,尽可能不要早恋、早婚。"曾晓萱觉得她讲得实事求是、鞭辟入里、入木三分,对女同学特别有帮助,就记住了这番叮嘱,决心身体力行。

1954年,柳百成、曾晓萱和全班同学到山西榆次经纬纺织机械厂进行生产实习,这是新中国建设的第一座机械化的大型纺织机械厂,铸工车间已全部实现了机械化,建立了流水生产线。大家看到专业飞速发展的前景，满怀信心；另外也看到车间粉尘、噪声、污染仍很严重，深感责任重大，任重道远。同学们带着青少年的稚气，豪情满怀，想当然地认为：作为新中国清华大学正规培养的第一批铸造专业的大学生，定能用自己的劳动和智慧改变祖国铸造业的落后面貌。

实习结束前夕，柳百成和曾晓萱在厂区聊天，柳百成突然向曾晓萱表白，希望做更深入的朋友，这层窗户纸终于捅破了。曾晓萱想起了党委副书记的讲话，自己才19岁，还一事无成，就对柳百成说："等毕业后再说吧！"婉拒了他。当时柳百成眼中充满眷恋和失望的眼神，曾晓萱意识到，自己干了一件最不愿意伤害柳百成的事。然而，对当时爱情处于朦胧状态，对把事业看成第一的曾晓萱来说，也只能匆忙做出这样的决定。

回校后，曾晓萱就彻底从班上调出，走马上任，任机械工程系5个一年级低班的政治辅导员，担任管理这5个班、150多位新生的政治思想及部分行政工作，自己还得上课学习，忙得不可开交。柳百成全身心投入毕业设计中，向大学最后阶段的学习冲刺。毕业后，柳百成随即被留校，为低一年级的同学开设"特种铸造"的新课。曾晓萱由于当了辅导员，晚一年毕业，1956年年初，也开始进入毕业设计阶段，学业异常繁重，无暇他顾。各忙各的，对当时处于朦胧状态的爱情，也不会正确处理，就这样悄然放下了。

1956年，曾晓萱毕业留校，也被分配到铸工教研组，任机械系党总支宣传委员，兼顾铸工教研组的一些工作。当时铸工教研组除了一些年长教师，留校的铸五班的同学共有6位，几乎占了教研组的半壁江山。党支部书记、党支部委员、科学秘书等铸工教研组的重要领导岗位，全由铸五班刚毕业的青年教师担任，他们成了教研组的顶梁柱。曾晓萱、柳百成虽时常碰头，但除了公事，别无他话，过去的事仍留下了阴影。

1958年春，系里派柳百成、曾晓萱赴鞍钢，带领铸八班小分队做毕业设计，计划完成一项重点科研课题。系领导寄予厚望，希望一炮打响，抽调的学生都是当时班里最强的。为此，曾晓萱主动找柳百成谈心、交换意见，希望共同完成组织交给的科研工作，两人相互配合支持，工作有了较大进展。实际上，柳百成在曾晓萱心中的地位是很重的，也是唯一的，是任何人都无法取代的，只是受了不要"早恋"的影响，又因各有重任，少了来往，就此疏远了。

1958年，全国掀起了"大跃进"高潮，铸工教研组任务繁重，柳百成任教研组科学秘书，担负了全校、全系的重点科研课题。系党总支又指派曾晓萱联系支援铸工教研组的工作，同在一个党支部，联系更加密切。经过5年的延迟，两人终于又走到了一起，昔日的感情又复燃了，岁月使他们成熟了。一天，柳百成找到曾晓萱希望建立更加亲密的关系，曾晓萱早就盼望这一天的到来，爽快地答应了。5年长长的思念和期待，水滴石穿，终于相互携手。这份特殊的爱情来去匆匆，失而复得，经历了5年的考验，来之不易，双方都非常珍惜。它是当时时代的产物，也是两人共同理想、经历、情感发展的必然。

暴风骤雨屡来袭　相互鼓励永不憩

1959年4月，柳百成、曾晓萱终于结婚了。两人都认为结婚是他们自己的私事，低调简约为好，不必惊扰大家，更不要影响"大跃进"的氛围。早上还在开会工作，下午领了结婚证，去了柳百成哥哥家，就算结婚完毕。没有请一天假，没有耽误一天工作，没有通知任何同事，没有举办任何喜庆宴会，没有任何特殊礼物，没有拿家里一分钱，也未置办任何一件新婚物件。晚上住进学校分配给柳百成七公寓的一间12平方米的宿舍中，就算有了自己的家。他们选择了与众不同、低调的方式，找到了人生关键时刻两人的结合点，有情人终成眷属，这就足矣！柳百成、曾晓萱都深感幸福美满。

然而，这种美满幸福并未能维持多久，4个月后，疾风骤雨突然降临，柳百成、曾晓萱不幸突坠深渊，不知所措。从此，这个小小的新家，犹如一叶扁舟，受到了想象不到的、各种严酷的冲击和考验。

首先，1958年5月党中央八大二次会议提出："鼓足干劲，力争上游，多快好省地建设社会主义的总路线"（以下简称"总路线"）和"大跃进"的口号，各种媒体高调宣扬要跑步进入共产主义。作为年轻党员，曾晓萱坚决贯彻中央"总路线""大跃进"的决定，经常跟着瞎折腾，整晚不睡觉。结果抵抗力急剧下降，累得患了肺门淋巴结核，而自己毫无察觉。夏日炎炎，仍坚持去农村参加紧张的麦收，突发急病，高烧至39℃，昏迷倒地，由人送回学校。经诊断为肺门淋巴结核，遵医嘱，住院打针吃药，卧床静养两个月。整个病程全靠柳百成精心陪伴、送饭端水、亲自照顾，病情才有了初步好转。

接着，全国错误地展开声讨"彭德怀反党集团右倾机会主义"的斗争①，学校也开展了"反右倾"运动，批判"新富农"。

当年10月，飞来横祸，清华负责科研的党委副书记、副校长将铸工教研组上榜《前线》杂志（当时中共北京市委机关杂志）。错误地批判

---

① 反对彭德怀右倾机会主义的斗争：由于彭德怀在庐山会议上书，批评"大跃进"的"错误"。为此，召开了批斗会，开展了反彭德怀等"右倾机会主义集团"的错误斗争。中共中央通过了《中国共产党八届八中全会关于以彭德怀同志为首的反党集团的错误的决议》。"文化大革命"（后文简称"文革"）后，1981年6月27日，中共十一届六中全会通过了《关于建国以来若干历史问题的决议》，认为："庐山会议后期错误地发动了对彭德怀同志的批判，进而在全党错误地开展了反右倾的斗争。八届八中全会关于所谓'彭德怀、黄克诚、张闻天、周小舟反党集团'的决议是完全错误的"，正式为彭德怀等同志平反昭雪。

铸工教研组由于资产阶级思想占了上风,将大跃进"以铁代钢"的"重要"研究成果丧失殆尽,出现了"马鞍形"。错误地把柳百成打成清华第二号"新富农"。柳百成遭全系大会批判,闭门思过,写检查,遭批斗,强制下放劳动,剥夺了上台讲课的权利,整整又折腾了近4年多,受到极不公正的待遇。曾晓萱也备受牵连,遭到单位领导的训斥、辱骂(详见第六章)。

高压之下,柳百成没有低头,某些检讨不得不写,然而他心里清楚,这是一场无中生有、完全错误的斗争。

这种颠倒黑白、指鹿为马的事,与党的一贯实事求是的教导完全背道而驰,真让柳百成、曾晓萱千思百虑仍不得其解。她决定不能再让柳百成无辜受害,在家中为他撑起一片小小的天,她经常与他一起交流,商讨对策,鼓励他,坚持实事求是。总之,他们以"不畏身与名俱灭,更看江河万古流"①的决心,实事求是,抗争到底。

1962年年初,党中央召开7000人的干部大会,全党、全国正式决定为被错误批判斗争的"右倾机会主义干部和群众"甄别、平反,这才有了转机。柳百成、曾晓萱的爱情婚姻,第一次共同经受了长期极为严厉的考验。

接着,又出现了席卷全国、惊天动地的"文革"。曾晓萱当时身为党委宣传部及政治课党总支委员、政治经济学教研组党支部书记,也成为沾了边的"准走资派"②。她在教研组长期受到审查批判,交代材料,在校内受到被监督劳动等无端惩罚,后下放江西鲤鱼洲血吸虫肆虐极严

---

① "不惧身与名俱灭,更看江河万古流":杜甫诗《戏为六绝句·其二》,原为:"尔曹身与名俱灭,不废江河万古流。"当时,反其意,借用。
② 指不够走资派级别的基层干部,如当时学校的教师、党总支委员、党支部书记、教研组主任、政治辅导员等。

重的农场劳改。半年后又被调到鹰潭采石场当了采石工,抛女离家达数年之久。她是当时清华下放江西农场劳动的第一批,也是劳动时间最长的一批教师。从鲤鱼洲回来,又经历一系列连续不断的"整党""清理阶级队伍""反右倾"等批判斗争。整整"文革"十年,由于思想不通,屡受冲击,曾晓萱血压不断攀升、头痛欲裂、失眠严重、消化系统严重混乱、经常胃痛呕吐,神经处于高度紧张状态。不久,又得了严重的急性黄疸性肝炎,指标上千,高达常人的十余倍,被隔离住在远离清华西北几十里外荒僻简陋的清华西山肝炎传染病院,达半年之久。此时,柳百成又成了曾晓萱的保护伞,亲切的慰藉扶持,百般的鼓励照应,使曾晓萱得以生存下来,闯过了"文革"的一关又一关。什么是爱情、婚姻?爱情铸就的婚姻,就是双方要有共同的理想、志同道合、相互仰慕、心心相印、肝胆相照、共同奋斗,在最困难的时候,经得起错误的打击考验,能相互扶持,携手闯过激流险滩,永不分离。为了实现理想,不仅要能共享欢乐,更要能共度苦难,经得起历史的考验。

"文革"后期,柳百成、曾晓萱逐渐醒悟。国家一旦要建设,知识分子拿什么来报效祖国?他们坚信"知识就是力量"[1]。柳百成与曾晓萱商量,决定不再随波逐流、消磨青春、蹉跎岁月。他白天在铸工车间从事最繁重的体力劳动,累得腰酸背痛,然而,他认为自己还扛得住,何不利用晚上读点书,积累知识,将来一旦有需要,自己还能为国家和人民效力。为了鼓励柳百成潜心读书,曾晓萱决定晚上承担照看幼女的任务和全部家务,让柳百成安心学习。日积月累,柳百成读完了清华图书馆馆藏几十年、全部的美国铸造学会的会刊,当时没有计算机,只能用手写笔录,完成了一尺(1尺=1/3米)多厚的笔记。一方面复习了英

---

[1] 英国哲学家弗朗西斯·培根语。

语；另一方面熟悉了美国和世界最新的铸造理论和技术，收获颇丰。完全出乎意料之外，这些"地下学习"，歪打正着，对他后来的学术飞跃起了重要作用。改革开放后，柳百成能毫无时间准备，连闯三关严格的英文考试，成了第一批赴美访问学者，并担任总领队，在美国开辟新的学术领域、交流学术时，这些知识竟为他助推起跑、长期高速发展发挥了重要作用。多少年后，有人问柳百成成功的秘诀，柳百成坦然相告："除了爱国奉献、创新思维、顽强拼搏，就是夫人的支持和鼓励，我的成功，夫人的功劳占了一半。"

比翼齐飞话云程　　勤学充电千里心

1978年，改革开放后，柳百成被选派出国，成了第一批留美访问学者，他看到祖国科学技术春天的来临，体会到祖国人民对知识分子的殷切希望和信任，也亲眼看到祖国和世界先进国家的巨大差距，知识分子更应担负特殊职责，为国争光，填补空白。为此，他日夜奋战，做出了突出的成绩。佳音传来，也促使曾晓萱奋起直追，学习追赶柳百成的成功，争取做到比翼双飞。

1978年，清华恢复招收研究生制度，反映了国家对培养高端人才的急切需求。曾晓萱决心向更高、更难的工作进军，主动提出："宁肯再次转专业"[①]，发挥自己理工与人文结合的所长，投入更高层次的工科研究生教育，为国家、学校多做贡献。同时，也想要与柳百成兼程奋进，

---

① "宁肯再次转专业"：曾晓萱入清华时，在机械系学习，毕业后，任机械系铸工教研组助教。1959年"整风反右"后，学校领导将大批各系青年党员教师调入政治课任教，曾晓萱也是被调入者之一，任政治经济学教研组教师，这是第一次转专业。"文革"后，学校开始大规模培养研究生，将为研究生开设"自然辩证法"等必修课程，需要大量文理兼备的教师。曾晓萱自愿再次转行，迎接新的挑战，为研究生教授"自然辩证法""科技史""科学技术与社会"等新课。

努力充电，形影相随。为了适应更高的研究生新课程的要求，追赶时代的步伐，努力学习新知识，曾晓萱除了重新补齐数、理的基础课程，还对科学技术社会史潜心学习钻研。更对国内刚刚兴起的现代分子生物学深感兴趣，努力补了300多小时的现代分子生物学，如细胞分子生物学、膜分子生物学、分子生物工程、脑科学、现代生物学史等课程。曾晓萱和新组建的教研组同事尽力追赶，发挥各自所长，为研究生开出了全新的科学技术史与创造性的思维和方法论、自然辩证法等课程，深受全校研究生的欢迎和好评。这些新课有助于他们的科研创新，被评为全校研究生最受欢迎的课程之一，并获全国高等教学研究生课程优秀成果奖一等奖。曾晓萱还撰写了百多万字的学术著述和论文，其中，独立完成的《美国高等工程教育》等7篇论文、与部分教师合著的《科学认识论与方法论》书籍，分别两次获北京市哲学社会科学优秀成果奖二等奖及全国图书奖。她认为夫妻之间要共同努力，不断开创新的领域，使能力不断

图 5-1　1991—1992 年，曾晓萱获富布莱特奖学金赴美国麻省理工学院做访问学者

日增，相互了解加深，彼此钦佩倍增，使爱情日新，不断增添滋味。她决心以自己的努力与柳百成齐头并进，为改革开放新时代尽心尽力。

恰恰这时，清华获得一份美国政府富布莱特基金会的资助名额，曾晓萱有一定的英文基础，改革开放后，经过几年刻苦的自学，又有了较大进步，顺利地通过了校内和美国大使馆严格的双重英语考试。1990年，作为清华接受美国富布莱特基金资助赴美的第一人，赴麻省理工学院科学技术与社会中心做访问学者，学习了较新的科学技术与社会的新知识、理论和研究方法，专门研究了麻省理工学院校长的教育思想和科研转移生产的成功经验，扩展了视野，英文也有了较大的进步。回国后，为培养研究生、本科生，开设了多门新课程，并从事科技与社会领域的深入研究，为发展新学科和研究生教育做出了新贡献。

1992年，柳百成赴巴西参加世界铸造会议，会后再度访问麻省理工学院。其间，柳百成、曾晓萱又一起访问了美国密歇根大学及密苏里大学等地。他们以不断地学习拼搏开阔了眼界，丰富了学术思想，共同充电成长，相互学习，彼此更加钦佩，使婚姻更加美满幸福。

柳百成爱好旅游与摄影，开会、讲学时行踪遍及世界多个国家和地区，各地、各民族的风俗、民情、建筑、大自然的绚丽风光，他都偷闲摄取。既扩展了视野、陶冶了情操，又增进了对世界人民和科学技术发展趋势的了解。他先后出版了《万里行踪》等三本摄影习作集，获得较高评价及多项摄影奖励。曾晓萱原来不会摄影，跟着柳百成也学了点儿摄影，有了共同的兴趣爱好，经常对彼此的作品，从布局、景深、色彩、聚焦、背景、艺术等细节挑毛病、给点赞，成了家庭中又一道亮丽的风景线。柳百成摄取的美丽画面，配上曾晓萱似诗非诗的随笔，相映成趣，获得了不少亲友、师生的赞美。

图 5-2 1992 年，柳百成重访麻省理工学院，麻省理工学院 Flemings 教授夫妇设宴招待柳百成、曾晓萱（右 1：柳百成，左 1：Flemings 夫人，左 3：曾晓萱，左 4：Flemings 教授）

图 5-3 2013 年，师生聚会共庆柳百成 80 岁生日

曾晓萱退休后，学会了计算机写作，从科技、文化与社会结合的新角度，把多年旅游美、英的考察心得，与国内融合、比较。2010年，她出版了一本跨学科的、有独特视角、富有个性、20多万字的《美英揽胜——另眼看世界》[①]，也获得国内外亲友及师生的赞美。

清华相识70多载、结婚超过一甲子，经历了风风雨雨几十载，由于共同的信念、深深的相知相爱，相拥相携、相互慰藉、共同抗争，度过了艰难险阻的岁月，终于迎来了祖国大有希望的春天。改革开放后，又共同有了国外学习、考察、研究的新经历，一起遍访了世界几十个国家，更增添了世界胸怀，共同的兴趣爱好与日俱新，思想交流的内容更加丰富多彩。家里又添了新成员，女儿、女婿和外孙都学习努力、各有所长、事业有成、老幼相扶、彼此关爱、其乐融融。

"80后"的他们，仍觉得人"未老"，豁达开朗，心年轻、人也就年轻，追逐自己的既定目标，未敢稍有懈怠。读书、学习、讲学、写作、做咨询，继续为国效力；摄影、旅游、骑车、散步、增进健康、广交朋友、助人为乐。在美丽常驻、五彩缤纷的校园里，还经常能看到他俩健康欢快的身影。他们在这儿相识、相知，在这儿成长；他们在这儿相爱、结婚、成家立业；他们在这里经风雨、见世面、经历严酷的考验；他们在这儿拼搏、创造、贡献一生。至今，他们双双已过90岁，希望能看到祖国进一步强大，人民的幸福不断增长，清华真正成为世界一流大学，培养出一代又一代，能振兴中华、服务世界、富有创新精神的栋梁之材。

---

① 曾晓萱. 美英揽胜——另眼看世界 [M]. 北京：中国国际文化出版社，2010。

第六章　反"右倾"飞来横祸　"新富农"兴资先锋

左倾狂飙掀冒进　黄粱美梦"铁代钢"

1958—1959年在中国现代史上是极不平凡的一年,对柳百成来说,更是刻骨铭心的一年。1958年1月中央南宁会议、3月成都会议都批判了"右倾"保守思想,为"大跃进"开了绿灯。5月党的八大二次会议提出了"总路线"①,"大跃进"指引社会主义建设,"大跃进"一时席卷全国。清华园势必受到影响,全校正常的教学秩序被打乱,停课大炼钢铁。

针对全国严重缺乏钢轨、钢筋,制约"大跃进"发展的情况,柳百成所在的铸工教研组某教授,提出"以铁代钢"的科研项目,欲试制球墨铸铁"铁轨"以代钢轨,球墨铸铁"铁筋"以代钢筋。他认为这样简单易行,可遍地开花。学校负责科研的领导和系领导一听有此"好事",更是一路绿灯,从人力、财力上予以大力支持。此时,柳百成已被任命为铸工教研组的科学秘书,自然由他去主持完成这两项科研任务。制造球墨铸铁"铁轨""铁筋",首先需要寻求安全、可靠、有效的球化剂,

---

① "总路线":1958年在批判1956年以来的"反冒进"后,5月党的八大二次会议为了加快社会主义建设,提出了"总路线"。出现了"大跃进"错误。1962年,党中央召开7000人大会,予以纠正。

以获得大量、高质量球墨铸铁铁水，这就成了当时科研必须迈过去的第一道关卡。在实验室柳百成领着几位教师和同学设计、制造了国内从未有的、最先进的球墨铸铁"压力加镁装置"①。经多次实验，获得了稳定的、质量合格的球墨铸铁铁水。这是我国铸造界首次掌握了这项先进技术，受到学校科研处及系领导的表扬。

由于炼制高效球化剂，柳百成的脚面不幸被滚烫的高温合金液体严重烧伤，被迫卧床两周动弹不得，至今脚背上仍留有被烫伤的疤痕。当时，他很高兴，也很自豪，初出茅庐就旗开得胜。挥洒了自己的青春年华。铸工教研组也被命名为全校的"红旗教研组"。

然而，钢轨在长期运行中要经受火车巨大的载荷与反复冲击力的考验，球墨铸铁轨的性能远远达不到钢轨要求的高指标。总之，从经济、高效、高质量、保证安全等方面，都无法与轧制的钢轨相媲美。同样，球墨铸铁"铁筋"也绝不可能与大规模生产的、技术成熟的、轧制的钢筋相匹比。柳百成和许多教师、学生、职工经过大量科学实验和独立冷静思考后，认为：球墨铸铁铁轨、铁筋都不可能取代已有轧制的钢轨、钢筋。教研组党支部、系领导、党总支、校科研处也先后开会表示赞同，并正式做出了决议：这项试验研究不宜再进行下去，立即下马。这是经过大量科学实验得出的正确结论，也是各级教师、学生、干部实事求是的科学态度。

---

① 压力加镁装置：制造球墨铸铁时，需要在铁水中加入镁等元素，才能使石墨形成球状。由于铁水温度高，而镁的沸腾点低，易引起爆炸，非常危险。人们想出制造压力下的铁水包，然后把镁等元素加入，较安全可靠，可获得优质量足的球墨铸铁铁水。

风云骤起"反右倾" 柳百成冤当"新富农"

风云突变，1959年8月党中央召开了庐山会议，开展"反右倾"的斗争。1959年11月北京市委机关杂志《前线》22期，突然刊登了当时清华主管科研的党委副书记、副校长发表的重头文章《党的教育方针的胜利》。其中提到："在'反右倾'和保卫'总路线'的斗争中，贯彻执行党的教育方针，必须开展两条道路的斗争。要向一批所谓向往资本主义道路的新富农开火。""反右倾"时错误地认为：新中国成立后，党培养起来的部分年轻"专家"或"业务尖子"，他们披着红色"外衣"——党员，然而，思想深处仍迷恋"资产阶级专家成名成家的道路""不政治挂帅""不听党的话""一心向往资本主义道路"。文章直接点了柳百成所在教研组——铸工教研组的名，还进一步指出："铸工教研组去年曾经是一个红旗教研组，工作进展得很好，但是今年政治挂帅不够，资产阶级思想曾一度占了上风，……这就说明，在贯彻执行党的教育方针的过程中的主要矛盾，仍然是资产阶级思想同无产阶级思想两条道路的斗争。"柳百成虽未被《前线》杂志直接点名，但清华明眼人一看都知道，通篇所指的"新富农"就是柳百成。柳百成沦为全校"新富农"的二号人物，反对教育革命的急先锋。

一场严酷的斗争就这样降临到了柳百成的头上。机械系的领导召开全教研组范围对柳百成的批斗会，继而是全系的批斗会。这场斗争一拉开序幕就整整延续了4年（1959—1963年），而余波未尽，一直延至"文革"才结束。全系批判会口号连天，斥责之声不绝于耳，逼迫柳百成交代反党"罪行"，逼迫他承认："有计划、有纲领、有组织、有目的"[①]

[①] "有计划、有组织、有目的、有纲领地反党"：1959年庐山会议上，错误批判彭德怀同志时的用语。在批判柳百成是"新富农"时，生搬硬套地安在柳百成头上。

地向党进攻。柳百成只能以沉默相待。

会上揭发的材料和事实完全不符。例如，当时担任教研组科学秘书的柳百成，为了贯彻中央精神，做好统战工作，曾根据系党总支和教研组党支部布置要他每两周组织一次教研组党外老教师的"神仙会"，希望他们畅所欲言提意见，以便改进教学科研工作。事后，柳百成都按规定如实向领导做了汇报。然而，在"反右倾"、批"新富农"的运动中，则把柳百成按领导指示召开的"神仙会"污蔑为他拉拢教研组的"资产阶级知识分子"，"有组织"地向党进攻的罪证。1959年年初，学校科研处领导为了加强基础研究和提高科研教学水平，拟与苏联某有名的工学院联系，并把这项国际合作学术交流的任务交给了当时的红旗教研组——铸工教研组，以资奖励。领导还要求进一步制订两校合作的科研教学计划。经系党总支和学校科研处领导认真研究后，授意当时教研组科学秘书柳百成起草两校科研合作计划。柳百成照领导意图起草的协议经过校科研处、系党总支正式开会讨论，学校科研处有关领导审核批准，还表扬说："写得不错。"但当批判"新富农"时，就无中生有地把这份科研处领导授权并批准的科研合作计划上纲为：柳百成"有目的、有纲领地向党进攻"，向修正主义投降，将重大科研项目下马，是欲重走"白专"道路的罪证。听了这些莫须有的批判，柳百成完全不能接受。

柳百成受到如此严重打击，曾晓萱更是不服气。她怎么也想不通，这些天天接触的领导与同志，怎么能完全不顾事实，把他们和曾晓萱（她当时是党总支委员）共同参加过的系党总支会议，经过集体研究讨论做出的、有会议记录可查的上述有关科研计划诿过于仅仅执行学校与系党总支决议的下级柳百成呢？她顾不得病情在身，起床去找当时校党委常委、自己的顶头上司、宣传部的某领导汇报和申诉。这位领导连话都没完全听完,就板起面孔、劈头盖脑地批了她一顿。曾晓萱莫名其妙地受到上级领导的严厉批评、斥责,还不顾她的病情,下令要她马上起床,参加对柳百成的批斗会。曾晓萱不得不拖着低烧和肺门淋巴结核未愈的虚弱身子,被迫多次参加对柳百成的批判会。柳百成更被迫关在房间里,不得外出,隔离审查、闭门思过,天天写交代材料,挖空"心思"、触"灵魂"、写"检查"。但他始终坚持只讲事实和过程,否认任何根本不存在的、强加在他头上的莫须有的"罪行"。

种种惩罚接踵至　站立人生当自强

半年多后,就把柳百成发配到当时清华最艰苦的、长城脚下三堡基地边的荒山野岭劳动改造。要他每日挑水上山种树,从山下挑水上山,山路坡度大、狭窄难走,工作时间长、水桶重、肩膀被压磨破了皮,红肿疼痛难忍。对从来没有干过如此繁重体力劳动的柳百成来说,不能不说是严酷的惩罚。所幸,柳百成还有一个温馨的家,他和曾晓萱两人风雨同舟,想到这点儿他又多少看到希望、感到慰藉。

批斗虽然结束了,一系列惩罚却接踵而至,不提升讲师、不涨工资,粮食定量也是最低的,低于一般的女同胞。还强迫他离开了心爱的三尺讲台,先是下放到实验室工作,辅导学生实验,后来又去远郊区参加"四清"①。他背上了如此沉重的包袱,但仍富有使命感和高度的责任心,他牢记"位卑未敢忘忧国"的古训,这成了他为人做事的原则。凡是对国

---

① "四清"运动:1962年,北戴河会议及中共八届十中全会强调社会主义社会也要以阶级斗争为纲。1963年到1964年上半年,全国要进行社会主义教育运动,提出要斗"走资本主义道路的当权派"、加强社会主义教育,农村要进行"四清",即"清工分、清账目、清仓库、清财务";城市也要进行"四清",即"清思想、清政治、清组织、清经济"。后来"文革"开始,城市"四清"干部被全部撤回。

家人民有利的事，他一定尽力把它干得最好，干到极致。

数月后，三堡劳动改造回来，柳百成被派去辅导学生的科研项目。这时，铸造专业的一些学生正接受研制燃汽轮机精密铸造叶片的任务，受"大跃进"思潮影响，研究工作一片混乱。他们既不知道汽轮机精密铸造叶片的技术标准，更不知道精密铸造叶片工作的条件和在制作过程各个环节所需的高质量和严格控制的要求和标准。同学们每天早上一上班，就先由宣传小分队来"竖红旗、刮东风"，高喊一些不着边际的、空洞口号，折腾半个多小时。而研究则少有成效，浇注的燃汽轮机叶片几乎全是废品。柳百成实在看不下去，这样培养学生，不是白白浪费他们的青春吗？他当时的处境确实艰难，以"戴罪"之身，很难指导学生，怎么办？他想：只有千方百计设法和同学沟通，渐渐取得学生的认可，尽力帮助同学们明确产品的工艺要求，制定叶片工艺路线图及各工序的验收标准等，让学生懂得精铸叶片的工艺全过程，才能从根本上扭转混乱局面。同学觉得有理，逐渐接受了他的建议，理性终于占了上风。大家齐心协力攻关，科研、生产走上了正轨，取得了进展。几十年后，这批学生返校看望老师，特别感谢柳百成当时身处逆境仍热情相助，以极端负责的精神对待学生，以一板一眼的敬畏态度对待工作。使他们在那样特殊的情况下，仍然学到了真正的知识、本领和方法，清华师生的深情厚谊，真是不易！这份在那个特殊年代富有分量的、坚强不屈、面对逆境仍奋力工作，热心帮助学生的教师形象，永远留驻在他们这批青年的记忆中，成了他们后来做事为人的榜样。

不久，又把柳百成分配到铸工实验室工作，柳百成没有灰心丧气，力图上进，只要自强不息，"勿以善小而不为"，就定有收获。他尽快熟悉了实验室的各种仪器仪表，在辅导学生铸造合金实验时，开动脑筋，力图摆脱昔日只是印证铸造合金教科书上结论的简单、分散的实验模式。他创造性地开出了全新的"铸造合金综合性大实验"。这个综合性大实验构思新颖、启发性强，要求学生根据铸造合金生产、科研需要解决问题，自己设计实验方案，制定实验计划、准备材料、选择仪器、对实验结果进行数据处理、得出结论、再提出改进方案。这对培养学生独立综合分析问题的能力和启发学生的创造性解决工程问题，大有好处。这个实验课以开创性的成绩，获得了多数教师、学生的赞扬，也使铸工实验室得到了学校教务处的表扬。经过几年下放实验室工作，柳百成系统地学习了《实验设计》《实验数据处理》《显微照相技术》等众多书籍，大大提高了他设计实验、正确分析材料实验数据的能力。完全没有想到的是，这些年"被下放""被剥夺当教师上课"的天职，受压制，辛勤劳动和艰苦的付出，为他改革开放后奔赴美国进修，能迅速掌握最先进、复杂的、他从未见过的材料分析仪器，独立地进行创新的科学实验，打下了坚实的基础。塞翁失马，焉知非福？历史的辩证法从来就是如此。

甄别更度重重关　党委纠错真果断

1962年年初，党中央召开了7000人大会，全党实事求是，认为1959年的"反右倾"是错误的，应该及时纠正错误。1962年4月27日，党中央发出了中共中央《关于加速进行党员、干部甄别工作的通知》，做出了：对在反右倾时被错误地打成"右倾机会主义分子"和重点批判的党员、干部应根据情况，进行甄别和平反的决定。教研组的不少老师和同事暗暗跑来向柳百成祝贺："你的问题这次总该解决了吧！"

然而，部分系领导干部，为了维护他们"一贯正确"的形象，千方百计阻挠甄别平反。柳百成的甄别平反又遇到了重重障碍。首先，他们顽固地坚持认为，对柳百成虽"上纲过高，但大方向没错""不予甄别平反"。当时的校党委副书记刘冰，亲自委派当时党委的干部，下基层深入了解情况，过问柳百成的平反事宜。先是曾晓萱向调研的干部、领导提出申诉，接着柳百成把1958—1959年笔记本上保存的、传达的、系党总支有关的会议记录，科研处和校、系领导所有有关的批示、传达，以及长期被错误批判的事实，实事求是地做了申述。党委的干部认真听取了申辩，核实了科研处、系党委有关会议的原始材料，原原本本向党委领导刘冰做了汇报。校党委立即决定：柳百成的问题必须按党中央规定，立即彻底甄别平反、赔礼道歉。

遗憾的是，机械系部分领导仍上推下卸，不得不开了个很不像样的平反会，草草了之。

甄别平反了，隐形的歧视和压制仍然存在多年，教研组的重活累活、出差、没人愿干的活，都是留给柳百成的。1965年，中央要对农村进行"四清"，清华要派人参加。干部本应带头，教研组的干部一个都不愿去，柳百成又成了教研组当然的首选者。当时，柳百成刚当父亲不久，曾晓萱教学任务异常繁重，女儿只有几个月，嗷嗷待哺，学校又无全托的小幼儿班，实在无奈，只好送到一职工家中托管。柳百成别家离女，去平谷农村参加"四清"，一去又是整整一年。

柳百成倒想得开，自己在上海、北京读书，对农村了解不够，到农村去锻炼，既是补课，也能磨炼自己。他很快投入农村的"四清"工作中，积极参加调研，与农民同劳动、吃派饭、睡热炕，日夜与老乡相处，倾听他们讲述自己的喜怒哀乐和种种困难生活。柳百成坚持实事求是、谨慎从事、顶住压力，不随当时"四清"队中某些人胡唱高调、虚报农村干部瞒产私分的粮食数量、乱批斗农村干部等的错误做法。他下乡一年获得了不小的收获,更懂得了农民。他觉得身为中国知识分子,应为富裕强国而拼搏,要真心实意地为几亿农民摆脱贫困,真正富裕起来,过上幸福的日子,长期不懈奋斗。否则,真是"无颜再见江东父老"。

1966年,"文革"开始,柳百成奉命结束了农村的"四清",立即返回清华园。

经验教训应牢记　逆境求生志更坚

多年后,柳百成回顾这场"反右倾"的斗争,他悟出了哪些人生宝贵经验呢?

(1)不唯书、不唯上、实事求是:一定要坚持真理,尊重事实,压力再大,也不能随波逐流。事实真相终将会大白天下,还其本来面目。

(2)学会在逆境中生存:人生不可能一帆风顺,青年人更应有身处逆境的准备。逆境可以砥砺人生、激励自我,风物长宜放眼量,世界上的英雄豪杰、仁人志士曾身处逆境者不在少数,正是在这种特殊的恶劣环境中具有了更深邃的思考和眼光而成就大事。

(3)讲真话、不讲假话:在疾风暴雨式的斗争中仍要坚持讲真话、不讲假话。讲了假话,混淆了是非,搅乱了史实,后患无穷。讲真话需要勇气,更需要公心。

(4)不丧志、不自弃:无论处于何等艰难困苦的情况下,也绝不丧志、丢失理想。对自己要有坚定的自信,自强不息,站立为人,热爱祖国、热爱人民、放眼世界,始终坚持为将来祖国的腾飞、振兴中华做准备。

本章参考文献：

[1] 中国共产党简史编写组. 中国共产党简史 [M]. 北京：人民出版社，2021.

[2] 彭德怀. 彭德怀自述 [M]. 北京：人民出版社，2007.

[3] 李锐. 庐山会议实录 [M]. 3 版. 郑州：河南大学出版社，1999.

第七章
是非扭曲鼓造反　　独立思考待静观

干部登门诚道歉　　善意批评友谊建

"文革"开始不久，柳百成奉令由"四清"前线返回清华园，在"516通知"①和北京大学的全国"第一张马列主义大字报"②的煽动下，清华园一夜之间面目全非。一切从前中央批准、通过的有关清华的正确政策和做法，都变成了"错误"和"罪行"，所有的干部和教授几乎统统被打倒。一切过去"受过压"的人，理所当然地成了名噪一时的"造反派"。学校里部分高干子弟，自封为天生的"左派"。他们到处打砸抢抄抓，闹得整个清华乌烟瘴气。1966年8月24日，清华园标志性的历史建筑——二校门，被红卫兵彻底砸烂推倒。

首先，柳百成和曾晓萱，对那些造反派和他们那些理论和做法完全

---

① 1966年5月16日党中央通过"516通知"，号召全党、全国在无产阶级专政下继续革命，将其进行到底。错误地将斗争矛头直指"混进党内的资产阶级代表的人物"，把"走资派与资产阶级反动学术权威"错误地作为革命斗争对象，严重地混淆了两类不同性质的矛盾。

② "第一张马列主义大字报"：1966年6月1日北京大学哲学系原党总支书记聂元梓，受中央"文革"某些人的指使，贴出了攻击北京大学校长、党委书记等的大字报："宋硕、陆平、彭珮云在'文革'中究竟干了些什么？"把北大定性为"反动堡垒"，要彻底摧毁。受到高层赞扬，称其为"第一张马列主义大字报"。当日在全国广播，进而掀起了全国文化大革命的高潮，聂元梓也成了北京大学造反派的首领，干尽打倒一切的坏事，罪行累累。"文革"后，被判刑关押17年。参考《中国共产党历史注释集》（第二卷），中共党史出版社，2012年。

不赞同，对"文革"中的许多错误理论和做法根本想不通，对造反派的种种恶行更是反感和抵制。柳百成决定不管风向如何，不出一张"大字报"，拒绝参与任何"造反"行动，和造反派彻底划清界限，静观其变。

然而，文化大革命的群众运动的冲击是巨大的，也会引起人们的反思。一位从前错误批判过柳百成的机械系领导，亲自登门造访，表达深切的歉意。柳百成礼貌地接待了他，只是说过去的事都过去了。他从爱护的角度出发，平心静气地对这位干部提了几点意见：例如，任何时候都要讲真话、实事求是，特别在运动高潮来临时，干部要勇于担当，承担责任。在事实面前，这位领导还是勇于和乐于接受了这些迟到的善意批评。双方谈得比较融洽，多年的疙瘩不到一个小时就基本解开了。文化大革命后，他们还经常互致问候。

全国串联分外忙　一片混乱添迷茫

不久，学校两派红卫兵争吵不休，相互"扣帽子"，大多数出身不好和怀有不同意见的老师、同学只能做逍遥派。此时，上面又号召"革命大串联"[①]，以鼓动各地青年学生，而且免费提供食、宿、交通。多数同学想到全国各地看看"文革"的真实情况，纷纷离校。

柳百成同教研组的几个教师相约到全国各地串联，看看各地"文革"的情况，顺便也看看向往已久的祖国大好河山。

柳百成和几位教师踏上了征程，火车更由于大串联人满为患，厕所里、走道间、椅背上全挤满了人。车站上经常停着南来北往、东去西

---

① 革命大串联：为了深入发动"文化大革命"，一个名为"革命大串联"的活动，由"中央文革小组"号召、组织。从而全国上千万的学生开始了在全国各地大串联、大流动，造成全国交通、生活、社会等方面的极大混乱。

向的火车。串联的人们常常并无一定准确的目的地，车站上经常有人伸出头向邻车窗口的人打听："你们去哪儿？几时开车？"一听，车去的时间、地点合适，自己又没有去过，便急急忙忙地从窗口爬下，在邻车人的帮助下，立即爬进另一方向火车的窗口，迅速转车，这大概是世界上当时火车最快的转车方式。柳百成去了西安、成都、重庆、武汉、长沙、韶山、广州、桂林等城市。时间短促，无法得到"文革"的真实情况，却趁机游览了一些自己从未去过的祖国大好山河。特别是航行长江三峡，山川秀丽、重峦叠嶂、巍峨磅礴、云烟氤氲、雾霭缭绕、气势非凡、别具风采。然而，周边环境设施、交通工具多破败不堪。柳百成看了，感到很是震惊，对这样到处造反、打砸抢的文化大革命，产生了更多的怀疑。

参与"联合调查组" 无辜遭绑架"入狱"

1968年春，清华对立的两个最大的造反派联合的呼声较高。柳百成对"团派"造反派头目蒯大富等人的"彻底砸烂旧清华"的造反谬论和紧跟"中央文革小组"亦步亦趋，到处夺权、打、砸、抢的做法很是反感。他比较同情受压的"414派"[①]。他也想搞清楚蒋南翔是不是"黑帮"？是否是"坚持走资本主义道路、死不肯改悔的走资派"等。因此，他和一批教师参加了"414派"与"团派"（井冈山兵团）组织的联合调查组。他想这既符合大联合、大批判的大方向，又有条件接触第一手材

---

① "414派"：清华温和的造反派，曾和当时的工作组做过斗争。他们主张对"文革"前的清华党政工作应一分为二，干部的大部分是好的和比较好的，应尽快解放干部。与"中央文革小组"及蒯大富为代表的极左思潮做过坚决斗争，受到"团派"与蒯大富的凶残镇压。于1967年4月14日，与蒯大富及"团派"决裂，独立出来，自称"414派"，形成了与"团派"相抗衡的力量。

料，可进行独立研究判断。

　　由于联合调查组设在北京城里骑河楼的清华招待所，离清华几十里远，柳百成就只能暂时借住在西单教委的招待所，便于工作。万万没想到学校形势会突然急转直下，武斗升级，井冈山"团派"保卫组开始大规模抓捕对立面"414派"的人，某天，一大早他和清华另一名党员教师赶到骑河楼办公室准备看材料。刚进门，突然几个不认识的人就冲了进来，立即将黑布套硬套在他们头上，生拉硬扯，把他们强行推上早已准备好的汽车，不许他们"乱说乱动"。他们二人横遭绑架，只得老老实实地跟着他们走。不久车停了，他们分别被左右两旁的人架着往楼梯上走。这个楼梯上得极其蹊跷，先向东走一段，上一段楼梯，再折向西，走一段，再上一段楼梯，这样反复多次，终于把他们推入房中。揭开头罩一看，原来这是学校学生宿舍的二号楼。柳百成还想设法跳出窗口逃生，但往窗外一看，被关在5层楼，根本无法跳楼逃生，只好作罢。接着，"团派"保卫组的人来了，强迫柳百成签字画押，承认"蒋南翔是走资派"的证明材料。柳百成十分冷静地回答："我们联合调查组刚开始看材料，就被你们抓来了，我无法在你们想要的材料上签字画押。"对方无计可施，只能作罢。

　　关禁闭的第二天一大早，送来两个窝头，算是早餐，也无人再来审问。"团派"人士眼看柳百成等已无油水可榨，留在他们的武斗据点也是累赘。突然，来了几个大汉，恶狠狠地赶他们快走，立马就又被蒙上了黑头套，架着他们，重复来时的方式下楼。然后，猛地把他们推出了二号楼门外，解除了绑架。

　　从二号楼绕过图书馆，到大礼堂，再往南，向七公寓家中走去，被一片异常肃穆凄凉的紧张气氛所笼罩。昔日清华校园里，活力澎湃、青春洋溢的画面不再，浓浓学习的氛围全无。

接着学校武斗升级近百日，学生等死伤多人，柳百成全家被迫寄宿校外。1968年7月27日，中央派"军、工宣队"进入清华制止武斗，蒯大富等武斗对抗，工人死伤众多。最后在全校师生的支持和配合下，制止了武斗，对无辜死伤的学生及工人深感痛心。

第八章
极左思潮再泛滥　教育革命乱象猖

"五七道路"再教育　学工学农强改造

好不容易度过"整党""清理阶级队伍"和"反击右倾翻案风"等一年多的批斗，师生们多么希望从乱到治，能为国家人民干点正事。然而，上面派来的"军、工宣队"认为新中国成立后的大学是资产阶级的、修正主义的旧大学。开始提出教师要走"五七道路"[①]，接受工农兵的再教育[②]，彻底接受改造。教育要革命，从工农兵招收大学生，彻底改造"资产阶级统治的"旧大学，培养无产阶级的接班人。清华大学的教职员工，必须接受工农兵的再教育，劳动改造，被迫兵分两路：一路学农，去江西南昌鲤鱼洲农场，从事农业生产劳动，接受改造；一路学工，留在学校建工厂，从劳动实践中接受工人阶级的"再教育"，彻底改造"旧大学"。柳百成留在学校办工厂，曾晓萱去了江西南昌鲤鱼洲农场劳动。柳百成亲历了学校校办工厂、劳动改造、接受再教育，经历了教育革命

[①] "五七道路"：又称五七指示，是"文革"中提倡的办学指导方针，即"学生也是这样，以学为主，兼学别样，即不但要学工、学农、学军，也要批判资产阶级，学制要缩短，教育要革命，资产阶级统治我们学校的现象再也不能继续下去了。"

[②] 再教育："文革"中认为知识分子在新中国成立后17年接受的都是资产阶级、修正主义的教育，都成了资产阶级知识分子。要参加工农兵实践，参加体力劳动，改造思想，重新接受工农兵的"再教育"。

的全过程,以及"斗、批、改"①的全过程。

异想天开造汽车　实验基地遭浩劫

1968年进入清华的"军、工宣队"的领导迟群、谢静宜竟一跃成为清华大学的领导,分别担任了清华的党委书记和副书记。他们不懂教育,更不懂高等工科教育。清华又整整瞎折腾了多年。

为了彻底改变原清华教育所谓不联系工、农业生产实际的"弊端"。清华居然要办汽车制造厂,生产小型货车,定名为"7·27牌"汽车。这反映迟、谢之流缺乏世界眼光、背离世界潮流、毫无现代科学和生产知识的"创举"。现代化汽车是几十上百万辆的、大规模的流水线生产,根本不可能由一个大学来完成。

清华办汽车厂,首先遇到的难题就是选择场地,总装车间需要较大的场地。于是,他们盯上了大礼堂旁新中国成立后新盖的新水利馆。它是当时亚洲最大、最先进的水利科研实验场馆,是中国水利发展和建设不可或缺的科研重地,曾为中国水利事业的发展立下过丰功伟绩,也是清华的骄傲。它的下层宽敞宏大,里面有许多教师们多年为了科研教学、建设水坝、兴修水利、解决泥沙等亲自设计制造的各类仪器设备,凝聚了他们大量的心血,感情深笃。一些教师开始进行抵制,上书军、工宣队领导。学校领导迟群知道后,勃然大怒,训斥水利系的教师。迟群一纸令下,将新水利馆底层强行拆毁,改装成了生产"7·27牌"汽车的总装车间。

---

① 斗、批、改:"文革"时,认为高等学校是资产阶级专了无产阶级政的顽固堡垒,要执行"斗、批、改",改造旧大学。"斗",斗资本主义道路的当权派及资产阶级的反动学术权威。"批",批判资产阶级知识分子的思想及教育制度。"改",改革高等学校脱离工农、脱离生产实际的修正主义教育制度。

接受"再教育"下厂 "脱胎换骨"心迷惘

柳百成下放到铸工车间去铸造汽车生产中的关键铸件，因为他业务好，又有实践经验，过去曾在铸工车间劳动过，工人师傅都知道他的底。制造汽车发动机等许多关键铸件，需要有工程技术专业的知识分子。他既然是来接受"再教育"的，是被改造的对象，当然最重、最脏、最累的活都是留给他的。对一个年近 40 岁、长期没有从事过重体力劳动的人来说，一下子真有点吃不消。

寒冬腊月，零下十几摄氏度，一清早站在 8 吨的敞篷大卡车上，无遮无挡，迎着北京隆冬清晨凌厉刺骨的寒风，去远郊区运造型所需的砂子，冻得全身哆嗦，双手发僵。夏日炎热如炙、烈日高照，烤得皮肤表层起泡。炉前的浇注工、冲天炉的加料工，也都整天处于烟熏火燎的环境中，浇注工更要面对冲天炉连续作业，从出铁口奔流而下、高温铁水需要手持铁水包赶紧接住，来回奔走，不停歇地浇入砂型。一年多时间，柳百成咬牙坚持住了，他重活累活都样样拿得起来；而且，干得不错，完全能顶班干活，受到工人师傅的表扬。在当时的情况下，工人们为祖国的建设，天天从事艰苦劳动的形象和坦荡的胸怀，确实让柳百成深感敬佩，工人师傅也很赞赏柳百成吃苦耐劳的精神和虚心向工人学习的态度。与工人的距离拉近了，工人们也更加了解了柳百成的人品和学识，逐渐把他当成了自家兄弟，亲切地直呼其名"百成"或"老柳"了。

随着试制汽车的进程，汽车发动机中的曲轴、缸体、缸盖等质量要求极高的关键铸件成了拦路虎，这一切已远非一般的老师傅所能胜任了。一天，车间熔化工段的领班邢师傅找到柳百成，对他说："百成，从今天起，你不要再干体力活了，先帮我们计算铁水成分和配料，并在炉前调整和控制好铁水成分,这样才能铸造出曲轴、缸体等关键铸件,完成任务。"工人的信任,让柳百成十分感动,他勤勤恳恳努力工作,经过多次研究试制,终于圆满地完成了关键铸件的攻关任务,工人更对他刮目相看。

解决难题脱颖出　工人认可当干部

大学四年没有白学,工作十多年没有白过,柳百成积累了相当丰富的铸造理论知识与生产实践经验。果然,经过一番艰苦的试验和摸索,很快就解决了汽车球墨铸铁曲轴和高质量汽缸体等关键铸件的技术难题。汽车厂领导为了保证车间产品的质量,立即提升他当车间政治指导员,全面指导和管理铸工车间的生产。

不久,汽车厂又把柳百成正式提升为政治指导员兼党支部书记。在工人占绝大多数的铸工车间,居然让一个知识分子来当党支部书记和政治指导员,在当时也确实是件匪夷所思的奇事。柳百成之所以得到重用,首先,得益于铸工车间广大工人群众的爱护。其次,柳百成吃苦耐劳、高度负责的精神与精湛的铸造科技知识使工人重新认识并很快接受了他。再就是柳百成具有很好的亲和力与管理能力,处事公平公正,认真得力,得到了工人的拥戴。

柳百成被提拔,并非迎合了迟、谢的极左路线,他对迟、谢在教育上的倒行逆施,从根本上说是不赞同的。他内心仍然波涛汹涌,日夜担心国家的命运与前途。

挺身保护好干部　千方百计护南翔

铸工车间的劳动是最苦、最脏、最累的,早已全校闻名。过去,凡有干部犯了错误，下放劳动，准被发配到铸工车间无疑。"文革"时，蒋南翔是清华大学和教育部最大的"走资派"，后期，下放到铸工车间劳动改造也是必然。这时，柳百成正巧在铸工车间任党支部书记兼政治指导员，竟成了蒋南翔直接的"顶头上司"。柳百成一直认为新中国成立后，清华17年的工作成绩是主要的，蒋南翔早年是清华"一二·九"运动的优秀学生领袖，对推动全国抗日有功。他在任清华大学校长及高等教育部部长期间，对中国高等教育的发展更有特殊功绩，不是什么"走资派"。文革中，受尽侮辱迫害、摧残和批斗近十年之久，弄得全身是病。现在他年纪大了，身体又不好，理应给予适当照顾。在大是大非面前，柳百成认为：作为基层干部，在关键时刻应挺身而出，保护党的好干部。因此，他根据蒋南翔的实际情况，安排他只在车间从事最轻微、制作小砂芯的劳动，而且是坐着干，还明确宣布他只上半天班，下午学习、"闭门思过"（实际上是休息）。这样一个较好的、宽松的群众和工作环境，蒋南翔第一次从"文革"残酷紧张的气氛中放松下来，身心得到一定的恢复，心情愉快多了。

有时，柳百成还专门抽空去蒋南翔的临时宿舍看望他，使他十分感动。1970年，姚文元在《红旗》杂志第8期上，发表了轰动全国的《为创办社会主义理工科大学而奋斗》的重头文章。正巧柳百成去蒋南翔住处看望他，蒋南翔开宗明义，拿出他写满了批语的文章给柳百成看。他一边念，一边批。他说："理工科大学完全不顾数理化的基础，把不同程度的学生（小学、初中、高中）放在一起，按办短训班的办法学习，绝对培养不出合格的大学生。"他还打比喻说："把高粱、小米、小麦等不同的种子，放在同一块田里，一起播种、管理和收割，能有好收成吗？"柳百成听后，更佩服他不畏强暴、刚直不阿、坚持真理的斗争精神。蒋南翔对柳百成在铸工车间对他的种种保护和照顾，也是很感激的，一直铭记在心，视为知己，患难见真情嘛。

但迟群等仍千方百计要整蒋南翔。一天，他突然把党支部书记柳百成找到工字厅，要求柳百成汇报蒋南翔的表现。迟群一再追问："蒋南翔一直在劳动吗？""表现如何？""有什么错误言论？"等。柳百成冒着极大的风险，说了蒋南翔的好话："蒋南翔劳动积极，工人比较满意。"这样做，顶住了巨大的压力和风险，在当时是很不容易的。迟群要进一步搜集材料，整治蒋南翔的企图，只能是竹篮打水一场空。

后来，蒋南翔获得了平反，刚刚复出，暂住友谊宾馆，就立即约柳百成前去深谈，表示感谢。1979年他以教育部部长的身份，率中国教育代表团访美，在美国威斯康星大学校长举行的招待会上，与正在威斯康星大学做研究的访问学者柳百成相遇，倍感亲切。蒋南翔特别高兴，立即约柳百成到他住的宾馆畅谈，他想从柳百成那儿了解美国高等教育的真实情况。招待会后，蒋南翔详细地询问了威斯康星大学的教育理念、办学特点、学科设置及柳百成的研究工作等，柳百成都一一做了汇报，交谈甚欢。2013年，在清华举办的纪念蒋南翔校长诞辰100周年座谈会上，柳百成专门做了"怀念南翔同志、学习南翔同志"的发言。

教育革命尽荒唐　反道行之敢担当

1969年，以迟、谢为首的"军、工宣队"开始领导清华搞"教育革命"。他们要直接从工农兵中招收大学生，培养无产阶级自己的接班人。大学招生取消考试，从工农兵中按表现，直接选拔入学。学习程度参差不齐。

工农兵学员一进校，迟、谢等就亲自做报告，告诫他们："高等学校是资产阶级长期专了无产阶级政的顽固堡垒,必须让工农兵学员'上大学,占领上层建筑,掺沙子①,管理大学,改造大学',即'上、管、改'"。学员们把老师都当作是资产阶级知识分子。铸造专业的老师们几乎全被工农兵学生批判过,赶下讲台。

更荒唐的是,迟、谢居然规定每学期开学时,教师都要向被授课的学生汇报自己的"资产阶级思想",以及制订思想改造计划,请求学生随时实施监督、批判。

1974年年初,铸造专业的教师基本上都被学生批判和轰下了台。专业领导调柳百成回去搞教学,柳百成转到了新的教学岗位。

当时,形式主义严重,搞"教育革命"强调两点:"政治挂帅",要在"干中学"。强调学生必须到工厂,开门办学,工厂没有地方上课、住宿,师生只能共同挤在每人只有一尺多宽、连翻身都很困难、由破旧木板拼搭的大通铺上睡觉。每堂课前,教师必须先高声念一段语录,再开始讲业务课,这堂课才算是"政治挂帅"了。"政治挂帅"还经常打乱正常的教学次序,一天,柳百成正在上课,有人敲门,为了纪念毛主席畅游长江,要去游泳助威,叫走了一批学生;一会儿,为了去参加革命歌曲大合演,又叫走了一批学生;几经这样"政治挂帅"的瞎折腾,最后,一个30人的班级,仅剩下了三四名学生在听课。柳百成坚决抵制这种所谓的"政治挂帅"形式主义的做法,明确宣布上课学习时,任何人都不准前来打扰,学生要认真学习,这些规定获得多数学生的拥护和欢迎。他们中的大多数在极其困难的环境下,仍然希望能学到一些基本

---

① 掺沙子:"文革"时,认为清华大学是修正主义教育的顽固堡垒。"文革"中造反派学生两派发生严重武斗,持续数月之久,并死伤多人。1978年7月27日,中央派"军、工宣队"进校,制止武斗,由工人、军人、工农兵学员去"掺沙子",夺取学校各级领导权,改造资产阶级知识分子及大学原教育体系,进行"教育革命"。

的科学技术知识，提高自己的科学文化水平，这些规定符合学生的利益，当然受到了拥护。

柳百成慢慢与学生搞好了关系，开始纠正一些颠倒黑白的荒唐做法。他以教学时间紧，取消了教师要向学生汇报思想。教师们都松了一口气，多数学生也厌倦了长年批斗老师的做法，逐渐恢复了正常的师生关系。

教改的另一个重要内容，即所谓"干中学"，就是要到工厂车间生产实践现场去，碰到什么问题就学什么，解决问题。这种实用主义的、短视的、急功近利的做法是完全错误的。作为教师的柳百成为了学生的长远前途和国家建设前景着想，他尽量采取补救的办法，让学生仍能真正学到一些较系统的基础知识和科技训练。当时，柳百成被分配到某铸造设备厂的教学小分队，带领几位教师和一个班的学生进行"干中学"。柳百成对"军、工宣队"领导采取了"阳奉阴违"的策略，对教师采取尽力保护的方针，对学生则采取针对不同的学习基础，采用个性化的讲授辅导方式，尽量帮助他们多学习。一次，在工厂搞铸造设备设计，没有教室，只能把绘图板放在宿舍里绘图。某专业领导前来检查工作，下车伊始，就冲着柳百成威风凛厉地高声训斥："怎么躲在宿舍里搞设计！把绘图板统统给我搬到车间去设计，联系实际，向工人学习。"柳百成理直气壮地顶了他："难道把绘图板放在车间就是和工人结合，放在宿舍就是不和工人结合？"学员们也都赞成柳百成的意见。这位春风得意的"领导"，也只好灰头土脸地溜走了。这样的事多有发生，经过巧妙的斗争，既保护了教师，也尽量使学员多学一点科技基础知识和本领，获得了绝大多数学生和老师的拥护。

然而，柳百成的所作所为与"军、工宣队"改造"资产阶级知识分子""政治挂帅""干中学"等做法是完全不协调的。有人打小报告告状，说柳百成抱着旧的一套不放，不突出政治、业务挂帅等。专业领导立即把柳百成调离教学岗位，去河北省负责招收工农兵学员，直到"四人帮"垮台。

河北招生堵后门　四道算题考学生

1976年夏，柳百成担任清华大学河北省招生组组长，带领几位老师走遍了河北各市、县以及一些农村大队，去招收工农兵大学生。当时，正值唐山大地震，柳百成不避余震之险，亲赴唐山，住在临时搭建的帐篷里，克服重重工作、生活困难，冒着余震的危险，处理招生事宜。一次，他刚到省会石家庄，就有某局长亲自来访，拉关系，要见招生组组长。事后，柳百成发现当地送来的招生推荐表上竟有他的儿子，柳百成当即拒收这名学生。直到招生工作即将结束，柳百成仍坚持抵制"走后门"的行为，当地招生办才不得已换了一位新推荐的学员。

其间，柳百成走访了多个生产大队，直接与推荐的学生见面。上级规定，"不准笔试"，只看"根红苗正""劳动好"，即可选拔。柳百成心想总要了解一下他们的文化程度，否则即使进了清华，也无法学下去。于是，他改头换面地带了四道最简单的算术口试题，去大队考问学生，深入了解情况。他的口试题是："$1/2+1/2$，$1/2-1/2$，$1/2\times1/2$及$1/2\div1/2$各等于几？"居然不少被推荐的学生，连这四道浅显的、小学生的算术题都答不全。依靠办短训班的办学方式，能培养出面向未来、建设国家、合格的高级工程科技人才吗？

图 8-1　1969 年，曾晓萱下放去江西劳动前和柳百成、女儿合影

当爹当妈任务重　小女艰难成长中

当时，曾晓萱去了血吸虫极其严重的江西鲤鱼洲农场和鹰潭采石场，一去就是两年半，战天斗地，生存条件极端恶劣，完全顾不上家。离家时，只给两天准备时间，女儿小，当时学校托儿所又不接受全托，只好千方百计临时委托一位工人家属，白天到托儿所接送，夜晚来家照看陪伴。

柳百成一直忙在开门办学第一线，半个月、一个月才能被恩准回家一趟。四岁多的小孩突然失去父母的关照，落到生人手中，恐惧胆怯是必然的。更可怜的是，女儿生病发高烧，躺在托儿所竟无人过问，后来，柳百成的弟弟柳百新知道后，将她接到家中，疗养数日方得康复。孩子长个了，衣服、鞋子小了没法穿，棉衣里子破了，棉花裸露，掉了下来，冬天冻得瑟瑟发抖，无人理睬。三年中，在极困难的情况下，柳百成又当爹、又当妈，实在难为了他。大人被逼离家接受改造，祖国的幼小花朵也得跟着无家可归，受了这么多罪。

本章参考文献：

[1] 柳百成 . 怀念南翔同志，学习南翔同志 [M]// 陈旭等编 . 深切的怀念、永恒的记忆：纪念蒋南翔同志诞生 100 周年 . 北京：清华大学出版社，2014：142-147.

第九章
改革开放催赴美　任重道远图赶超

养兵千日用一朝　勤学苦练为报效

经历了十年苦难的"文革",经济处于崩溃的边缘,教育更是一败涂地,成为重灾区。"四人帮"垮台,邓小平复出,心急如焚,主动提出负责文教工作,1978年大力主张恢复高考,把颠倒的措施重新板正过来,给千百万青年带来了希望。同年6月23日,他在听取清华大学工作汇报时,又对大量派遣出国留学生做出了重要指示,他指出:"我赞成留学生的数量增加,这是5年内快见成效、提高我国水平的重要方法之一。要成千上万地派,不是只派十个八个,主要向科技发达的西方国家派。"语出惊人,大大突破了许多传统观念和限制,掀起了中华人民共和国成立后,第一次大规模向西方现代化国家派遣留学人员的高潮。

"四人帮"垮台,知识分子心情舒畅,迎来了第二个科学的春天。毕业后,柳百成虽然一贯努力工作,科研、教学皆有进展,但此时已40多岁了仍是个讲师,自觉为国家和人民贡献太少。他一直埋头刻苦学习、勤于实践,尽量想把耽误的时间追回来。听了邓小平的讲话,想到过去也曾有过两次被考虑选派留学苏联,然而终未能成行。因此,他对留学已不抱任何奢望,还是老老实实把国内工作做好吧。突然有一天,系主任找他谈话,用英语对他进行口试,又是朗读、又是会话,中华人民共和国成立几十年来,都从未有过这样的奇事,使他吃惊不小。最后,系主任挑明,原来是要他准备参加学校赴美留学选拔的英文考试。机械工程系只分配到一个名额,当时学校英语较好的教师凤毛麟角,系领导实在不愿放弃,最后选中了柳百成。

然而,时间紧迫,根本没有多少复习时间,柳百成只得马不停蹄地连闯三关——系、校、教育部的英语考试。由于中小学英文基础较好,他早已达到四会(会读、会听、会说、会写)的程度。中学时,已能和外国老师轻松交谈。"文革"中,他完全不信什么"知识越多,越愚蠢;知识越学,越反动"等谬论,而坚信英国哲学家培根的名言:"知识就是力量"。"文革"后期,他每天在铸工车间从事艰苦、繁重的体力劳动之余,晚上仍暗地里坚持阅读了大量的英文资料,清华大学图书馆馆藏的、美国铸造学会从1951年起所有的会刊,他都读了个遍,做的阅读笔记足足有一尺多厚。这对他连闯三关,通过系、校、教育部的英语考试并取得名列前茅的好成绩,有相当帮助。真是"养兵千日,用在一朝"。随即,教育部正式通知,准备1979年年初派他赴美留学两年做"访问学者"。清华一共选派了9人,而他是年龄最大的,已经45岁了,他披挂上阵,信心满满地奔赴新战场。

说起访问学者,还有一段故事,当时由于"文革"左的路线,大学关闭、"知识无用"、年轻学生断档,工农兵学员基础太差,无法派出。为了最快地掌握美国的先进科技,就以派出一批业务强、英语好的中年骨干人才为主。而美国高校过去只接受攻读学士、硕士、博士学位的青年学生。当时赴美谈判的教育部代表、北大原校长周培源教授是中华人民共和国成立前老的留美学者,他熟悉美国情况,左思右想,想出一招,建议以"访问学者"(visiting scholar)的身份访美留学,时间短(两年)、任务灵活、更富针对性，能更好更快地学习美国的先进科技，适应中国的建设需要。他的建议获得美国政府及相关学校的支持，就这样，改革开放初期，公派赴国外的留学人员都以"访问学者"的名义前往。

改革开放后中国派出赴美国的第一批访问学者原为 50 名，后又增加北京大学已被美国邀请的 2 位数学学者，故改为 52 人，同机前往。柳百成从得知将派他赴美深造的第一时间，就深深地感到：国家的政策变了，对知识分子的信任重用开始了，历史掀开了崭新的一页。自己久盼报国的时候终于到了！一定初心不改，努力拼搏，为祖国的繁荣富强贡献一切。

事物瞬息万变，计划赶不上变化。柳百成正处在赴美前的休假及为留美做各种事务的准备期间，忽然又接到通知，出国时间提前，为配合中美建交和邓小平访美，烘托气氛，出国时间提前到 1978 年 12 月 26 日。因此，联系美国有关学校、制装等都显得十分匆忙急促。好在柳百成早已读遍了美国铸造学会 20 多年的全部会刊，对美国大学铸造学科的情况了如指掌，美国威斯康星大学的铸造学科，著名教授较多，在国际上享有盛誉，当然选择专业对口、学术水平高、最适合自己的威斯康星大学了。该校处于美国中西部的一个小城麦迪逊（Madison），为了学习最好的、符合自己专业的科技，他决定孤身一人前往，完全不考虑其他因素。

至于着装等的准备，就更显得尴尬，由于十多年来，民穷国困，再加上"文革"的"破四旧"[①]，谁家还会有西服、大衣？但到国外做访问

---

① "破四旧"："文革"中用语，指要彻底砸烂"旧思想、旧文化、旧风俗、旧习惯"。1966 年 6 月初，《人民日报》发表社论《横扫一切牛鬼蛇神》，提出：破除一切剥削阶级所造成危害人民的几千年来的旧思想、旧文化、旧风俗、旧习惯。助长了社会上红卫兵的"打砸抢"活动，对社会上的文物、古建筑、思想道德、文化良俗等都造成了极大的破坏。

学者，或参加正式会议，或做科学技术报告等正规场合，就得入乡随俗、按国际惯例，需着正装。于是教育部决定公费为每位访问学者做两套西服、一件大衣，而且只能去专门做出国服装的北京红都服装店，统一定制。当时做出国服装的面料种类极少，样式基本划一，色彩有限。西装、大衣做成了，排队，试穿，结果男女式样、色彩，几乎一个样，以蓝、黑色为主，毫无个性、特色可言。大家还喜气洋洋，并未看出任何弊端。可是，到了美国纽约机场，一下飞机，一式标准的灰、黑大衣，这让美国记者吃惊不小，为什么中国的学者，全穿了清一色的制服，他们是干什么的？更狼狈的是后来在卡特总统夫人招待邓小平夫人卓琳的招待会上，全体访问学者都应邀参加了招待会。因为人多，就专门拨了一间房给访问学者放大衣。招待会一结束，大家纷纷去取大衣，坏了！不认得了，大衣颜色、式样几乎一个样。当时，大家都无法辨认哪件是自己的大衣，只好谁能穿上，谁就先穿了走。柳百成还算细心，在大衣里子后面写了自己的名字，总算没有搞错，很快就找到了自己的大衣，完璧归赵。

银燕破雾惊九霄　中美建交掀新涛

1978年12月26日上午，国务院副总理方毅等在人民大会堂接见了首批赴美留学的全体访问学者，勉励他们刻苦学习美国先进的科学技术，为实现祖国四个现代化出力，为增进中美两国人民的友谊做贡献。这成为中国改革开放的一个重要标志，也是中国打开国门、走向世界、改革开放的重要一步。对柳百成个人来说，更是他学术人生的转折点，他被教育部任命为此次赴美访问学者的总领队，肩负着带领这支特殊的队伍，去探索向西方国家学习科技，重振中华，开辟现代化的新途径的历史重任。当晚，美国驻中国联络处（中美还未正式建交，只设联络处）伍德科克主任、中国赴美代表团周培源教授，都亲赴机场送行。机场灯火通明，载着中国首批52名赴美访问学者的飞机准备起航。瞬时，黑沉沉的天空忽然普降鹅毛大雪，上苍以这样独特的方式欢送中国学者，飞越万里赴美。银燕腾空而起，冲破雾雪，直达九霄。第一批52名中国访问学者背负着祖国、人民的重托，前往大西洋彼岸完全陌生的美国。

图9-1　1978年12月26日在人民大会堂，方毅副总理接见第一批赴美访问学者（前排左4：柳百成）

当时，由于中美还未正式建交，只得绕道巴黎，为了应付临时突发事件，教育部只给了总领队柳百成50美元以应急需。这点钱，连应付52人在法国机场上厕所等的小费都不够，可见当时国家财政捉襟见肘的困境。幸运的是，第二天清晨到了巴黎，中国驻法使馆专门派专人接待他们，招待他们在机场吃了一顿丰盛的早餐。临上飞机去纽约前，使馆人员告知柳百成，纽约机场云集了大批记者，准备采访他们。见，还是不见？美国记者比较刁钻、不好惹，万一惹出什么事来，大家都要跟着背黑锅。柳百成想咱们是泱泱大国，是新中国培养的知识分子，赴美留学也是光明磊落的大事，没有理由怕美国记者，他毅然决定："见。"接着，在飞机上他临时召集了几个分组长开会,一起草拟了一份到达纽约机场的英语发言稿,最后几句是柳百成亲自起草加上的:"Chinese people is great people, and American people is also great people. We come to United States, not only to study the advanced science and technology, but also to promote the friendship between our two peoples."(中国人民是伟大的人民,美国人民也是伟大的人民,我们不仅为学习美国的先进科学技术而来,也为促进中美两国人民的友谊而来。)起了画龙点睛的作用,促进了美国人民对中国访问学者赴美的了解,增进了中美人民友谊。

几十名中国访问学者抵美,这是突破中美关系的特大事件,立即激起了美国记者极大的兴趣和采访的热潮,一时美国各大报纸的头版头条、电视台的主要视屏都被中国52位访问学者抵美的画面、信息占满了、放大了,甚至冲淡了美国人往日圣诞节假日的传统欢乐气氛。住在纽约的

图9-2 1979年1月1日参加中国大使馆开馆仪式
（左：柳百成，右：清华张楚汉）

柳百成的一位中学好友，分离几十年后，忽然在电视上看到柳百成抵美的消息，兴奋地跳了起来，喊道"那不是柳百成吗？"好友居然匆匆乘飞机从纽约赶到华盛顿来与柳百成相聚。

见证中美建交日 "邓旋风"横扫美域

1979年1月1日，中美正式建交了，中国驻美联络处正式升级为中华人民共和国驻美大使馆，柳百成等全体访问学者目睹了这个震惊世界、具有划时代历史意义的时刻的到来。庄严的五星红旗在美国大地冉冉升起、高高飘扬，全体访问学者和使馆人员高唱中华人民共和国国歌——《义勇军进行曲》，大家无比激动、热泪盈眶，经历了30年的艰难岁月，中美两国的关系终于翻开了崭新的一页。

接着，1月下旬就是中国的新春佳节，邓小平乘机降落在美国安德鲁空军基地。52位访问学者分成两拨：一拨去空军基地，迎接邓小平；另一拨参加白宫草坪卡特总统及夫人为邓小平夫妇举行的隆重欢迎仪式。柳百成幸运地分在第二拨，于1月29日，在白宫玫瑰园草坪，目睹了美国总统卡特夫妇欢迎邓小平夫妇的具有历史意义的伟大场面。邓小平检阅了美国六军仪仗队，即海、陆、空、海岸警卫队、海军陆战队、国民警卫队。礼炮齐鸣、规模宏伟、气势磅礴，是当时美国欢迎外国元首最隆重庄严的礼仪，充分反映了美国对与中国建交的极度重视。第二天，卡特夫人还特意为邓小平夫人卓琳举行了招待会，柳百成和全体访问学者都应邀出席了招待会。招待会上卓琳受邓小平委托，寄语全体访问学者："努力学习，学成回国，报效祖国。"这12个字，被大家看成了党、国家和人民通过卓琳，对访问学者的殷切嘱托和希望。柳百成至今仍保留着卡特夫妇邀请他去白宫欢迎小平夫妇的邀请信，以及参加卓琳招待会的请柬等珍贵历史原件。

在华盛顿期间，卡特夫妇专门为邓小平夫妇举行了盛大的文艺晚会。会上，由美国著名的乡村音乐歌唱家约翰·丹佛，演唱了《乡村路带我回家》，美国小朋友用华语演唱了《我爱北京天安门》，美国NBA献上了拿手、精彩的篮球秀等，气氛十分热烈。

在邓小平离开华盛顿前夕，中国使馆举行了大规模的答谢宴会。当时大使馆人手奇缺，不得不把52位访问学者临时拉来当志愿者，大家卷起袖子干，有的洗盘子；有的在衣帽间负责挂衣帽；有的布置招待会，忙得不亦乐乎。同时，大使馆也专门安排柳百成等5位访问学者的分领队，参加了这个规格极高的招待会。柳百成也因此结识了一批美中友好人士，至今仍保持联系和来往。招待会一结束，邓小平夫妇接见了大使馆人员及全体访问学者，分成数批合影留念，柳百成也在受接见之列。

中国第一批赴美访问学者正是乘中美建交的东风，邓小平访美的旋风，突破了中美30年的隔绝，开辟了中美关系的新时代，因而受到了十分隆重的接待，参与了如此众多的、载入世界史册的重大事件。他们受到美国人民的热烈欢迎，这在世界和中国留学史上留下了浓墨重彩、可圈可点的一笔！2008年12月，教育部专门在人民大会堂召开为"纪念改革开放暨扩大派遣留学生三十周年"大会，路甬祥副委员长出席了大会。柳百成作为当时第一批访问学者的总领队，应邀做了"顽强拼搏、报效祖国"的报告，受到热烈欢迎。

2014年7月，中美两国专门共同在人民大会堂召开"中美留学35周年"会议，柳百成作为中方5位代表之一，被邀请做了大会报告。改革开放40年后的2018年，中央电视台、中国新闻电影制片厂等多家电视台、电影制片厂、电台、杂志社，"环球人物""环球""美国侨报"

等诸多著名媒体,更专门采访了柳百成,以"专访首批留美学者总领队""柳百成和他的'队友们'"等为标题,做了几十篇多种文字的视频和电影的报道,掀起了一股纪念改革开放、大规模向西方国家派留学生学习,加速祖国建设的热潮。

图9-3　2014年中美两国在人民大会堂召开"中美留学35年"会议,柳百成做邀请报告

笑话百出找差距　振兴祖国志更坚

一踏上美国的土地,柳百成这拨长期囿于国内的人,好似完全"瞎了眼"摸不着北了。许多东西见所未见,闻所未闻,当时北京习惯天一黑就各自回家,商店关门歇业,城市一片漆黑。而美国夜晚的高速公路则奔驰着五颜六色的汽车,灯光聚集,犹如彩虹从天边倾泻下来,简直看不到头。城市更是五光十色、热闹非凡,几十层的高楼大厦透出的各种彩色灯光更是与天上的星光交相辉映,人如潮涌,犹如白日。从未见

过的庞大超市，场地宽阔、望不到边、货架上放满了来自世界各地的商品，琳琅满目、眼花缭乱、目不暇接。见到了许多他们从未见过、也从未想过的商品，与我国几十年供不应求的短缺计划经济，形成了巨大的反差。中国的访问学者也闹出一系列的笑话。

第一个笑话是柳百成一行刚到美国华盛顿，都想在美国首都留个影，给家里报平安。当时全团52人谁也没有照相机，只能向大使馆借照相机过把瘾。临行时买什么样的胶卷？清华一行9人还认真地考虑了一番，大家一致认为，黑白胶卷肯定会更便宜些，就在国内预先想当然地购置了几卷黑白胶卷带往美国。到了华盛顿，大家兴高采烈地照了相，拿到照相馆去冲洗，一问黑白胶卷的冲洗和翻印的价格，竟是彩色胶卷的好几倍。当时，在美国彩色胶卷的冲洗、翻印已完全流水作业、自动化了，价格十分便宜。相反，黑白胶卷是为了满足某些艺术摄影者的爱好，人工操作修饰、洗印，价格极其昂贵。当时寒酸的中国学者只能哑巴吃黄连，有苦说不出。今天看来，这些小事早已不值一提，但当时却反映了中美在科技、经济、生活等方面的巨大差距。

第二个笑话是柳百成在乔治城大学进行"英语强化学习"时，大学图书馆有一盒美国电视台拍摄的、访问柳百成的彩色录像带。大使馆知道后，主动告知柳百成，可以送给柳百成一盘空白录像带去转录，以便带回国留作纪念。柳百成心想家里只有一台好不容易凭票购得的9英寸（1英寸=2.54厘米）黑白电视机，根本没有彩色录像机等高档电器，带回去也是累赘，就婉言谢绝了。其实，这是一段很珍贵的历史视频资料，它反映了改革开放后第一批中国赴美访问学者，刚抵美国的真实史料。由于无知和眼光的局限，就这样阴差阳错地擦肩而过，错失保存珍贵资料的良机。

第三个笑话是关于吃鸡的故事。刚到美国适逢中美建交，掀起了一阵"中国热"。中国学者走到哪里，美国的记者就跟到哪里，他们成了美国记者眼中名噪一时、热门的"抢手货"。一天，在乔治城大学路边，美国著名的哥伦比亚电视台记者前来采访。记者问柳百成："柳先生，我注意到了你们中国人来美以后，特别喜欢吃鸡，顿顿都吃，为什么？"当时，美国的鸡是最便宜的，别的吃不起啊！但是柳百成不能这样回答，只好说："中国人就是喜欢吃鸡。"实际上，当时许多访问学者，只能以鸡充"饥"。

第四个笑话是关于发票。初到美国，中国大使馆对于访问学者每月的生活费用完全心中无底，只得采用"实报实销"的措施，凭发票报账。访问学者的口袋原本都空空如也，走到哪里买东西都得问人家要"receipt"（发票），否则就无法报销。哪怕是在路边吃一杯冰激凌，买个三明治，也问人家要发票。美国路边小商贩根本就没有发票，搞得十分尴尬。

今天，中国已发展成了世界第二大经济体，这些区区琐事，都变成了小小的历史冷笑话不足挂齿了。然而，当年这些小事却在访问学者心中掀起了不小的波澜，刺痛他们的心扉。真想象不到我堂堂中国，已落后到了如此地步，更加激发他们努力学习、奋力报效祖国，尽快改变中国经济与科技落后面貌的强烈愿望。

邓小平提出的改革开放，以经济建设为中心，不再以阶级斗争为纲，大批派留学生赴发达国家学习先进科技，是振聋发聩的呐喊、救国救民的重要举措。访问学者与后来的大批留学生，此时此刻就成了振兴中华、重任在肩的建设先锋，两年后，柳百成和52位访问学者不负众望，全部回国，开始了重新振兴中华的新征程。

实验室中力拼练　放眼更抓结合点

经过在华盛顿乔治城大学近三个月的"英语强化学习",由于成绩较好,柳百成提前单独放飞美国中西部麦迪逊市的威斯康星大学,他独自前往,受到了该校港澳台爱国留学生的热烈欢迎。威斯康星大学是1909—1949年美国接受中国留学生,特别是清华留学生最多的大学之一。不少著名清华学者都曾在威斯康星大学学习,或大学毕业,或获硕士、博士学位。20世纪,它也是美国接受中国港澳台留学生最多的大学之一,而柳百成则是改革开放后该校第一位来自中国大陆的访问学者,自然成为众多留学生关注的焦点。

初来乍到,百事生疏,却引起了港澳台爱国留学生的极大兴趣和好奇,他们给予柳百成多方面的帮助和亲切关怀,使他较快地融入异国他乡全新的生活和工作中。他们邀请柳百成参加他们自己办的伙食团,解决了刚到异国他乡时每日的吃饭问题;周末,开车接他采购蔬菜、水果和日用品;有的还送来了打字机和收音机,热情介绍学校科研教学的情况和特色,使他很快适应校园的科研生活。更可贵的是,该年的冬天来得特别早,冰雪困扰、寒冷异常,柳百成带的被褥不够,住在房东家的顶层阁楼,更是寒冷难耐。香港留学生知道后,主动送来全新的毛毯,解了寒冻之困。中国港澳台留学生的同胞之谊,温暖着柳百成的心,使他在异国他乡,浸润在中华儿女血浓于水的深切关爱之中,一点都不感到孤寂。港澳留学生十分关心新中国的一切,后来部分台湾留学生也参加进来了,希望直接与大陆来的访问学者交流对话,探听中国的实际情况。柳百成采取"来者不拒"的方针,这也是向他们宣传祖国真实情况,消除疑虑、结交朋友的大好时机,何乐而不为呢?因此,到达麦迪逊的头几个月,周六、周日柳百成常被他们邀去参加各种座谈会,或家庭访问,一个接一个甚至都不需要自己做饭了。通过与这些海外学子的交流,知道他们出国求学奋斗的艰辛,他们热爱祖国,有的还参加了保卫祖国领土——钓鱼岛的光荣、艰苦卓绝的斗争,以及他们对祖国的深切关注。黑眼睛黄皮肤,都是中华儿女,同语言、共文化,他们多数都有一颗热爱祖国的心,衷心希望祖国强大,乐见祖国重新崛起。柳百成对他们深入了解后,更增进了与他们多数人的团结友爱和尊敬,交了不少好朋友,维持了半个多世纪的友谊,至今仍保持联系。

图 9-4　1979 年柳百成和导师 C. Loper 教授,在威斯康星大学冶金实验室讨论试验

柳百成一到威斯康星大学(后文简称为威大),就立即投入学习和研究工作。他一踏入实验室,就深为国内与国外科学实验仪器设备的巨大差距所震惊。威大具有完整的、当时世界先进的、各种材料研究的实验设备,如高倍数的扫描电子显微镜(简称扫描电镜)、透射电镜、电子显微探针等。其管理制度更是先进,为了便于科研,有些重要仪器一天 24 小时开放,放手让经过培训的研究者亲自操作。为了探究当时材料科

学热门话题的新型铸铁——球墨铸铁和蠕墨铸铁中石墨形状的生长及形成机理,为提高铸铁质量提供理论基础,利用扫描电镜、电子显微探针等这些新型仪器,真是鸟枪换炮,上了一个新台阶!他不仅沉浸在对这些仪器的欣赏和操作中,而且敏感地看到谁先掌握了这批新的实验设备,利用它们进行研究,谁就能抢占世界铸铁基础研究的制高点,能深入、精准地剖析铸铁组织的奥妙,改进其性能。在国内当时研究球墨铸铁使用的显微镜只能放大 1000 倍,而这里的电子显微探针、扫描电镜可放大 20 万倍,而且还可准确地揭示其局部细微的成分。真是一个天上一个地下,不可同日而语。他立即日夜加班进行学习研究,很快便掌握了这些国际上的新型仪器,再加上实验室 24 小时开放,更为他的研究提供了方便。

图 9-5　1979 年柳百成在威斯康星大学电子显微探针实验室进行试验

当时这些仪器如电子显微探针,为了保持电流及实验数据的稳定性,需要不间断地连续工作十几个小时,柳百成往往白天干试验,晚上七八点再走进实验室,连续工作到清晨两三点才能结束试验。最初,导师 C.

Loper 教授安排好几位博士生和柳百成一起用扫描电镜进行球墨铸铁试样微观组织的三维立体分析，结果柳百成最早出色地完成了任务。初战告捷，C. Loper 教授十分赞赏和高兴，为了发挥柳百成所长，就要求其他博士生将实验样品统统交给柳百成，由他全面负责进行球墨铸铁微观组织的三维分析，从而开展了国际科研大协作，大大加快了团队的研究进程。柳百成发表的论文，也主动加上了提供样品的博士研究生的名字。

柳百成在威大实验室的一年多时间，拍了近千张各种铸铁的高倍显微三维立体照片，以及电子显微分析图片，其中不少照片是国际铸造界首次获得的优秀照片，发现了许多前人从未发现的新现象，真正做到了今日所说的"创新"。柳百成又发挥他善于总结、集成的特长，将球墨铸铁、蠕墨铸铁等高强度铸铁，从成分、形貌、生长机理与性能的关系上予以综合分析，形成了球墨铸铁石墨形貌形成的新机理，对深入认识、控制、提升球墨铸铁性能，提供了重要的科学技术指导作用。他在美国期间的研究，先后发表了 4 篇论文，其中 1 篇获美国铸造学会优秀论文奖，多篇被广泛引用或被译成德文转载。在柳百成作为第一作者的论文中，对那些提供过样品的博士生，都一一署上了他们的名字，对提高他们的学术地位大有帮助，他们都很高兴，都称赞柳百成的人品和学问，更加深了彼此的友谊。有位当年在威大学习的日本博士生，在 1992 年曾晓萱访问日本拜访他时，他指着客厅墙上挂的和柳百成一起获得的奖状，对曾晓萱说："这完全是柳大哥的功劳，他把我的名字都挂上了，其实，我并没有做什么。"

一年多的时间，由于不分昼夜的辛勤努力和顽强拼搏，柳百成头上长出了不少银丝，这是大自然对他辛勤劳动的奖赏。C. Loper 教授开玩笑地说："柳，你来美国什么都没变，就是增添了一头白发。"课题组里年轻的师弟们不少都是从大学直接来攻读博士生的,无论科研还是生产的理论与经验,都大大不如柳百成。他们常来请教,柳百成都尽力帮助他们,先后和柳百成都成了忘年交。当时,威大以 C. Loper 教授为首的铸造学科团队,是世界铸造界最优秀的研究团队之一,来自各国的研究生后来都成了各国铸造界的著名专家,他们自称是国际铸造界的"威斯康星学派"[1]。半个世纪过去了,许多人都已成为国际上铸造学科的知名学者,柳百成经常在国际学术会议上与他们见面,进行学术交流。他们也都先后或被柳百成邀请来清华讲学,或来华参加国际会议。至今,柳百成还和他们不少人保持着密切联系并进行学术交流。

惊见计算机威力 探铸造信息化路

除了研究球墨铸铁和蠕墨铸铁等高强度铸铁的形貌、形成机理,柳百成还惊奇地看到美国的计算机已在各行各业普及,渗入许多新兴学科和部门。来美国前他根本没有见过计算机,刚到麦迪逊时,见到房东家读小学三年级的小儿子着魔似地编程,已把苹果电脑玩得溜溜转,他敏锐地感到计算机将会改变人类生活和社会的一切。凭着对科学新事物的敏感,他决定要跳出原来铸造专业的旧框框,追赶时代的新潮流,学习计算机技术,努力把计算机技术与铸造行业相结合,开创一片新天地!他下定决心,以半百的年纪闯入这个从未接触过的、世界科技的崭新领域。他开始与大学生一起,选修了一门计算机的高级语言课程,每天晚上拎一杯咖啡和一袋食品,到学校计算机中心学习编程,常常是通宵达

---

[1] 威斯康星学派:美国威斯康星大学冶金工程系的铸造学科有几位闻名世界的教授,学校培养了一大批优秀的研究生及访问学者,许多人后来都成为国际铸造学术界的领军人物,他们自称为"威斯康星学派"。

旦地干，凌晨三四点才离开。计算机编程常常会遇到许多难点，有时还显示出上百个错误需要修改，他鼓励自己不消除错误，不解决问题誓不回家。当时，如何用计算机技术解决铸造业的问题，能否将"睁着眼睛造，闭着眼睛浇"的谜底揭开，是一个全新的、大有前途的学科前沿，只能由学习铸造的人来解决！

来美国一次不易，要尽量拓宽眼界，把美国最好、最先进的技术尽可能学到手，为今后祖国的科技生产发展打下坚实基础。当时，麻省理工材料科学与工程系的弗莱明斯（M. Flemings）教授是世界凝固学科的顶级专家和先驱者（后被选为美国科学院与工程院的两院院士）。柳百成决定最后半年，转战 MIT 材料科学与工程系，在 M. Flemings 教授指导下学习金属凝固理论，为他用计算机数值模拟铸造及凝固过程打下一定的理论基础，为祖国制造业的现代化进一步积蓄力量。

图 9-6　1980 年在 MIT 和 M. Flemings 教授合影

至今，柳百成和威斯康星大学及麻省理工学院还保持着紧密的联系和学术交往。2012 年及 2019 年威斯康星大学校长来北京访问时，以大学校友会名义，专门向柳百成颁发了证书，强调他是"第一批来自中国（1978年）的、第一位访问威斯康星大学的学者。"威斯康星大学也以柳百成的学术成就为荣。

广交朋友赢友谊　深结俊杰助国力

在美国除了努力学习、潜心科研，柳百成还注意广交朋友，真心实意敞开胸怀地交朋友向他们学习。柳百成后来的成长、学术成就、科研发展，不少都借助了国际朋友的热情帮助和指导。

柳百成不仅和学者教授交往，更考虑自己是学工程的，美国有世界一流的制造工厂和流水生产线，美国的制造业更是名震寰宇，来美国不亲自看看他们先进、卓越的工业，不了解一下他们的科技是如何与工业结合，推动经济迅猛发展的，岂不遗憾？柳百成尽量利用大学的节假日，节衣缩食、自费先后去了通用汽车公司、福特汽车公司和卡特彼勒公司等美国一流的汽车和工程机械制造公司及他们的技术研究中心，结识他们的研究人员，为回国后开展与他们的科研合作奠定基础。回国后几十年来，柳百成与福特及通用汽车公司技术中心的科研人员，在汽车的轻量化、铸造建模与仿真等方面，都进行了长期、有效的国际合作。福特汽车公司先后提供了相当数量的科研经费，使柳百成领导的科研团队较快与国际接轨，较快地走上了国际学术大舞台，在国际学术界占有一席之地。

回国后，柳百成还先后请威大的导师 C. Loper 教授、MIT 的导师 M. Flemings 教授，以及美国密歇根大学的 Pehlke 教授、爱荷华大学的 Beckerman 教授、日本东北大学的新山英辅教授、韩国延世大学的 Chun-Pyo Hong 教授、英国帝国理工学院的 Peter Lee 教授等一大批世界顶级的材料及铸造学科专家，来清华讲学及举办学术讲座。讲座对全国高校及工业界科技人员开放,大大促进了全国铸造学科教学及科研水平,缩小了中国与世界铸造界的差距。

图 9-7　1979 年访问密歇根大学

图 9-8　1979 年访问通用汽车公司技术中心

当时，美国掀起了"中国热"，柳百成应邀积极参加了中小学生的座谈会，宣讲中国的成就和奋斗精神等。美国的孩子都很直率，有一次柳百成在麦迪逊参加一所中学的座谈会，与一名中学生提问互动时，他问柳百成："你对美国印象如何？"柳百成答道："美国有许多先进的科学技术，我学到了很多东西。"他马上追问："你愿不愿意留在美国？"柳百成回国的意志是根深蒂固的，想都没有想就用他在小学时学会的一首世界名曲《家，可爱的家》（Home，Sweet Home）的最后两句作答，他高声激情地唱道："Home, Home, Sweet, Sweet Home。There is no place like home!"（家，可爱的家，世界上没有一个地方像家一样可爱！）会场立即响起了雷鸣般的掌声！孩子们当然理解柳百成歌唱的寓意，觉得中国人有志气、爱祖国，值得人们尊敬！虽然美国科技发达、生活水平高，但访问学者去学习其精华，不是为个人过好日子、设法留在美国，而是一定要回去把自己的祖国建设得更美好。

1981年年初柳百成按期返国，留美短短的两年成了他学术人生转折的重要里程碑。两年中，他开阔了眼界、丰富了知识、结识了朋友，更重要的是找到了差距和追赶的突破口。他想：中国人民一点也不笨，一点也不差，只要创造一定的环境，经过一代又一代的奋力拼搏，一定能赶上国际先进水平，重建一个崭新的中国。历史为我们提供了一个巨大的转机，让我们这一代人适逢其时，大有可为。难道我们不应该在这个史无前例的东方大舞台上，和全国人民一起演出一出翻天覆地、有声有色、重振中华、改变历史、扭转乾坤、震惊世界的大戏吗？

本章参考文献：

[1] 钱江 .1978 留学改变人生，中国改革开放首批赴美留学生纪实

[M]. 成都：四川人民出版社.

[2] 付红星. 旋风九日 [M]. 福州：海峡出版集团，2015.

[3] 丹丹. 专访首批留美学者总领队 [J]. 环球人物，2018: 10.

[4] 熊通，等. 柳百成和他的"队友们" [J]. 环球，2018: 12.

第十章
出国终为强国梦　球墨铸铁初展锋

遍访工厂扩眼界　先进技术增国力

柳百成在美国学习期间除了实验、理论研究外,他总想:我是学工程的,一定要为振兴中国的制造业做贡献,必须要想尽办法到美国顶尖的制造企业,以及技术创新中心去现场学习见识美国的顶尖制造业。于是,他千方百计想办法,或通过导师或自己想门道,先后去了国际著名的通用汽车公司、福特汽车公司、卡特彼勒公司等制造工厂及其技术中心参观访问。

他节衣缩食从每月极少的津贴费中,挤出钱来自费乘坐美国高速公路上最普通、最便宜的长途汽车——"灰狗"(Grey Hound),跨州赴工厂参观学习、结识朋友。在访问工厂时也遇到不少麻烦,由于美国的大工厂厂区多远离大城市,沿高速公路建设,对有车的美国人来说很方便。然而,对当时无车的中国访问学者说来,却是困难重重。一次,柳百成访问福特汽车公司技术中心,下了公交车后再无车直达工厂,不得不沿着高速公路徒步前行。美国高速公路上的车子开得飞快,在高速公路上行走有一定的危险。美国警察看见了好生奇怪,开着车紧跟了他一段距离,并把车停在柳百成身边好奇地问他:"先生,你为什么在高速公路上行走?"柳百成说:"我要去福特汽车公司的技术中心,没有车只能走着去。"警察爽快地回答:"请上车,我送你去。"柳百成大吃一惊,美国警察居然会专门开车,送一个外国的过路人去他想要去的地方。这也算捡了个便宜,节省了他不少时间,算是访问美国工厂留下的一段趣事。

图10-1　1979年参观通用汽车公司铸造厂

柳百成先后参观了著名的通用、福特汽车公司的铸造厂与卡特彼勒公司。进到工厂一看,真是眼花缭乱,见所未见!那高大整洁的厂房、不停转动的自动化流水生产线、机器人,上下左右不停地旋转着、移动着,车间里根本看不见多少工人在操作,真正见识了20世纪制造厂的雄伟磅礴气势。震惊之余,更让柳百成看到了他们对产品、对生产极其严格的要求,以及精益求精、先进的管理体制。例如,在制造业闻名遐迩的卡特彼勒公司的技术中心,柳百成看到他们的实验室十分强大,各种实验设备完善,对质量控制极其严格。针对工程机械的关键零部件,全部进行台架磨损试验,一年365天、一天24小时不停地运转试验,力求不断提高和确保产品经久的耐磨性,保持世界工程机械的一流品质。更看到卡特彼勒公司铸造工厂早已采用最先进的计算机进行管理，大大提高了效率、降低了成本、不断改进产品质量，这是当时中国的制造厂无法与之伦比的。

当时的中国制造工厂，由于"文革"的破坏，"砸烂一切规章制度"，工厂质量、技术、管理都十分混乱。车间脏乱差，生产了不少废品，处于无序状态。这样落后的生产管理体制，产品质量低下落后，效率更谈不上，何谈强大的制造业？更何谈富强中国啊！

柳百成感慨良多，震动极大，更感到肩膀上的担子特别沉重，他暗下决心，一定要把自己的专业和一生都贡献给中国的制造业，认真向国外的先进制造技术和管理学习，让祖国的制造业日益强大昌盛，这是我们这一代中国工程学人不可推卸的责任！

回国之后，有机会出国开会访问，他都从不放过到工厂参观学习的机会。1984 年到法国、瑞士访问，以后又多次访问美国、日本，他都要挤时间、千方百计地去冶金厂、装备制造厂、铸造厂学习参观。他先后参观了法国著名的大型铸、锻件制造公司和研究所，瑞士的球墨铸铁铸造公司等。例如，在瑞士的铸造厂，看到他们在制造高强度球墨铸铁时，在铁水浇注时在砂型中采用了过滤网[1]，在砂型内埋放了孕育块[2]等先进球墨铸铁铸造技术。俗话说："外行看热闹，内行看门道。"对柳百成来说，这可是制造高强度、高质量球墨铸铁生产的关键技术，这些技术一

---

[1] 过滤网：由于球墨铸铁生产过程会产生夹渣等杂质，大大降低球墨铸铁的质量。在生产过程中，在铸型浇注口中放入过滤网，对铁水进行过滤，去除夹渣等杂质，就可大大提高球墨铸铁铸件的质量，使球墨铸铁可以成为制造业中的重要部件。

[2] 孕育块：无论生产球墨铸铁或孕育铸铁，都需要在铁水中加入孕育剂，使铸铁结晶颗粒细化，提高铸件质量。在铸型中加入孕育块是一种新的铸造技术，更有助于细化铸铁晶粒，进一步提高球墨铸铁和孕育铸铁的质量。

定要拿回去，在中国工厂推广应用，提高我们制造高强度球墨铸铁的质量，以满足国家制造业发展的需要。

回国后，作为工程科技的学术带头人，他和他的团队带领博士生，不仅学习研究国外先进的科技基础理论，还千方百计地消化吸收国外的先进铸造技术并结合中国实际推广应用。在国内最早研发了新一代的球墨铸铁型内孕育块、过滤网、铸态铁素体球墨铸铁[①]、球墨铸铁无冒口铸造技术[②]等先进技术，获国家专利2项。这些新技术在南京汽车厂、第一汽车制造厂等国内多家重点工厂大力推广，生产了高质量的球墨铸铁，节省了大量能源、改善了劳动条件、显著地降低成本，获得了明显的经济和社会效益。1996—2001年，南京汽车厂、清华大学、郑州机械研究所共同研发成功的高强度、高韧性、牌号为QT-900-5新型球墨铸铁曲轴，为提高中国球墨铸铁的性能和质量闯出了新路。为中国球墨铸铁的发展和汽车制造业做出了重要贡献。

接手博导组团队　　精心助迈外语关

1981年年初由美返国后不久，学校领导找柳百成谈话，问他："让你当教授行吗？马上带博士生行吗？"柳百成想了想说："根据我在美国的观察，以威斯康星大学为例，我想我能胜任。"1984年柳百成被聘

---

① 铁素体球墨铸铁：球墨铸铁的基体组织一般为珠光体，强度好，但韧性差。为了满足新的产品需求，人们成功研制以铁素体为基体的球墨铸铁，大大增加了球墨铸铁的韧性，扩大了球墨铸铁的应用范围。

② 无冒口铸造技术：铸钢件，由于钢水凝固时热胀冷缩，必须添加冒口，凝固时予以补缩钢水，才能避免缩孔、缩松等缺陷，保障铸钢件质量。球墨铸铁件凝固时，有它特有的石墨膨胀特性，凝固时既有收缩，也有膨胀。如成分、工艺控制得当，使其收缩、膨胀量相当，相互抵消，就可不再用冒口补缩，大大降低成本，提高效率，成为球墨铸铁铸造的新工艺。

为正教授，1985年又成为清华改革开放后的第一批博士生导师。柳百成明白当博士生导师，不是个人的荣誉问题，而是要通过自己的努力，带领一代又一代年轻人把清华的学术水平搞上去，把中国的现代化制造业搞上去。只有我们自己培养了具有世界眼光、不断创新、报效祖国的人才，持之以恒通过几十年，甚至几代人的奋斗，才能在科研技术水平上与发达国家一争高低，提高工业化的水平。

由于"文革"的摧残和破坏，铸造专业培养博士生的条件极其薄弱，必须首先借助国外的力量，柳百成用"请进来"和"派出去"的方法，加紧人才培养。回国后，柳百成费了很大力气，利用在国外的人缘和影响，从国外邀请到一批著名的权威教授或专家来清华讲学，尽可能拓展博士生的视野，了解世界铸造学科的最新进展。结合中国实际，尽快向这些专家学者学习并快步赶上。然而，当时国内英文听说能力好且能进行适时专业翻译的人才极少。柳百成只好亲自披挂上阵，又是接待又是当口语翻译，还要翻译印制成中文讲义，让听众更多获益，真是忙得想停下来喘口气都很难。

当时博士生的英语水平较差，听力与口语能力更是低下，为了快速提高博士生的英语听说能力，更快与国际科技水平接轨，柳百成一回国就亲自为研究生开设了"多元相平衡图""现代材料工艺学"两门用英语讲授的专业课程，提高他们的听说、写作能力。除此之外，还鼓励他们能在国外专家讲学的讲台上，协助做口语翻译。他多方告诫博士生，翻译不能满足低水平地就事论事，只能进行"纯"专业的英语翻译，还要广泛了解外国的文化、历史、社会、人文背景，要具有一定的外国文化底蕴，当外国专家引用诗词、谚语、笑话、文学、历史典故时，才能准确翻译。为了鼓励博士生们能上台即时翻译外国专家的演讲，柳百成答应在台下帮他们补台,这大大激励和增强了研究生们用英语进行学术交流的兴趣和信心,为研究生更好更快、直接熟练掌握外语和学习新学科的发展创造有利条件。

新技术引发突破　探索球铁新机理

柳百成在美国威斯康星大学,利用他们实验室当时最先进的材料分析仪器对球墨铸铁、蠕墨铸铁的石墨形貌进行了大量、深入的研究,拍了近千张照片,初步探索了前人未曾了解的球墨铸铁球状石墨核心形成、生长的新机理和条件。在美国的研究成果先后发表了4篇论文,其中1篇论文获1981年美国铸造学会优秀论文奖,得到了导师和世界铸造学界的高度评价。回国后柳百成乘胜追击,与李春立副教授、吴德海教授合作,进一步深入研究分析、揭示了铸铁中各种石墨形态的结构、生长特征、外在条件及内在联系,科学地进行分类和命名,研究其形成机理,获取了对球墨铸铁本质及其发生、发展的系统认识。1982年,"铸铁石墨形貌的研究"项目,获机械工业部科技进步二等奖。

接着,他扩大战果,带领3名博士生针对铸造业重大生产问题,在球墨铸铁形成机理、激光重熔处理铸铁的组织状态图及特大型球墨铸铁中稀土与锑等元素对石墨形态作用机制等3方面,进行了深入的基础研究,取得了一批创新性的突破。其中,博士生李言祥用定向凝固及快速激冷等方法,在灰铸铁、蠕墨铸铁及球墨铸铁的结晶过程中石墨形成机理及相互转化机制方面取得了新的突破,为发展新型铸铁提供了基础理论支撑。博士生李同心创造性地用热物理模拟方法,在实验室里只用了几千克的熔炼设备,来模拟研究直径 400 mm 特大型球墨铸铁件的凝固过程,系统地研究稀土与锑等元素对大断面球墨铸铁石墨形态及性能的影响，并建立了稀土、锑和石墨形态的状态图，对特大型球墨铸铁件的性能及生产技术提高起了重要的基础理论指导作用。正当激光热处理新技术出现时，博士生郭景杰立即进行了激光热处理在铸铁中应用的基础研究，在大量实验的基础上，建立了激光参数对铸铁组织及性能的状态图，为推广激光热处理铸铁技术，提供了关键的基础理论支撑。1995年，柳百成和3位博士生从事多年研究的"特殊条件下铸铁结晶凝固过程的研究"项目，获国家教委科技进步（基础类）一等奖。

国际接轨定标准　提升质量强基础

柳百成与他领导的团队在球墨铸铁研究和应用领域的多项研究成果取得了突破性进展，清华大学逐渐成为我国球墨铸铁的重要研究中心之一。1984年，受国家委派，柳百成与沈阳铸造研究所的研究人员，代表中国赴法国参加国际标准组织会议，参与制定"球墨铸铁国际标准"。当时，我国球墨铸铁质量低下，产品只能在中低档徘徊，绝大多数工厂根本就不知道世界球墨铸铁标准为何物，更无法参加国际商品竞争。

柳百成赴法国参加会议，参与制定"球墨铸铁国际标准"，并考察了法国、瑞士等多家球墨铸铁铸造厂。回国后，他专门发表了《球墨铸铁国际标准及提高我国球墨铸铁生产水平的几点看法》的论文，并大力向国内企业宣讲球墨铸铁生产应与国际标准接轨的必要性，以及达到球墨铸铁国际标准的改进方法。经过多年的艰苦奋斗，在对工厂大量调研考察的基础上，1988年柳百成与沈阳铸造研究所等单位合作，首次为国家制定了《中国球墨铸铁国家标准》，促使全国的球墨铸铁生产逐步纳入正轨。从此，我国球墨铸铁生产有章可依，有法可循，企业看到了自己与世界的差距，也有了清晰的奋斗追赶目标与办法。这对我国铸造行业提高球墨铸铁生产技术水平,达到国际标准,扩展国际贸易,都起到了积极的指导与推进作用。

图 10-2 1984 年,柳百成代表中国赴法国参加球墨铸铁国际标准会议

期间,他还将在国外铸造厂参观学习到的球墨铸铁生产的新工艺、新技术,结合中国实际引入国内,大大提高了中国球墨铸铁的生产技术水平。他和他的团队分别于 1982 年获机械工业部科技进步二等奖、1993 年获科技进步三等奖等多项奖励。

由于柳百成与国际学术界及工业界有广泛的联系,1988 年、1991 年、1992 年,他连续多次协助工业部门及制造企业,带队组团访问美国考察了球墨铸铁管离心铸造新技术;访问日本考察先进铸造生产技术。为国内推广先进铸造技术、提高产品质量、开发新品种,发挥了重要的指导作用。

通过对球墨铸铁石墨形成机理及基础理论的深入研究,柳百成在美国著名的铸造学会会刊上连续发表了多篇论文,突破了人们对铸铁与球墨铸铁的传统认识,有了不少新发现,对提高中国铸造生产起到了重要的作用，有的论文被德国等有关杂志全文转载或广泛引用。1983年，在美国讲学时，获得美国密歇根州州长签发的特殊表彰奖状。由此，他开始登上国际学术交流大舞台，得到世界学术界的认可和赞许。

图10-3　2006年在北京主持召开第8届国际铸铁科学与工艺会议，和C. Loper教授及威斯康星学派著名专家学者合影（右3：柳百成）

图10-4　1992年巴西世界铸造会议上，主持学术会议

1984—1996年，柳百成先后担任国际铸造学会、稀土在铸造合金中的应用等国际委员会学术秘书及主席，主持编写出版了《稀土在铸铁、铸钢及有色合金中应用》3份文献及总报告，获国际铸造学会高度评价。1986年以来，柳百成多次代表中国参加世界铸造会议，或应邀做学术报告。鉴于清华在铸造学术界的突出贡献，1995年，在北京召开的第61届世界铸造会议，柳百成担任组委会副主席兼学术委员会主席，并主持大会学术报告会，中国铸造界首次登上国际舞台。

图10-5　1996年在美国世界铸造会议做学术报告

国际上著名的铸铁科学与工艺国际会议，专门聘请柳百成担任国际委员会委员，他多次被邀请做大会主旨报告。2006年，委托柳百成在北京主持召开第八届国际铸铁科学与工艺会议。柳百成担任会议主席及国际委员会主席，他的团队参加了全部的筹备与组织工作。

柳百成不断活跃在世界铸造学术界的舞台上，不仅对中国铸造行业做出贡献，也开始对世界铸造学术界做出贡献，为他的学术生涯奠定了一个新的里程碑。

柳百成在研究、开发、提升中国铸造球墨铸铁及先进铸造科研水平期间，还夜以继日地思考如何跟上时代信息化的潮流，使信息化与铸造行业结合，打破铸造界几千年来的"睁着眼睛造，闭着眼睛浇"的陈规，千方百计寻觅铸造界划时代新的发展方向，跃上新台阶。他积极向国外的专家虚心请教，大胆跨学科向未知领域进军，开始部署博士研究生课题的大转轨，探索铸造及凝固过程建模与仿真的新路，追求他"睁着眼睛造，睁着眼睛浇"的远大雄伟理想。他强调铸造数字化不是玩计算机游戏，而是要面对国家经济重大急需，解决中国铸造行业的重大难题，提升中国制造业的创新能力，为建设强大的中国制造业打好基础。这富有前瞻性的战略部署和激动人心的前景，大大鼓舞了科研团队的战斗意志和责任感，一批有志的、年轻有为的研究生开始聚集在柳百成的旗下，为开辟铸造业的新路，披荆斩棘地奋斗。

本章参考文献：

[1] 柳百成. 球墨铸铁国际标准及提高我国球墨铸铁生产水平的几点看法 [J]. 铸造，1986: 2.

第十一章
建模仿真显神威　多年拼搏硕果累

战略目标是精粹　精心育才建团队

在部署几位博士生研究高强度球墨铸铁的石墨形貌、生长机理等基础研究方面，他们为提高中国球墨铸铁的生产技术水平取得了令人瞩目的成绩。在获得了国内外学术界认可的同时，柳百成未敢驻足不前。他从国外材料科学与技术发展的最新动态看到，虽然清华在球墨铸铁研究的某些方面已居世界前列，然而，这些终究不是铸造业前瞻性的战略发展方向，不能恋栈久留。对一个学术带头人来说，最重要的是高屋建瓴，看准科研的战略发展方向，争分夺秒奋力一搏，取得创新性的重要突破，赶上世界先进水平，为国家和人民做出更大贡献，才是方向和目标。要以壮士断腕的气魄，断然抛弃已熟悉和易于取得成绩的战术领域，争取进军世界新兴科技的战略前沿，抢占铸造与信息化技术结合的全新制高点。首先，必须突破数字化铸造凝固过程的建模理论与仿真技术；其次，要研发先进有效的工业软件，把铸造工艺建立在现代科学技术的基础上，从而改变中国铸造行业的"睁着眼睛造，闭着眼睛浇"，完全凭经验的"试错法"等陈旧的生产方法。

由于我国铸造理论和技术以及管理的整体落后，许多重要装备的关键铸件，如大型水轮机转轮、大型轧钢机的机架、大型轧辊、飞机的发动机等多依赖进口，价格昂贵且工期不能保证，使我国的许多重大工程受制于人。清华能否为国分忧，以最新的数字化、信息化技术与铸造结合，研发出全新的铸造凝固过程的建模与仿真技术，研发出全新的、有知识产权的三维工业软件，以产学研结合的方式，铸造出高质量的关键、大型铸件，走自力更生之路，以解国民经济之困呢？

然而，万事开头难。首先，要建立自己研发的铸造凝固软件，谈何容易？柳百成冷静分析、比较利弊，认为：当时，国外许多工业应用软件确实比我们超前很多，但铸造凝固模拟软件的研发刚刚起步不久，比我们超前不了多少。清华学生素质高、理化基础强、勤奋刻苦，具有爱国情怀和创新精神，他们完全可以尽快地学习、掌握、发展先进的科学技术。清华又有多学科交叉的优势，可以充分利用，优势互补。综合这些优势，闯新路，开辟新领域，解决铸造界面临的重大科技发展难题，又是可能的。虽前途未卜、险象丛生，但这是创新必经之途，失败往往又是成功之母。柳百成下定决心，不论胜败如何，也要看准时机，为国为民，奋力一搏。

柳百成还认为，工科博士生应该以现代新科学技术解决国民经济的重大需求为目标，在实战中既解决工程难题，又上升为科学理论，才能真正成为具有真才实学的英才，才能把科技推向高端。不能只坐在计算机旁，敲敲键盘，纸上谈兵，单纯追求文章的发表数量和影响因子，为外国科技做些锦上添花之事，这是一个缺乏战略眼光、短视狭隘的肤浅之举。为了国家长远，根本的经济、科技的发展，高校工科需要组织强大的团队，要面向国民经济主战场，以高科技改造传统产业，坚持不懈，长期持续攻关，才能拿下堡垒，独树一帜，促进国家长远科技、经济的飞跃。

开放学习育英才　交叉实践创软件

柳百成看准了方向，提出"派出去、请进来""多学科交叉、优势互补"的指导思想，制定了"先研发软件、后积极推广""先攻克铸造基础模块，再逐步完善提高"的技术路线。首先，"派出去"，将不少博士生直接派到当时国际上凝固建模与仿真领域领先的日本东北大学、韩国延世大学等高校学习，与国际著名学者新山英辅教授、Chun-Pyo Hong教授等联合培养。继而，"请进来"，邀请美国、英国、法国、日本、韩国等世界著名铸造软件的编制学者前来讲学，并组织国内有关高校师生前来听课，也为国内各高校提供铸造模拟仿真的学术交流环境，共同提高。清华的铸造建模与仿真技术能迅速取得突出成绩，是和当时国际学者多方面的热情帮助分不开的。由于铸造模拟仿真技术，既牵涉许多新学科的理论与技术，如计算机建模理论、并行工程技术、虚拟制造技术、计算机计算方法等，也涉及许多传统学科，如物理、数学、传热学、流体力学、材料科学等深层次的物理与数学问题。专门选派博士生分别在校内计算机系、材料科学系、力学系、热能系等专业，学习有关交叉学科所需的课程，并结合交流、反复讨论，以解决铸造与信息化结合的难题。当时，宏伟的目标、艰难的创业、柳百成坚强的决心与深远精湛的谋略，都深深地鼓舞和震撼了与他一起拼搏、创业的研究生们。他们也志气昂扬，决心排除万难，尽快掌握铸造与信息化结合的有关基础理论与先进技术，作为开路先锋，为祖国铸造业闯出一条当时在中国还从未听说过、没有人走过的新路。

经过几年的艰苦奋战，柳百成和他的团队克服重重困难，经历了近十年的辛勤积累与努力，终于自主研发出了有知识产权的、国内第一个三维铸造模拟软件——《铸造之星》，并在实际中得到了成功的应用。柳百成亲自为我国第一个铸造模拟软件命名，他说："踢球有球星，唱歌有歌星，解决铸造难题，就应有《铸造之星》"。《铸造之星》不仅为民用企业铸造界解决了难题，开始声名远扬，连军工企业遇到制造难题也纷纷前来请教。某导弹大型发射架的铝合金铸件，形状复杂且壁薄，铸造难度极大。经柳百成团队与有关单位精诚合作，采用先进的铸造模拟仿真技术，制定了优化的铸造工艺方案，一次浇注成功，这样的案例还有很多。1993年，《铸造之星》软件，因成绩卓著，获得国家科委的批准，成为"国家级科技成果重点推广计划"项目，进一步在全国实施和推广。1996年，研究成果获国家教委科技进步二等奖。

柳百成与青年教师、博士生，进一步把它推向国家重大科技项目实践中去，接受考验，不断完善充实，同时也大胆地把青年人部署到国家重大的科研、生产项目上，压重担，磨炼成长，独立完成艰巨任务。这样大胆地把博士生推向解决国家重大经济难题，亲临实践第一线的做法，不仅国内高校铸造专业不多，在世界工科高校也不多见。他认为高等工科院校要坚定不移地面向国民经济解决重大问题，例如，中国的铸造界面临的重大问题有三个：一是特大铸件（数百吨重的铸件）；二是飞机的叶片（要解决单晶、定向结晶等问题）；三是汽车轻量化问题（用轻金属代替钢铁零部件的铸造问题）。当时这些都是中国的难题，某些也是世界的难题。柳百成运筹帷幄，将其团队分成三支：一支针对特大铸件；一支针对汽车轻量化问题；一支针对飞机发动机叶片问题。一棒接一棒，坚持几十年，终于取得了许多重要的成果，对国民经济做出了重要贡献，在世界上也拥有了发言权。当时，国内也有兄弟高校开展研发铸造模拟及相应软件，但由于个别教授认为："要把软件拿到工厂去接受考验、完善，太浪费时间了，风险特别大。万一有问题，一时不能解决，被企业揪住不放，岂不是把绞索套在自己脖子上，形成吃力不讨好？"结果，有些高校研发的铸造软件，成了"中看不中用"的样子货。不奋力解决国民经济重大难题，而企图走捷径，单纯发表几篇论文了事，错失了为国家经济转型换代，做出重大贡献的良机。柳百成由于选择了较正确的科研道路，坚持不懈、死死咬定青山不放松，不断探索、不断学习、不断积累、不断实践、不断拓展，几十年后，终于取得累累硕果。

铸造建模与仿真技术刚起步，要推广软件，首先要得到工厂的认可和支持，消除工厂技术人员和工人的疑虑。刚开始，柳百成一到工厂，就有人提出："你们是仿真，还是仿假？影响铸造质量的因素几十上百个，光靠计算机建模仿真，就能解决铸造技术难题？"当时，在中国，计算机还远未普及，要让传统铸造行业的领导、技术人员与工人突破思维定势，接受他们从未接触过、从未听说过的新兴的信息化科学技术——计算机建模与仿真，绝非易事。为了在工厂解决铸造计算机软件的应用问题，需要做大量说服、示范和培训工作。柳百成一方面要在团队内鼓舞士气，指导他们不畏艰险研究新兴科学技术融合创新，使新开发的软件不断改进、完善，提升软件功能，尽可能满足工厂需要。另一方面，他还积极主动向工厂宣传，使他们了解铸造界世界科技发展的全新形势，要具有紧迫感，敢于做第一个吃螃蟹的人。为此，柳百成几年间跑遍了几十个工厂，苦口婆心地反复宣讲、示范铸造模拟仿真技术的重要性和可行性，使他们充分认识到：①铸造过程与信息化结合是科技发展的必然趋势，早觉悟、早上马、早受益。②搞计算机建模仿真技术非常不易，它牵涉先进、深奥的数理化理论和现代计算机等新的理论与技术，必须要走产、学、研相结合的道路。一定要从生产实际出发，发挥高校、研究院所的理论和数学特长，发挥学科交叉优势，才能共同解决铸造业发展的重大技术难题。③模拟仿真软件仍需要结合具体工厂的实践，不断改进、完善、发展，才能更有成效。总之，工厂、高校和科研院所应紧密团结合作，拧成一股绳，劲往一处使，才能使高新技术与传统铸造技术紧密结合，落地生根，开花结果，共同为我国的铸造行业的技术进步，做出较大贡献。

1997—2000年，当时汽车制造业正在我国迅猛发展，柳百成与吴浚郊教授对准中国汽车发动机的关键铸造技术，初试牛刀，高质量地完成国家自然科学基金会与美国福特汽车公司联合资助的"中国－福特基金"项目——"发动机铸件的模拟仿真及质量控制"课题。研制过程中，福特汽车公司多次派技术中心资深研究员J. Allison（后聘为教授）前来检查研究进度和成果，经过多次、详细深入的考察，他十分赞赏和高度评价了清华的出色工作。课题结束时，给予了"优秀"的结论。因此，清华成了少数几个再次获得"中国－福特基金"第二期科研项目的资助单位。其间，柳百成和吴浚郊教授多次赴美国福特汽车公司技术中心汇报、交流研究进展。从此，柳百成和福特汽车公司技术中心建立了更为持久、相互信任、紧密结合的科研合作关系。项目结题后，双方更加了解尊重、相互学习、交流频繁，延续了半个世纪。每逢柳百成及其团队访问底特律，J. Allison教授和福特技术中心的李梅博士总要邀请他们去访问技术中心，交流铸造先进技术的发展趋势及各自的研究进展。同时，他们也多次应柳百成邀请访问清华，或参加柳百成在国内主持召开的国际学术会议，做学术报告。水乳交融、相互启发、双双共赢，共同推进了汽车铸件轻量化及铸造建模与仿真等高新技术的发展，也增进了彼此的友谊。

清华开发的《铸造之星》软件在实践中多次成功地得到应用，先后在60多个单位推广，大大增强了博士生学习掌握高深尖端科学技术、提高科研能力和解决国民经济重大问题的信心，增强了责任心与荣誉感。博士生们接受国家重点课题的委任，学习综合尖端新科技，开辟新道路，重任在肩，意气风发，斗志昂扬。周末、节假日，不少研究生往往都志愿加班，你追我赶，发现新问题，提出新见解，共同研究，推进了铸造事业迈上新台阶。实验室里经常是一片繁忙、热火朝天、欣欣向荣的景象。

春华秋实结硕果　　建模仿真显奇功

有了好的软件，就要面向国家重大需求，不断为工厂解决铸造难题。《铸造之星》软件必须在初步成功的基础上，进一步在实战中接受考验，不断在生产实际中针对问题，修改、补充、创新、完善。柳百成先后带领年轻教师、博士生，年复一年地跑遍全国重点铸造厂，推广运用先进

图 11-1　2008 年赴宜昌长江三峡水电站考察水轮机转轮问题
（左为柳百成）

的建模仿真技术，解决中国重型装备制造业面临的重大实际铸造难题，在为国铸重器方面，佳音频传，取得了一系列丰硕成果。例如，我国长江三峡工程第一期、第二期工程共装了26台机组，其中水轮机转轮、不锈钢叶片等大型关键铸件全部依赖进口，国际市场更是奇货可居，垄断价格高昂。第三期工程急需6台大型机组关键的不锈钢叶片铸件。为此，国务院领导专门批示：这种受制于人的情况再也不能继续下去了。

柳百成急国家所急，联合我国一重、二重集团，到处奔走、请战，争取国内自主研发、试制这些大型不锈钢叶片等铸件。最后，专家们的热情与企业勇于担当的精神，感动了长江三峡办公室，批准由全国著名的重型企业中国一重集团有限公司（简称中国一重）、中国第二重型机械集团有限公司（简称中国二重）各试制一件大型叶片。叶片铸件重40余吨，曲面结构极其复杂，铸造难度极大。2002年，中国二重与清华合作，采用清华的《铸造之星》软件进行模拟和优化工艺。结果，一次浇注成功，我国自制的第一片三峡水轮机不锈钢叶片铸件，正式通过国务院三峡办、中国机械工业联合会共同组织的鉴定。他们一致认为："该叶片技术资料齐全，采用了计算机等先进技术，符合有关技术标准，达到国际同行先进水平。"新华社还专门做了报道，指出："这一成果表明中国民族工业已经打破了国外公司垄断该种叶片核心技术的格局。"

由于解决了三峡工程水轮机大型叶片铸件的难题，柳百成前期工作成绩显著。一大批铸、锻、焊更复杂的大型水轮机关键零部件制造难题亟待解决，柳百成遂被任命为长江三峡水轮机大型铸、锻件攻关专家组组长，全面负责指导重型企业水轮机大型转轮叶片、上冠、下环三个关键铸件的试制和质量攻关任务。这些零部件不仅包括铸造工艺，还包括锻、焊的混合工艺，更加复杂，难度更大。柳百成带领攻关专家组及工作组在两年内先后考察了中国一重、中国二重、鞍钢重型机械有限责任公司（简称鞍钢重机）、大连华锐重工集团股份有限公司（简称大连重工）、共享铸钢有限公司（简称共享铸钢）等大型企业20余次，深入细致地协助指导企业制定和优化铸造工艺等质量攻关方案。最后，圆满完成了长江三峡办委托的攻关任务。中国水利装备的重要大型核心铸、锻、焊零部件卡脖子的制造难题，最终得以顺利解决。既打破了国际垄断，又掌握了先进技术，还为国家节约了大量、当时十分紧缺的外汇。

图11-2 2006年赴鞍钢重机，考察、指导三峡水轮机大型铸件研发（右3：机械工业部原副部长陆燕逊，右2：攻关专家组组长柳百成）

与此同时，四川德阳东方汽轮机厂计划研制新型汽轮机装备，急需42吨重的大型缸体铸钢件。然而，当时工厂的铸造分厂只有30吨容量的电炉，巧妇难为无"炉"之炊！为此，有的技术人员提出"需要新购一台大容量电炉"。当时，谈何容易，需要重新订货、扩建厂房等，时间延迟、费用猛增、远水解不了近渴。又有技术人员提出"小马拉大车"的研制方案，能否利用原有电炉，先熔化30吨钢液浇注，接着熔化第二炉钢液,再补充浇注,以满足铸造42吨大铸钢件的要求。工厂总工程师再三询问:"想法虽好,但要有科学根据,能保证不出废品吗?一定不能冒险蛮干。"工厂技术人员无人敢应答,总工程师考虑再三后,求助清华。柳百成急工厂所急,立即派团队的教师和博士生,乘飞机赶赴工厂,运用《铸造之星》软件,对"小马拉大车"方案,进行细致、反复、全面地模拟分析。用软件模拟30吨电炉熔化的钢水浇注砂型后,再经过20分钟、30分钟、40分钟、50分钟、60分钟、直到120分钟,分别再将第二炉熔化的钢液浇入铸型,预测不同时间段,浇注的铸件是否能很好融合,是否会产生缩孔、缩松、冷隔等缺陷。根据科学精准的要求,反复在计算机上计算、模拟充型、凝固、耦合的过程,结果使柳百成团队信心满满,他们向东方汽轮机厂领导汇报,并在计算机上显示模拟结果。简明扼要地提出了两点科学结论:第一,"小马拉大车"方案是可行的,但它是有条件的。第二,条件是第二炉熔化的钢液必须在第一炉钢水浇入砂型50分钟内,立即将第二炉钢水浇入铸型,才能确保铸件质量。总工程师有了科学论断做支撑,又有先进技术助威,信心倍增,当机立断,批准了这套技术方案。在工厂领导直接指挥下,上下齐心协力,终于将42吨大型缸体一次浇注成功。全厂欢腾雀跃!既顺利完成了任务,更学到了以高科技解决技术难题的本领,这也是产学结合的胜利成果!

接着,安徽马鞍山钢铁公司(简称马钢)从德国引进了全套热轧、冷轧装备流水生产线,它是当时国家解决钢材紧缺的、急需的重点工程。然而,国家外汇奇缺,因而部分装备及重要零部件只能安排在国内制造。其中,大型轧钢机机架铸钢件重218吨,而马钢的铸造厂仅有几十吨的熔炼、铸造能力。原想求助国内重型装备制造厂来铸造。出乎意料,国内具有铸造大型轧钢机机架能力的企业,他们的生产任务早已排满,无力承担。马鞍山钢铁公司陷于困境,急中生智,不得不试探求助于清华铸造研究团队。

图11-3 2004年柳百成赴马鞍山钢铁公司考察特大型轧钢机机架铸件

清华团队初步制定铸造工艺方案,再用《铸造之星》模拟技术,经过反复计算、优化,提出了完整的、保证质量的铸造工艺优化方案。马鞍山钢铁公司采用了这个方案,在炼钢厂旁边新建了简易的、能铸造大铸件的铸造车间。旗开得胜,218吨的特重铸钢机架居然在简陋的车间一次浇注成功!工厂信心大振,一鼓作气,在10个月内,连续浇注成功18台轧钢机机架的巨型铸钢件!解决了国家急需的轧制钢材问题,一个名不见经传的铸造分厂,一跃成为全国著名的大型轧钢机铸造厂。马鞍山钢铁公司新引进的轧钢流水线也开始大显身手,为国家生产急需的轧钢材料。从此,清华的建模仿真铸造软件《铸造之星》,在重型机械企业声名鹊起,蜚声全国铸造界。

接着,1997—2001年,柳百成率领他的团队再攀高峰,完成"国家攀登计划"预选项目"金属材料热成形过程动态模拟及组织性能质量的优化控制"中的 3 项铸造模拟子课题，进一步深入探索用模拟仿真技术研究铸件组织控制对铸件性能的影响。1998 年，为更好地完成国家任务，柳百成积极协助组织项目组（机械科学研究总院）的研究骨干一行 7 人，赴美国考察材料科学加工建模与仿真技术研究进展及发展趋势。他不仅担任考察团副团长，而且兼任翻译，任务繁重。他们首访华盛顿美国国家科学基金会，接着一路往西，访问了密歇根大学、爱荷华大学、西北大学等多所大学及科研院所，交流学习，启迪了思路、开阔了眼界、找到了差距，收获颇丰，为高质量完成"国家攀登计划"科研任务，奠定了坚实基础。

交叉学科强心针　模拟仿真攀峰行

《铸造之星》在实践中不断完善和改进，特别得益于多学科交叉的发展。有位博士生接受一项新课题，要对中国一汽集团的先进铸造技术——压力铸造镁合金铸件的充型、凝固过程进行模拟仿真，以提高铸件的质量，减轻铸件重量。其中必须解决压力铸造的模具问题。这种方法是一种崭新的铸造方法，不再采用砂型铸造，而采用金属模具铸造，难度更大，需要在计算机上对铸造金属模具数千万个计算单元进行模拟计算，才能解决压力铸件模具的新难题，此方法可使汽车铸造零件更加轻量化、节约能源、友好环境。如果进行模拟计算，仅靠一台微型计算机，需要花费几个月时间，这是工厂无法接受的，研究生也无法按时毕业，柳百成和博士生都十分着急，真是焦头烂额，无所适从！正巧，柳百成在校园里散步，碰到了计算机系的李三立院士（三立院士不幸于 2022 年去世），三立院士和柳百成曾是 1951 年一起从上海来清华上学的老同学，也是清华的老同事。三立院士高兴地聊起他最新研发的计算机"并行计算"技术①，可大大提高计算机的运算速度和处理能力。然而很遗憾，一直没有找到合适的课题和人员来利用这项新技术。柳百成一听，正中下怀，真是"众里寻他千百度，蓦然回首，那人却在灯火阑珊处！"柳百成马上派研究生与李三立院士的团队合作，采用他们新开发出来的"并行计算"。这项新技术犹如一剂强心针，起死回生，立即见效，大大提高了运算速度和处理能力，而且便于工业运用。很快攻克了压力铸造模具模拟复杂技术的难关，成为第一个将"并行计算技术"用于铸造过程模拟仿真领域的成功案例，确实发挥了清华学科交叉、优势互补的重要作用。

1995年，清华自动化系吴澄院士和李伯虎院士团队承担国家科委"并行工程"项目的重大课题，项目要求必须结合工程应用。柳百成自告奋勇请战，承担了其中"铸造CAD/CAE技术在军用某导弹镁合金舱体铸件的研发"课题。他带领团队采用清华自主研发的铸造CAD/CAE系统，对镁合金复杂舱体铸件，精心进行工艺优化，铸件质量明显提高，充分发挥了校内外学科交叉的优势，解决了国防制造急需的技术难题。1999年，"并行工程"项目获国家教委科技进步奖二等奖。

铸造及凝固过程计算机建模与仿真技术，取得一系列理论与技术突破，培养了一批多学科交融的新型人才，为国家节约了大量的资金和外汇，为我国重型装备制造业升级换代夯实了坚实基础，也登上了国际铸造学术界平台。2002年，柳百成领导团队的"砂型铸造过程数值模拟研究开发与工程应用"项目，获北京市科技进步奖二等奖。

---

① 并行计算：过去，大规模的模拟计算，仅靠一台微型计算机无法完成。采用"并行计算"新技术，可将数台微型计算机并联起来进行计算，大大缩短计算时间。

仿真解铸造难题　理论创新需先行

　　数名博士生及一批青年教师,一棒又一棒、接力地进行交叉学科的潜心研究,与工厂、研究院所通力合作,他们终于突破了重重困难,取得了丰硕成果,在某些方面达到了国际先进水平。柳百成还认为:铸造信息化问题的解决,牵涉许多学科,如传热学、流体力学、材料科学、金属凝固理论、计算图形学、虚拟制造技术等。为了完善发展铸造信息化科学技术,提倡博士生要深入广泛解决工程难题,要在深入学习并掌握这些基础理论的同时,将有关多门新兴学科的理论,针对铸造凝固的问题,融合创新,才能从根本上解决铸造工程难题。因此,在近20年的铸造凝固模拟研发过程中,柳百成不仅强调铸造软件的开发、推广、应用,还特别强调铸造、凝固过程中铸造缺陷预测及铸件性能提高等基础理论研究。在理论上也要不断创新和突破。他鼓励博士生在物理、数学、建模等基础理论及信息技术等交叉学科上,更深入地学习,大胆突破、善于创新。

　　一路走来,柳百成研究团队在铸造建模与仿真理论与技术等多方面有所创新和建树。根据大型铸件充型和凝固过程的不同特点,创造性地分别将流场、温度场的计算采用有限差分法,而在应力分析方面则采用有限元方法进行计算。同时,还将两种方法的计算结果予以相互转化。为此,专门开发了有限差分/有限元转换模型及铸件凝固过程有限差分/有限元集成热应力的分析系统。接着,针对新型球墨铸铁的凝固过程既有膨胀又有收缩的特点,经过理论分析与试验验证结合,建立了球墨铸铁缩孔、缩松的新判据,解决了大型、特大型球墨铸铁铸件的质量问题。模拟的终极目的是要提高铸件性能,而性能决定于微观组织。对铸件结晶过程进行模拟计算则更加复杂，难度大增。宏观模拟的计算单元是毫米级，而微观模拟则是微米或纳米级，大大增加了计算量。为此，他们提出建立两套网格计算新方法。在宏观模拟基础上，选择影响性能的关键部位进行微观网格模拟分析、预测组织和性能，取得了理论上的创新成果。

结合当时国家重点工程的紧迫需求，专门对特大型（几十吨到几百吨重）铸钢锭的宏观偏析进行建模与预测缺陷。在企业的大力支持下，专门浇注了世界上从未有过的36吨重的铸钢锭，并进行了全部解剖和成分分析，建立了碳、硫和其他合金元素的分布状态图，成为世界铸造界建模预测大型宏观偏析的重要判据。又针对我国尚不能制造飞机发动机叶片的难题，专门联合研究院、企业，研究开发了航空发动机叶片定向凝固及单晶生长的关键技术。总之，做到了在前人的基础上，既对铸造凝固过程做出了较全面的、多学科理论的综合应用，又更广泛地结合国民经济的重大技术需求，用信息化技术改造和提升了铸造行业，也为世界铸造与凝固过程的建模理论与模拟技术增光添彩，做出了新贡献。1998年，柳百成和他的团队的最新研究成果"铸件充型凝固过程的数值模拟研究"，获国家教委科技进步奖（基础类）一等奖。2001年，他们将以上研究成果编著成书，出版了第一本国内有较高水平的、信息化铸造凝固专著——《铸造工程的模拟仿真与质量控制》，供全国铸造行业科技人员及研究生研究应用。

"院士"权当集合号　奋力攀峰不停歇

由于柳百成在科研创新及对国民经济发展的重要贡献，特别是将信息技术与传统铸造行业深度融合，开辟了一个崭新的科技领域，对中国铸造产业的发展做出了重要贡献，1999年柳百成当选为中国工程院院士。

2002年，又因持续的新贡献，获第四届"光华工程科技奖"，由中国工程院的宋健院长及钱正瑛院士在人民大会堂为柳百成颁奖。荣誉接踵而至，柳百成并未感到自己个人如何荣耀，而是认为改革开放的大好时机为自己学术发展提供了重要条件。首先，"文革"结束，改革开放伟大时代的到来，重心转移，大搞经济建设，急需发挥知识分子的作用，自己又第一批被选送赴美深造，扩宽了眼界，有了向世界先进科学技术学习的机会，为他的学术人生带来了根本转折。其次，他有幸遇到了世界信息化改造传统制造产业的新高潮，启迪、扩展了他开辟铸造建模仿真新领域的新思路，揭开了铸造事业信息化的新篇章。再次，迎来了中华腾飞的新时代，改革开放国内建设突飞猛进，装备制造业的大发展急需特大型和精密的铸件，为他施展抱负提供了契机。最后，团队的精诚团结，青年人不断注入科学的青春创造活力，与新的科技结合，更使他如虎添翼。正是天时地利人和，才有了用武之地，报国有门。

图11-4　2006年，在韩国国际材料亚洲学术会议上做大会主旨报告

经过 20 多年的艰苦努力，铸造过程建模与仿真技术得以发展，奇葩异朵，终获绽放。在国外做学术报告时，国际同行看到中国的铸造过程建模与仿真技术的飞速发展，在不长的时间里取得理论的突破和实践的进展，都惊诧不已。柳百成从不认为自己有什么了不起，而是时代、人民、祖国、团队为他提供了条件。获得了"院士"称号，荣誉是祖国人民对柳百成和他的团队过去工作的肯定和奖励，是一种特殊意义的、新时代的"集合号"。

当院士德学并举　身体力行德为先

针对国内曾一度出现的"院士热"，柳百成一贯认为院士绝非万能，更非事事精通，仅仅只在某个领域有所长而已，一贯反对吹捧盲目崇拜。在参加各类学术及鉴定等会议上，坚持实事求是，力戒浮夸。针对国内的某些吹牛虚夸的歪风，身体力行加以反对。凡与自己专业无关的各种成果鉴定会、各式推荐信、建立院士工作站等要求，他都一概拒绝。他参加专业的鉴定会，或写推荐信，坚持严格把关，不得任意拔高，什么"国际领先""首创""打破世界纪录"等，都需严格有事实、实验的佐证，绝不让他人越俎代庖，胡吹乱捧，仅签字、拿红包了事。

柳百成还认为自己应为国家守住科技底线，必须严格履行院士职责和社会义务，绝不拿中国学者的信誉、尊严做交易，败坏社会学术风气。有一年，在中国工程院评审新院士会上，有一位候选人在申报材料上居然说自己完成了数十万字的一部有关铸造新技术的专著。柳百成是这一领域的专家，根本不知此人的贡献，立即打电话给该专著的另两位副主编核对。两位副主编回复，该候选人一字未写，只是为此书资助出版及参加开会而已。柳百成在第一轮评审会上，实事求是地做了介绍，绝不容许以金钱交换科学名誉的丑恶现象存在，这位弄虚作假者，就此名落孙山。

当了院士，经常要与国内外团队合作，柳百成曾研究和华中科技大学、上海交通大学合作，承担"难加工航空零件的数字化制造基础研究（2011—2015）"等3项国家重点基础研究项目子课题，以及国家自然科学重大基金项目子课题"支持产品创新的零件精确成形过程多学科模拟仿真"等项目以及工厂企业合作。柳百成对研究团队再三强调，与兄弟院校企业合作，不争经费、不争名次、不按资排辈、发扬风格、重在参与、多做贡献。他们在航空发动机高温合金单晶叶片的建模与仿真研究，镁、铝合金压力铸造等精确成型过程的建模与仿真研究，特大铸件及铸锭的偏析建模与仿真研究等方面，都与合作者建立了良好而持久的亲密关系，取得了很好的成绩。在项目结题评审时，获得"优秀"评价，以对为国家做出杰出贡献而自豪。

2011年及2015年，柳百成先后获中国机械工程学会"中国铸造杰出贡献奖"及"中国铸造终身成就奖"，是国内铸造界第一位获得该两项奖的学者。在2015年颁奖典礼上，颁奖词写道："您以独到的创新思维，将传统的铸造技术与当代科学技术相结合，实现铸造技术理论的跨越发展。"这些优异成绩的取得，得益于国际学术交流的启发，更是站在前人的肩膀上，奋力创新，做出了自己的新贡献，为世界铸造的建模与仿真技术注入新活力，也为柳百成的学术生涯奠定了又一个重要的里程碑。

随着时代的飞速发展，柳百成清醒地认识到，领奖之时，成功就已成为过去。放眼世界，竞争更加激烈，我国的制造业与世界先进制造业还存在巨大差距，许多关键、精密零部件我们还不能制造，无论是软硬件基础理论还是技术均离国际一流有很大差距。要成为世界一流制造强国，尚需几代人继续顽强拼搏，步步紧跟、突破，一步都不能落后。不管今后再遇到怎样的艰难险阻，祖国人民的支持和期盼，永远是他们前进的强大动力！

图 11-5　2015 年获中国机械工程学会"中国铸造终身成就奖"
（右 2：柳百成）

后继者青胜于蓝　芳华尽显创辉煌

柳百成不仅自己走上国际讲台，更鼓励年轻教师甚至研究生走向国际大讲台。清华团队的研究成果在许多国际学术会议上获得高度评价。

2017 年，柳百成及清华团队的沈厚发教授应邀赴英国参加第七届国际凝固过程会议，做主题报告："特大型钢锭宏观偏析多尺度、多组元数值模拟研究"。为了模拟重达 400 吨的特大型铸钢锭凝固过程及宏观偏析，他带领博士生，产学研结合，首次在工厂浇注了 36 吨重的钢锭，并进行了全部解剖，截取了 1800 多个试样的数据，编制了钢锭的碳、硫及其他合金元素的偏析状态图。在试验研究的基础上，建立了多尺度宏观偏析的数学模型，成功预测了 400 吨重的大铸钢锭，多包浇注新工艺的宏观模拟结果。这样的特大型铸钢锭，这样大规模、深入的模拟与仿真研究，这样成功地从生产中获取式样，模拟仿真，并建立软件获得验证在铸造发展史上实属罕见，震惊了中外专家学者。会后，一些国外研究宏观偏析的专家，更以清华提出和建立的偏析状态图，来验证他们模型、算法的正确性。

2017年，在美国召开的"世界第三届集成计算材料工程会议"上，柳百成带领团队的年轻教师及5位研究生参加会议。清华提供了6篇研究报告，其中5篇报告由年轻研究生登台宣讲，成绩骄人，深得国际同行的赞叹。在会议闭幕的宴会上，柳百成专门宴请清华团队的年轻教师和研究生，许多国家的研究生十分羡慕，纷纷前来围桌祝贺。他们既祝贺清华铸造团队取得的卓有成效的科研成果，也羡慕清华团队亲如一家的师生情谊。

图11-6　2017年赴美国参加国际学术会议和团队老师及研究生合影
（前左2：柳百成）

2018年，柳百成和团队年轻的许庆彦教授，共同赴英参加"中－英钢研究国际会议"，做了"镍基高温合金燃气轮机叶片定向凝固多尺度建模与仿真"的大会主旨报告。同年，许庆彦教授负责的该项目的研究成果获北京市科技进步奖一等奖。

几十年来，柳百成带领的团队发表了一大批重要的学术论文，受到国际学术界一致好评。柳百成先后在国内外主持召开了多次国际学术会议，在国际学术界已占有一席之地。柳百成团队的一批年轻教师、博士生纷纷登上重要的国际学术会议，做大会主旨报告或邀请报告。他鼓励年轻教师、博士研究生出国宣读学术论文，既扩大了他们的国际视野，也大长了他们的志气，更增添了作为中国青年科技专家的责任感和成就感。

图 11-7　2011 年在清华主持召开"数字化设计与制造"国际高端学术会议（右 7：中国工程院周济院长，右 6：清华大学陈吉宁副校长，右 5：柳百成）

几十年后，不少博士在回忆当年这段艰辛的创业历程时，都带着钦佩和感激之情，畅谈了在清华为发展祖国铸造业那段刻骨铭心、不可忘怀的奋斗史。回忆柳老师的创新开拓的勇气、坚强的信心、精密的策划，他们深受鼓舞和教育。这种奋勇向前、百折不挠的意志，一直引领和激励着他们。后来，在他们自己科研开发的新征途中，传承清华精神，坚持创新，勇于担当，奋勇跨越人生历程的转折点，为国家做出新贡献。现任北京航空发动机材料研究院副总工程师，2017年及2018年国家科技进步奖二等奖两次获得者，当年柳百成的博士生，李嘉荣在回忆中写道："20世纪90年代以来，柳先生高瞻远瞩，解放思想，克服条件及技术等方面的困难，带领研究团队解决了多项技术难题，突破了多个关键技术，在铸造凝固过程数值模拟方面取得显著成就，培养了大批人才，为国家做出了很大贡献。从铸造合金研究发展到铸造凝固过程数值模拟研究，显示出了柳先生敢于挑战、勇于创新的胆略和魄力，在铸造凝固过程数值模拟研究方面取得公认的成就，体现了先生创新的高超的科研能力和水平。柳先生敢于挑战、勇于创新、善于创新的思想和工作方法对我影响很大。"

柳百成和他的团队，不管遇到任何困难，都始终坚持大方向不变、知识流不断，研究生培养采取"接力棒""串糖葫芦"的方式，把创新铸造凝固及建模理论和国民经济重大需求作为主攻方向。目标清晰、宁静致远、埋头苦干、顽强拼搏，甘愿坐冷板凳，耗得起岁月，韶华似水，青丝染霜。50年持之以恒，在理论和实践上不断积累、突破、创新，终于干成一件利国利民的大事！

本章参考文献：

[1] 柳百成. 柳百成院士科研文选[M]. 北京：清华大学出版社，2003.

[2] 柳百成. 铸件凝固过程的宏观与微观模拟研究进展 [J]. 中国工程科学，2000, 9:29-37.

[3] 柳百成，荆涛. 铸造工程的模拟仿真与质量控制 [M]. 北京：机械工业出版社，2001.

[4] 柳百成. 铸造过程的数值模拟研究：改造传统产业的必由之路 [M]// 攀登与奉献编委会. 攀登与奉献，清华大学科技五十年（上册）. 北京：清华大学出版社，2001: 226-231.

[5] 柳百成. 21世纪的材料成形加工基础与科学 [R]. 第184次香山科学会议总评述报告，2008.

[6] 金莹莹. 打开铸造业"另一只眼"：专访中国铸造工艺与设备专家柳百成院士 [M]//"创新中国"，2009年创刊珍藏版，共和国骄子专题：56-67.

[7] 柳百成. 培养杰出创新人才"两策"：增加基础研究投入 营造宽松学术氛围 [M]// 百名专家谈人才,中共中央组织部人才工作局,北京：党建读物出版社，2012.

[8] 李嘉荣. 教书育人，勇攀科技高峰 [M]// 柳百成院士科研文选，北京：清华大学出版社，2003: 537-539.

第十二章
形势严峻制造业　战略科学家对接

国有急需不容辞　跃马挥鞭应战急

1999年，柳百成当选院士不久，社会上关于中国工业向何处去，制造业向何处去，有着明显的意见分歧和激烈的争论。国内有些人根据《第三次浪潮》和《大趋势》等一些未来学的畅销书籍，认为："所有创造财富的资源中，知识可以取代其他资源，知识是取代自然资源的替代品""目前有两种经济，一种是朝阳经济，另一种是夕阳经济""多数产业已成夕阳产业，矿业、铁路、钢铁已被新技术革命所淘汰"等。有人甚至提出中国可以甩掉夕阳工业，直接快步向朝阳工业过渡。听起来，这些论断很新颖、富有"前瞻性"，但由于对国情的失察，对制造业的一知半解，（有可能）导致中国制造业，特别是装备制造业等实体经济严重被忽视、被边缘化的危险。

21世纪的中国工业化，特别是装备制造业，应该走什么道路，如何发展？这可是关系中国工业化发展的战略方向，关系十多亿人民生死存亡的大问题。以原中国工程院院长宋建，时任中国工程院院长徐匡迪、副院长朱高峰为代表的工程院领导和一些工程科学家们，对此深感忧虑。当时，我国制造业虽取得了巨大成绩，但只是制造大国，然而绝非强国。其中装备制造业与高新制造业的技术及装备还十分薄弱，产品多在中低端徘徊,既不能满足国内需求,更缺乏国际竞争力,远未形成完整的、现代化的制造业体系。

形势严峻,还在于:由于新一轮的科学技术革命正在兴起,信息化技术突飞猛进、一日千里,工业发达国家都在筹谋新的制造业与数字化、智能化的融合,掀起新一轮的技术革命,企图保持引领世界制造业的霸主地位。发展中国家则积极谋划布局,提高制造业融入全球再分工的新体系,承接资本及产业的转移,尽力拓展国际市场空间,提高本国制造业水平。中国的制造业及经济遭受了"双重挤压",形势异常严峻,形成高不成、低不就的局面,前景不容乐观。

2001年,基于上述的认识和忧虑,中国工程院启动了"新世纪如何提高和发展我国制造业"的大型咨询研究项目,由当时中国工程院副院长朱高峰任组长,组织了相关专业的25位两院院士及40多位工程技术、社会科学和管理等方面的专家,经一年多的考察、调研、讨论,出版了《全球化时代的中国制造》的咨询研究报告。柳百成有幸参加了这项咨询研究项目,特别参加了其中"我国制造业现状"课题的研究。虽然是刚刚涉足新领域的一般成员,他以满腔的热情和学习的态度积极投入,深入了解中国制造业的状况和问题。参加调研后,一些情况使他大吃一惊。过去,自己偏于搞铸造业先进技术研发的具体业务,虽然也取得了一些成绩,但对国家整体制造业,从未做过深入、全面、认真的了解。作为某些工程技术领域国家顶级的科学家,必须跳出单纯、具体的战术研究业务框框,应义不容辞勇挑重担、敢于担当、登高望远,协助党和政府做好制造业长期发展的战略咨询和顶层设计。柳百成义无反顾,转变角色,以70多岁的高龄,从具体工程技术专家,向战略科学家转轨,从铸造专业向制造业全面转轨。这是一次更高、更艰巨的挑战和飞跃，对制造业大局而言，知识的匮乏、眼界的局限首当其冲，面对新任务，他急需一切从头学起！

从此，柳百成的书架上、计算机里，增加了大量有关世界工业发达国家，特别是美国有关制造业发展历史、趋势和战略研究的书籍及文件与信息。在关键时刻，他下定决心，拓宽视野，把铸造建模与仿真的部分研究转给了他的年轻助手和团队，自己为振兴中国的制造业尽最后一把力。他把主要精力投入对世界各国如何提升装备制造业，如何重振国力的调查研究、比较分析和综合思索中。他发挥自己的优势，重点研究美国制造业的发展，美国制造业高层出台的决策、白宫发布的最新研究报告，穿过互联网，常常当天一早就出现在他的计算机屏幕上，查阅资料往往也是最新的。他以对国家制造业发展前景勇于担当的抱负，从国情出发，实事求是、脚踏实地、勇敢地投入新的征途中。

编科技发展战略　谋划制造业发展

2003年，在国务院总理温家宝组长的领导下，共组织了科技、经济和管理等各方面的2000多位专家，参与撰写《国家中长期科技发展战略研究报告》。其中，第三课题"制造业发展科技问题研究"，由工程院徐匡迪院长亲自挂帅任组长，邀请柳百成全身心地投入，协助编制这项总的战略研究，并兼任其中第七分课题"机械制造工艺中共性技术研究"组组长。同时，工程院还要求他积极协助综合组组长朱高峰副院长，汇总、编纂第三课题的全面工作，任务十分繁重。这项战略研究，注重从世界科技发展趋势出发，结合我国制造业发展的实际，为制定规划纲要，提供战略咨询建议。因此，研究编写制造业的科技发展战略研究报告，要实事求是，并具有前瞻性、科学性和可行性，把国家制造业置于世界发展的大格局中，不断求得发展壮大，达到世界先进水平。

柳百成和朱高峰副院长同为清华校友，1951年一起从上海来清华上大学。柳百成当选院士后，曾于2001年随朱高峰副院长组团，赴南美四国考察、讲学，和他有过多次合作与交往，相互配合默契，合作十分愉悦。

图12-1 2001年中国工程院组团访问墨西哥工程院
（右4：朱高峰副院长，左4：柳百成）

这次，综合组负责将各分组的研究报告进行综合概括，要求既实事求是，又高瞻远瞩，需站在世界发展前沿、国家层面，面向未来、考虑全局，注意排除各分组间不同形式的本位主义和小团体主义的干扰。最后，综合组完成的战略研究总报告，要上报国务院批准，认真实施。柳百成从未干过全国性的、涵盖面如此宽阔、牵涉成千上万产业门类的战略研究，重任在身，必须兢兢业业、如履薄冰，从头学起。柳百成不顾自己的年龄，东南西北飞来往去，下工厂搞调研；参加各层次的会议，听汇报；发扬科学民主,找短板、广集思;掌握世界最新制造业发展动态,借经验、拓眼界;力争所做研究报告既适合国情,又抓住要害。希望在全国人民的共同努力下,经过艰苦奋斗,能将中国的制造业尽快做大、做强,提升产业结构,逐步跃居世界制造业前列。这真是世纪难题!然而,一想到今天能通过自己这一代人的亲手规划来实现中国制造业的跃迁,实现人民百多年的梦想,增强国力重振中华,改善人民生活,前景灿烂辉煌,参与这样史无前例的大手笔规划,怎能不心潮澎湃、热血沸腾呢?

研究工作开展不久,国务院领导小组主持会议,要听取、检查各课题组的阶段性工作进展情况。不巧,徐匡迪、朱高峰两位院长均出差在外,临时委托柳百成前去汇报。柳百成发挥熟悉计算机与制造业的特长,做了精心准备,亲自制作了有丰富内容的视频PPT报告,详细地介绍了世界主要国家制造业科技发展的大趋势、我国制造业现存的短板及问题、建设制造强国的路线及设想。由于视野广阔、经验丰富、观点比较正确、材料新颖扎实、思路清晰、视频显示、色彩丰富、动静结合,富有说服力,汇报获得领导小组赞赏和充分肯定,会后,徐匡迪、朱高峰两位院长都十分满意。从此,就将第三组更多的研究、编撰任务放手委托给百成,由他独立担当,全面负责。国务院领导小组经常要求各课题组部分骨干,集中一段时间,有时长达数周,驻守北京会议中心开会、研究、交流、讨论、撰写报告。柳百成是第三课题大组的主要骨干,也成为驻守会议中心的常客,他更加努力,力求出色完成任务。

经过一年多的奋战,终于有了阶段研究成果,各课题研究组分别要向科技部领导与国务委员陈至立汇报。徐匡迪院长就指定由柳百成前去汇报。柳百成对国内外制造业情况熟悉、思路清晰,准备的材料新颖、图文并茂,汇报效果甚佳,获得国务院领导的充分肯定。

最后，由柳百成协助朱高峰副院长组织十多位院士、专家共同编写、完成了第三课题"制造业发展科技问题研究"。报告初步总结了世界制造科技发展四大趋势，即绿色制造、与高新技术相互融合、信息技术与制造技术深度融合、极端条件下的制造。报告提出了中国制造业发展的思路及战略重点，规划了制造业科技发展战略的3个重点领域、24项优先主题及8项重大专项。研究报告为我国制造业快步赶上世界先进水平，绘制了新的初步蓝图，为推进中国制造业发展指明了方向。

2004年，各课题组要向国务院总理温家宝直接汇报。徐匡迪院长亲自组织柳百成等几位院士、专家，在原有报告的基础上，对PPT（演示文件）进行润色加工，结合中国实际、重点更加突出具体，力求有声有色、图文并茂、动静结合，更具说服力。柳百成等几位院士、专家，陪同徐匡迪院长，赴中南海参加国务院汇报会。徐匡迪院长做了全面精彩的汇报，并回答了有关问题，温家宝总理非常满意。这份报告就成了2004年出版的《国家中长期科学和技术发展规划战略研究报告》简版的重要组成部分。这份研究报告和后来柳百成他们编制的《装备制造业自主创新研究》，都认为：中国制造业的现代化规模宏大、复杂，应有长远观点，实施起来必须加强领导，应建立专门、强有力、统一的领导机构，才能真正实现制造业由大变强。这为后来成立工业与信息化部起到了催生和铺垫的重要作用,更为制定"中国制造2025"打下了坚实的科学、技术基础。

一年多，柳百成在工程院徐匡迪院长和朱高峰副院长的直接领导下，不仅出色地完成了国家重任，而且学习、提高了从事战略研究的能力和方法，更可贵的是，从他们身上学到了高瞻远瞩、世界性的开阔视野，实事求是严谨的科学作风。这些品德和学识使柳百成终身受益。

再接再厉深耕耘　绘制造业新前景

从 2005 年开始，中国工程院为了进一步落实国家中长期科学和技术发展规划中有关制造业的发展战略，深感装备制造业的创新严重不足，还停留在模仿阶段，是影响我国制造业发展的"牛鼻子"，只有抓住它，找到解决办法异军突起，能生产具有创新思维的产品，才有可能把中国的制造业真正搞上去，推动经济持续飞跃发展。为此，该年 9 月，专门启动了"装备制造业自主创新战略研究"项目，由徐匡迪院长亲自挂帅担任组长。邬贺铨副院长和柳百成院士分别担任项目组副组长，同时分别兼任综合组组长及副组长，全面负责及汇总各分课题的研究报告。柳百成还同时兼任"装备制造业共性基础技术及元器件自主创新战略研究"（装备制造业共性基础技术部分）分课题组长。由于多年奋战在先进制造业战略研究及科研、生产研究的第一线，柳百成对国内外制造业情况熟悉，知识面相对广阔，思路清晰，具有全局观点，善于团结各学科的专家，充分发挥他们的积极性，富有凝聚力。同时，他还敢于直言，提出过一些真知灼见，深受工程院领导重视。他既要负责起草"装备制造业自主创新战略研究"的综合报告，还要起草"制造业共性技术及元器件自主创新"分课题的研究报告，双重研究课题和起草任务都落在他头上，任务显得十分繁重，压力极大。

在广泛调查研究、听取意见中，专家们普遍认为我国装备制造业创新乏力，体制方面问题较多，与过去的一些政策措施失当有关。装备制造业的核心技术创新严重不足，关键共性技术缺位，造成整个国家技术创新及转化机制不健全、空壳化。许多专家认为：过去撤销部属研究型的大院大所，是弊多利少，牺牲了国家制造业各部门的关键、共性技术创新转化平台,去搞小单位的创收,是目光短浅、缺乏技术转化认识的错误做法。柳百成在综合报告中实事求是地反映了上述意见,指出应认真吸取教训,加强制造部门关键技术创新化平台的建设,并发表了相关文章。他负责汇总、撰写综合报告,经徐匡迪院长多次组织讨论后,最后定稿。2007年,正式出版了富有新意的、大部头的《装备制造业自主创新战略研究》一书,为后来启动"制造强国战略研究"等咨询项目,进一步提供了指导思想和丰富的材料佐证。

启动"中国制造2025" 老骥奋蹄志千里

2013年,作为国家工程科技智库,中国工程院深感我国制造业大而不强,严重制约了国民经济的进一步发展和创新,开始启动"制造强国战略研究(一期)"项目,继续深入、系统地研究,如何具体实施,将中国制造业做大做强。由工程院新院长周济亲任组长,朱高峰、柳百成等几位院士、专家任副组长,共组织50多位院士、100多名专家参加,是一项规模更加宏大的、更深入的、全国性的制造业战略发展研究工程。

2014年1月,项目组正式向国务院领导汇报研究报告,建议举全国之力,实施《中国制造2025》行动纲领。国务院马凯副总理亲自带队,带领发改委、工信部、科技部等有关部委领导,到工程院听取汇报。周济院长做了详细汇报,朱高峰和柳百成等几位院士、专家做了补充发言。报告明确指出,中国是制造大国,而远非制造强国。特别是创新能力薄弱,根据世界银行发布的全球创新能力指数(global innovation index),中国排在第20~30位(目前已上升到第15位),与大国地位极不相符。同时,制造业中的关键、核心技术,与发达国家的差距更加明显。例如,我们的民用航空发动机、高档数控机床、工业机器人、高端芯片等,以及高端关键装备和零部件,根本不能制造,仍严重依赖进口,如果国外某些国家断了我们关键产品的来源,我们的制造业将陷于结构性危机,严重拖累中国经济的发展。汇报的思路清晰、实事求是,马凯副总理深表满意。他指出:要成为制造强国必须有几项重要标志。例如,一是航空发动机会不会制造,二是高端芯片能不能自主生产,三是高端数控机床能不能替代进口等。最后,责成由工信部负责牵头,联合发改委、科技部及国务院有关部门,起草制定"中国制造2025",明确追赶目标并具体付诸实施。工程院参加"制造强国战略研究"项目组的成员,也都全部转入、参与工信部牵头起草的"中国制造2025"。

为配合"中国制造2025",更全面地向先进制造强国借鉴、学习,柳百成自告奋勇组织团队,和林忠钦、卢秉恒院士等专家一行7人,专门赴美国国家先进制造业办公室、新建立的创新研究院等单位,进行细致、深入的考察,学习借鉴他们发展制造业的经验教训。回国后,积极

图12-2 2015年访问美国"先进制造国家计划办公室"
(右7:柳百成,左5:卢秉恒)

向工程院及工信部汇报了美国为了重振先进制造业，建立"制造业创新研究院"的进展情况。柳百成领衔撰写的考察报告，正式上报国务院有关领导，获得赞赏和充分肯定，（详见第十三章）。

2015年5月，国务院正式颁布"中国制造2025"，成为当时我国制造业由大变强发展战略的纲领性文件。"中国制造2025"的总目标就是要把中国的制造业由大变强，最终建成制造强国。文件实事求是地提出分三步走的奋斗目标：第一步，2025年进入世界制造强国行列；第二步，2035年达到世界制造强国阵营的中等水平；第三步，2045年（或建国100周年）进入世界制造强国前列。为保证有效实施"中国制造2025"，又进一步聚焦、实施"五大工程"：即创新体系工程、工业强基工程、智能制造工程、绿色制造工程、高端装备工程，以智能制造为主攻方向。文件成为当时中国制造业发展由大变强、追赶国际先进水平的指路明灯，它反映了我国专家学者在探索中国制造业转型升级，步步深入的历程。在国内外引起强烈反响，对我国制造业的发展具有重要的指导作用。

图12-3　2015年，在深圳"中国制造2025"国际论坛上，做"中国制造2025"的主旨报告

2014年年初，在向马凯副总理汇报时，大家还一致认为中国制造业不强，除了创新能力薄弱，还突出地表现为关键、核心和基础技术薄弱。连一些高端机械的精密螺丝钉、齿轮、材料等也达不到规范，何谈高端的工作母机、控制系统了！基础不牢，地动山摇！为此，工程院又专门成立了"工业强基战略研究"项目组，路甬祥院士自告奋勇，亲自出任项目组长，柳百成担任其中第二分组组长，负责"加强先进基础工艺发展战略研究"，并出版了有关工业强基的系统书籍和文章。

为此，国务院专门成立了国家制造强国建设领导小组，由当时的国务院副总理马凯任组长。同年8月，又专门成立了国家制造强国建设战略咨询委员会，聘请著名制造及管理专家45人为咨询委员，由路甬祥院士担任主任。柳百成也由工程院提名，被聘为战略咨询委员，连任两届，任职至2023年。这既是崇高的荣誉，更是巨大的责任。

"中国制造2025"的公布、开始实施，引起工业发达国家的高度关注。2019年2月，德国正式发布了"国家工业战略2030"[1]，强调应学习、吸取"中国制造2025"的有关成功经验[2]，针对德国制造业第二次世界大战后工业完全自由发展的缺陷，舆论呼吁应积极学习中国经验，加强德国政府对制造业的总体领导与长远规划。2018年、2019年，美国国家先进制造计划办公室主任、副主任也先后访问中国，专门调研我国新设立的制造创新研究中心的经验。这也从一个侧面说明"中国制造2025"是符合国情的，它的实施有可能大幅度提升中国制造业的创新和竞争能力，开始举步迈入世界先进制造强国行列。

---

[1] 德国工业战略2030——仿效中国模式、德媒，参考消息网站，2019，2: 7.
[2] 工业4.0裹足不前. 德国《商报》, 2019, 12: 9;《参考消息》, 2019: 12-23.

图 12-4　2016 年，在制造强国建设专家论坛，做"提升工业强基创新能力"的邀请报告

柳百成主持"加强先进基础工艺发展战略研究"课题，许多行业及工厂企业都想提升自己紧缺的基础技术，纷至沓来请求帮助，解决它们的具体技术难题。这样目标分散、千头万绪地解决工厂的具体技术问题，既不能集中力量解决制造业、前瞻性的重大技术难题，也使国家资金、人力分散，握不紧拳头，难于干大事。柳百成再三强调应按照"关键、共性、需国家层面支持"的原则，"要有所为、有所不为"，要实行"凝练、聚焦"的策略，集中发展关键新技术，才能指导中国制造业全面飞跃，而不能按各行业、各工厂，以其所需，解决某具体工艺与设备的难题。不能不分轻重缓急，"碎片化""分散化""齐头并进""各行其事"地全面铺开，导致"只捞芝麻，却丢了西瓜"的结果。几经协商，柳百成和院士、专家们将全国十几个主要行业提出的数十上百项基础工艺，经过综合、凝练、梳理，形成了装备制造基础、电子制造基础、钢铁和有色金属流程基础、化工流程、纺织流程等 14 项关键基础制造工艺。同时，还提出针对重点和急需的新兴行业，相应建设一批非营利、跨学科、为全行业服

务，由产学研联盟组成的关键基础工艺的创新平台或国家制造业创新中心等若干项政策建议，以加速国家整体关键基础工艺的研发。

"工业强基战略研究"的研究成果，为全面实施"工业强基工程"（聚焦基础零部件、基础材料、先进基础工艺、产业技术基础，简称"四基"，现已扩展为"五基"，增加了工业软件），对制造业加强基础建设，推动重点产业的发展起到了重要的战略咨询指导作用。

图 12-5　在数字化设计与制造创新联盟成立会议上讲话

柳百成担任战略咨询委员后，主动要求参加"创新体系建设"及"工业强基"咨询小组的工作，并任"工业强基"咨询小组组长，积极参与建设"轻量化材料与工艺""智能传感器"等多所制造业创新中心成立的研讨和论证会议，竭尽全力促进国家制造创新中心的建设。2018年，他和李培根、丁汉院士一起共同筹备、组建，在武汉成立了"数字化设计与制造创新中心"，并担任数字化设计与制造创新联盟专家委员会主任。接着2019年，在武汉总部领导下，又积极协助在北京成立了

"北京中心"。他极力推荐年轻学者担任主任、副主任，自己退居幕后仅挂名担任名誉主任，让年轻一代学者发挥更大的作用。

图 12-6　2019 年，国家数字化设计与制造中心北京中心成立会议
（前中：柳百成）

2015—2018 年，柳百成多次在德国、日本、韩国等国际会议及多个全国性制造业战略研讨会上，宣讲"中国制造 2025"，做有关"加强工业基础、提高创新能力"的报告。他再三强调：万丈高楼，不可能建在沙滩上，"工业基础牢，则制造业强"。有了先进强大的的基础工艺和设备，我们才能制造出高质量的零部件，才能装配成世界一流的高端制造设备，形成世界高水平的先进制造业。

近 20 年来，柳百成积极参与制造业的科技发展及制造强国发展战略研究，这也成了他学术生涯的又一个新的里程碑。他把一生都献给了中国的制造业，从初步迈入，到步步深入，和许多专家、学者、团队一起，奋战 20 年，初步找到了中国铸造业起飞的钥匙。继而，他又以 70 多岁的高龄，在整体制造业升级换代的关键时刻，响应国家号召，投身到国家制造业的战略规划中，奋力学习不熟悉、不了解的知识，克服重重困难，又艰苦奋斗了20年，在工信部与工程院领导下，和许多专家学者一起，参加"国家中长期科技发展规划战略研究""制造业科学技术问题研究""装备制造业自主创新研究"，编制"中国制造2025"及"工业强基战略研究"。参与国家制造业的战略发展研究及具体实施,殚精竭虑，呕心沥血，尽了一个学者应尽的义务，终于看到中国制造业能够攀登世界制造业高峰的曙光。真是"筚路蓝缕，玉汝于成"[①]。

本章参考文献：

[1] 朱高峰，郭重庆，等．全球化时代的中国制造[M]．北京：社会科学文献出版社，2003.

[2] 国家中长期科学和技术发展规划领导小组办公室．国家中长期科学和技术发展规划战略研究报告（简版），2004.

[3] 装备制造业自主创新战略研究项目组．装备制造业自主创新战略研究[M]．北京：高等教育出版社，2007: 5, 25, 458.

[4] 中国制造2025．国务院关于印发《中国制造2025》的通知，2015-5-19，国发【2015】28号．

[5] 王鹏，等．兴国之器：中国制造2025[M]．北京：机械工业出版社，2016.

[6] 辛国斌．图解中国制造2025[M]．北京：人民邮电出版社，2017.

[7] 柳百成．加快改变共性技术研发缺位现象[J]．中国电子报，

---

① 筚路蓝缕，玉汝于成：《左传》，宣公十二年："筚路蓝缕，以启山林"，意为驾着柴车，穿着破烂的衣服，去开辟山林，几经艰难险阻，十分不易。"玉汝于成"，像打磨璞玉一般，历经困难，多方打磨，耗尽精力，才能成为精彩的玉雕。形容创业艰辛，只有战胜无数艰难困苦，才能获取最后成功。

2016,11:8.

[8] 国家制造强国建设战略咨询委员会,中国工程院战略咨询中心. 工业强基[M]. 北京:中国工信出版集团,电子工业出版社,2016.

[9] 柳百成.《提升工业基础创新能力》,"2016国家制造强国建设专家论坛:会刊",2016:119-133.

第十三章
八五高龄不辞劳　遍取真经穿九霄

广汲经验兼听明　海纳百川容乃大

2013年，柳百成在参与编制"中国制造2025"前后，美国、德国、英国等先进制造国家也都纷纷出笼了他们在新世纪重振制造业的"再工业化"战略。2011—2014年，美国总统科技顾问委员会针对美国制造业问题，先后出台了三份振兴制造业，克服美国制造业"空心化"的危险处境，以保持美国在世界先进制造业领先地位的重要报告。美国政府进而提出了"先进制造伙伴计划"战略，接着，又建立了由一批制造创新研究院组成的"制造业创新网络"，企图解决基础研究与产业化之间脱节的鸿沟，并夸大地称为"死亡谷"现象。德国是世界一流制造强国，首先提出"工业4.0战略"，以数字化、网络化、智能化为主攻方向，意欲引领世界制造业技术的发展方向。当时，德国"工业4.0"风靡一时，在中国大地上回荡，一些学者仰慕德国的工业成就和发展方向，鼓吹中国应马上学习和实施"工业4.0"，实现"弯道超车"，实施智能化。柳百成和一批专家深感中国与德国制造业的基础差别巨大，它们已是制造强国，基础好、质量优、品牌强。我国虽是制造业大国，但基础弱、质量差、品牌少，要搞智能化，必须结合国情。而且，从世界范围来说，智能化本身还处在一个发展进程中,柳百成多次强调要学习德国"工业4.0",一定要结合国情,不应照搬、照抄德国的具体实施措施,无论材料、仪表、加工工具、工业软件、信息化管理系统,我们都与德国有相当大的差距,不是一朝一夕就能赶上的,有条件的地方可先试点,积累经验,面上不能不顾条件,匆忙行事,那只能欲速则不达。

现在已是经济全球化时代,要建设制造强国,一定要虚心学习研究世界多个工业发达国家的经验和教训,结合中国实际。2014年中国工程院专门组织团队赴德国考察"工业4.0"战略及相关研究机构,获得不小的收获,但也看到中国、德国工业存在的巨大差距。柳百成想德国、美国都是世界制造强国,各有所长,德国的"工业4.0"战略,国内研究的人已不少,但对美国的先进制造业发展战略,知之者甚少,何不利用自己与美国长期合作与学术交流的背景,前往美国深入了解,多方考察其制造业发展的最新计划与措施,取得经验?他自告奋勇,亲自联系美国有关友好人士并组织团队前往美国,实地深入考察"美国先进制造伙伴计划"及"国家制造创新网络",学习借鉴美国重振制造业的经验。

2015年5月,由柳百成组团带队,包括4所著名高校的3位院士及专家,一行7人,赴美国考察两周。他们首先访问了华盛顿附近的美国"先进制造国家计划办公室"(AMNPO),受到热情接待。主任和副主任详细地介绍了"美国先进制造伙伴计划"及"国家制造创新网络"的发展历史与实施情况。从此,柳百成和主任、副主任建立了友好的学术联系,2018年及2019年,专门接待来华访问的主任Molnar先生及副主任Gayle博士,后者还在中国工程院举行了报告会,并做了"制造业——美国"的报告,和国内专家交流了有关制造业创新研究院的创建与运营经验。

继而，赴美代表团又奔赴俄亥俄州的哥伦布市，访问了美国"轻量化材料创新研究院"的主持单位——俄亥俄州立大学及闻名遐迩的"爱迪生焊接研究院"。卢秉恒院士率部分成员，还专程访问了"增材制造创新研究院"。接着，代表团访问了密歇根大学及其迪尔邦分校。在密歇根大学，由参与制定"美国先进制造伙伴计划"的该校主管科研的胡副校长（Jack Hu）接待，亲自介绍"美国先进制造伙伴计划"的形成过程、现状及存在的问题。由于柳百成和福特汽车公司有长期合作关系，代表团还专门赴底特律，访问了保密极严的福特汽车公司的研究与创新中心，他们介绍了福特汽车公司某些最新研究成果及技术转化情况。

图 13-1　2015 年访问美国密歇根大学
（左 4：密歇根大学副校长 Jack Hu，左 6：卢秉恒，右 5：林忠钦，左 5：柳百成）

回国后，柳百成负责撰写了考察报告，总结了几点重要收获及启发：美国的制造业创新发展战略与德国有所不同，他们不仅单纯从技术考虑问题，更从美国技术创新发展的全过程的不足来考虑问题。第一，找到制造业创新的障碍及薄弱环节，以此制定改进措施。这些改进方案不是仅由政府有关部门制定的，而是根据国家科技智囊团——总统科技顾问委员会，为美国总统提出的咨询报告而制定的。充分发挥国家科技智囊团的作用，吸收大学校长、专家、学者、工业界的巨头，共同参加、反复讨论形成的。第二，对先进制造业创新与技术转化存在的问题抓得精准。他们把技术创新的研发过程，科学细致地分为6个阶段，即基础研究、概念验证、实验室试制、原型制造能力、生产能力、生产效率示范。经过细致调研，他们认为：美国的基础研究与技术创新的概念验证，在大学与研究院都很强，处于世界一流，企业的生产能力、生产效率示范在世界上也稳居前列。关键在于第三及第四阶段缺位严重，他们称为科技创新的"死亡谷"，是美国制造业技术创新最薄弱的环节，许多先进技术根本没法在生产中推广应用，达到应有的实际效果。美国制造业出现了"空心化"现象，许多先进重要产品美国自己生产不出来，要依赖国外生产，美国成了世界进口大国，工人失业率高。因此，要集中力量，建设一批独立的"制造创新研究院"，突破发展先进制造业的瓶颈，把先进的科学创新思想，尽快应用到生产实践中去，生产大量有竞争力的一流产品。到2020年，美国已建立了15所创新研究院，其中约1/3聚焦智能制造领域，其他也兼顾先进材料和工艺等领域。第三，制造创新研究院一般设立二元管理机构，即理事会及技术委员会。前者由企业界代表与政府管理人员组成，负责研究和确定课题的立项；而课题的立项审批和技术实施运行，则由专家组成的技术委员会负责，发挥各自特长，又相互制约。第四，制造创新研究院担负四项任务，即竞争前共性技术的研发、非营利性技术转移、成果共享、技术人才的培训①。这些创新的技术转移的新思想，从另一个角度启发了代表团，使代表团眼睛一亮，与中国制造业某些现存的问题，虽然阶段不同、水平各异，却仍具有某些共同之处，大有收获。

回国后，工程院及工信部专门组织了报告会，请柳百成做"美国制造业技术创新考察的总结报告"。报告内容丰富、生动、新颖、针对性强、富启发性，受到工程院及工信部的高度重视和肯定。工程院将考察报告报送国务院有关领导，获得了充分肯定。工信部在制定制造业发展规划中也吸取了美国有关建设制造创新研究院的某些宝贵经验，工信部领导还特别提出，柳百成是国内提出技术创新过程中，对"死亡谷"现象阐述的第一人，对我们克服技术创新的薄弱环节，很有启发。中国电子信息产业发展研究院专门编著了《美国制造创新研究院解读》，全面介绍了美国制造创新研究院的成长和具体内容。接着，柳百成还发表了《制造业共性技术研发缺位》的文章，呼吁社会重视对制造业关键共性技术的研发和转化。

2017年柳百成再度访问美国，又专门赴华盛顿参加了有关美国制造业政策研讨会，继续跟踪美国制造创新研究院的新进展。会后，柳百成将研讨会有关报告迅速反映给国内有关部门，为我国建设制造创新研究中心发挥了重要作用。他还不辞辛苦地参加了国内多个制造创新研究中心成立的研讨和论证会，促进它们的成立和建设。

同时，他还直接参加"数字化设计与制造"创新中心的策划和筹

---

① 人员培训：针对现代科技发展迅速与难度、深度的增加，一些先进的科技在企业中推广实施极其不易，难度越来越大。因此，美国制造创新研究院针对出现的新问题，特别增加先进制造技术应用人才的培训和输送。

建，以 85 岁的高龄，风尘仆仆，亲自调研、积极联系，和华中科技大学合作，联合上海交通大学、浙江大学，以及有关制造企业，建立"数字化设计与制造创新联盟"。2018 年 10 月由工信部批准，在武汉正式成立"国家数字化设计与制造中心"，柳百成担任中心的专家委员会主任。

2003 年以来，柳百成积极参与了中国工程院组织的有关制造业创新的战略咨询研究工作，2013 年又全力参与"制造强国战略研究"及"工程强基战略研究"等咨询工作，积累了相当丰富的经验。近 20 年来，他先后在国内调研考察过百多个工厂、高校、科研院所，对国内制造业的发展脉络了然于心。他多次访问考察美国、德国、英国、日本、韩国等的先进制造企业，参加过数十次制造业先进技术和创新的国际学术会议。他对世界制造业发展大局有所了解，又注意结合国情，进行了较深入的比较研究，逐渐形成了自己的独特见解。他长期参与国家先进制造业发展战略研究，能站在国家整体高度，为国家先进制造业的发展建言献策，提出了一些有针对性的真知灼见和有效的对策，初步完成了从专业科技专家到战略科学技术家的转变。

解读"中国制造 2025" 做好国内外宣讲

"中国制造 2025"的颁布，一时成为世界制造业的热门话题，引起世界制造业甚至整个产业界的震惊和轰动。不少发展中国家热衷于向中国学习，欲借鉴中国发展制造业的成功经验，跃上新台阶。但是，也有一些工业发达国家对"中国制造 2025"心怀疑虑，担心被赶超、被边缘化。2015 年，在韩国召开的国际学术会议，柳百成做了大会主旨报告后，一位韩国代表忧心忡忡地向柳百成探问："你们过去进口我们的大型铸、锻件，现在成了制造强国，你们都能制造了，我们怎么办？"柳百成风趣而巧妙地回答他:"你们应该更上一层楼,发挥你们的优势,造出更高端的产品啊!"不少国家代表听了比较信服,并解除了某些顾虑,认识到科学技术发展的洪流滚滚向前,谁也挡不住,各国都应发挥自己的优势,尽其所长、力争上游、优势互补、相互支持、合作互赢,共同推动世界科技和经济大踏步前进、造福人类。

2015—2017年,美国、英国、德国、日本、韩国等制造强国的代表纷至沓来,想深入了解有关"中国制造2025"的背景及目标等问题。柳百成参与接待的任务陡增,他外语应对自如,口才较好,富有幽默感。因此,每逢工程院有接待与"中国制造2025"有关的外国代表团,或有关制造业发展的出访组团考察任务时,柳百成便成了主要成员之一。一位工程院领导甚至开玩笑对他说:"您成了解读'制造强国发展战略'的形象大使了。"

2015—2018年,他频繁参与工程院接待外宾,积极参加中-德、中-美、中-英、中-日-韩等各类重要制造业发展的国际专业学术会议。出访国外调研10多次,做大会主旨或邀请报告20多次。他马不停蹄地在几十万千米的范围内,来回奔波,飞来往去,亲自准备图文并茂的PPT外文讲稿及视频。再加上亲自精心制定出访计划、路程安排,一切都亲力亲为从不假手他人,不能不说,对一位80多岁高龄的老人已是一种超高负荷的运转了。

以2015年为例,3月,在清华大学参加"中-英制造业学术研讨会";7月,在深圳参加"中国制造2025"国际会议,并做主旨报告;10月,在韩国参加国家工程院建院20周年庆祝活动暨国际学术会议;11月,在武汉参加"中-日-韩先进制造国际研讨会";12月,在工程院参加"中-美机械工程学会报告会",分别做了大会主旨或邀请报告。其中,

10月在韩国国家工程院的国际学术论坛上，做"'中国制造2025'——建设制造强国纲领性指导文件"的大会主旨报告，引起了轰动。韩国各大报纸纷纷刊登附有柳百成大幅照片的专门报道，介绍会议及主旨报告信息。韩国友人戏称："柳教授，您成了我们科技界深受欢迎的明星了！"

图13-2　2015年赴韩国国家工程院"国际学术论坛"，做"中国制造2025"主旨报告

2016年仍是十分繁忙的一年。4月，参加工程院组织的团队，赴韩国考察三星等高技术产业。不幸在这次考察中，柳百成一不小心，左手臂摔伤、骨折，回国后被迫休息。人们都说："伤筋动骨，百日休。"柳百成由于预先已定好的各种会议，不便推辞，不到一月，他就戴着绷带，出席了5月12日在工程院召开的"中－德－美智能制造高端研讨会"。针对国际上对"中国制造2025"，强调自主创新，不再需要国际合作的担心，专门做了"'中国制造2025'与国际合作"的邀请报告。他再三强调：全球化时代，永远需要国际合作和交流，各发挥所长，共同繁荣世界制造业。5月20日，又在北京"第11届中－美工程技术讨论会——

创新与智能制造论坛"上做了有关制造业发展战略的大会主旨报告，随即又参加中国工程院"中－德－美智能制造高端研讨会"。5月25日，为庆祝航空材料研究院建院60周年又做了主旨报告。演讲毕，直接赶往机场，奔赴上海，为26日召开的"第四届先进制造大会"做特邀报告，真是马不停蹄。11月，应华为集团邀请，赴日本参加"国际结构技术高峰会议"，做大会主旨报告。12月8日，赴南京在"世界智能制造大会"做"数字化设计与制造是智能制造过程关键技术"邀请报告。同月，参加工程院组织的团队，赴德国参加主题为"制造业数字转型：进步与解决方案"中－德国际会议，并实地考察智能制造企业等。访问和报告一个接一个，根本谈不上养伤、休息、调整。

图13-3 2016年12月，赴南京"世界智能制造"大会做邀请报告

在此期间，由于柳百成在铸造凝固过程建模与仿真方面的学术成就，还频繁地受到国际学术会议的邀请，需不断分身参加国际有关专业的学术会议，或被聘任为国际会议学术委员会成员，或做大会主旨及邀请报告。2017年7月，赴法国波尔多参加国际会议，宣读学术论文。接着，

又赴英国参加"第7届国际凝固过程会议",做有关"大型铸钢锭宏观偏析建模与仿真"的主旨报告。8月赴青岛参加"第7届国际钢铁模拟仿真会议"。同月,又参加在北京举行的"第10届环太平铸造及凝固模拟会议",由于柳百成长期担任该会议国际委员会委员,获该会议颁发的"杰出贡献奖"。11月,赴上海参加"2017创新与新兴产业发展国际会议",接着,柳百成又在"中-德制造数字化转型"分论坛上,做"数字设计与制造是智能制造的关键基础技术"主题报告,并主持讨论会。强调智能化不能一蹴而就,首先要建立数字化设计与制造的技术基础,使人们对制造业的智能化有了更清晰、全面的认识。

图 13-4　2018 年,赴英国"中-英钢铁研究"学术会议,做航空发动机单晶叶片凝固过程建模与仿真的主旨报告

2018 年 5 月,赴安徽参加"2018 世界制造业大会智能制造发展论坛",做主旨报告,再次呼吁大家当前更应对智能制造工程的关键基础技术——数字化设计与制造,给予足够的重视,没有数字化的坚实基础,智能化只会成为海市蜃楼。7 月,赴英国参加"中-英钢铁研究"学术

会议，做"航空发动机单晶叶片凝固过程建模与仿真"主旨报告。9月，参加北京召开的"国际先进制造会议"，做"发展智能制造－建设制造强国"主旨报告。10月，赴德国参加"中－德制造业数字化转型会议"，做"建模与仿真是智能制造的关键技术"大会主旨报告，并主持讨论会。为了准备这些报告，他真的做到了废寝忘食的程度，忙得不亦乐乎！

　　据不完全统计，柳百成多年来出国访问、参观考察、参加国际学术会议将近100次，访问过30多个国家和地区。

　　除此之外，他还要频繁接受邀请，参加国内各种重要会议，讲课或做报告，宣讲解读有关制造强国发展战略研究进展，2015—2018年，共讲课和做会议报告50余场，参加各种咨询会议及活动80余次。以2016年为例，7月，在人民大会堂召开的"第二届中国制造高峰论坛"，做"强化基础、支撑自主创新"主旨报告；9月，在由国家制造强国建设战略咨询委员会主办的"2016国家制造强国建设专家论坛"，做"提升工业基础创新能力"的主旨报告。同月，在工信部、新华社领导下，由新华社《财经国家周刊》等单位联合主办的"2016第二届'中国制造2025'与'工业4.0'全球年会"上，柳百成做了"基于网络的数字设计与制造"主旨报告等。

　　此外，他一直认为青年是中国制造业的生力军，是发展先进制造业的希望所在，要对青少年广泛传播中国制造业发展的重要意义、现状、问题并促使更多有志青年关心制造业并投身制造业，为振兴中国制造业献身。多年来他专门为新疆、西藏、青海及四川等省市优秀少先队队员、北京市部分少先队队员，以及清华大学、浙江大学、西北工业大学、华中科技大学等校的师生，以"制造强国发展战略"为背景，以"顽强拼搏、报效祖国"为主题，结合自己的学术人生道路，为青少年、学生做励志敬业的科普学术讲座十多次。

柳百成参加了这么多会议、考察、研究、做报告、写论文、受采访等，时间紧迫、任务重，对一位80多岁的高龄老人来说，当然有时也会感到疲累，到底年纪不饶人啊！然而，中国制造业的一片璀璨光辉前景总在他前面闪烁。一辈子学制造、教制造、研究制造、规划制造，整整坚持奋斗了60多年，就是为了祖国制造业的强大，为国造重器，还我民族尊严、富我人民生活、强我国防水准。他仿佛看到了中国制造，终将造就一个伟大、富裕、文明的东方强国！数百年来中国几代人梦寐以求的光辉前景，鼓舞着他矢志前进，永不停息。

图13-5　2016年，在中国工程院为新疆、西藏、青海、四川少先队员做"顽强拼搏、报效祖国"的报告（第2排中：柳百成）

2018年9月，柳百成正式办理了"退休"手续，但壮士暮年，"退而不休"，仍雄心不已。他想只要我们善于汲取制造业先进国家的科学技术和管理经验及教训，结合我们的国情，发扬民主，脚踏实地奋力工作，积极拼搏追赶，少来些不切实际的狂言乱语和瞎折腾。建国100周年时，建成制造强国的理想定能实现！每每想到这些，一股强劲的力量从心中升起，工作的责任、工作的激情、工作中的奉献、工作的成就、工作的愉悦，都会促使他青春再现、充满活力，真是老骥伏枥自奋蹄啊！

本章参考文献：

[1] Report to the President：On Ensuring American Leadership in Advanced Manufacturing, PCAST-2011[EB/OL]. Manufacturing USA 网站.

[2] Report to the President: On Capturing Domestic Competitive Advantage in Advanced Manufacturing, 2012[EB/OL]. Manufacturing USA 网站.

[3] Report to the President: Accelerating U.S. Advanced Manufacturing, 2014[EB/OL]. Manufacturing USA 网站.

[4] 柳百成. 赴美国考察"国家制造创新网络"及"美国制造创新研究院"报告 [R]. 内部报告，2015.

[5] 中国电子信息产业发展研究院. 美国制造创新研究院解读 [M]. 北京：电子工业出版社，2018.

[6] 柳百成. 加快改变共性技术研发"缺位"现象 [J]. 中国电子报，2016，11: 8.

[7] Securing Advanced Manufacturing in the United States: The Role of Manufacturing USA: Proceedings of a Workshop[M]. National Academies Press, 2017.

[8] 国务院. 国务院关于印发"中国制造2025"的通知 [Z]. 2015-5-19，国发【2015】28号.

第十四章
学术交流重人文　我播你种共绿荫

三十年后谢师情　涌泉相报情谊深

改革开放后，1978年12月柳百成作为第一批访问学者出国留学，到2020年，已40余年了。改革开放，祖国经历了天翻地覆的变化，历史的使命和机遇，使柳百成也由一个大学的普通讲师成长为教授、工程院院士、世界知名的铸造领域学者，进而成为参与制定和实施《中国制造2025》的战略科学家。这40多年来，得益于祖国的培育、团队的帮助、自己的奋斗，更得益于改革开放、与世界交流，各国朋友学者的鼎力相助。放眼看世界，找到了差距、启迪了思路、看准了目标，为改变祖国制造业的落后面貌，为祖国建立先进制造业呕心沥血，尽了赤子之心、绵薄之力。

柳百成认为国际学术交流不仅是单纯的学术往来，更应是人文的交流、文化的借鉴、情感的融合、相互的学习、人民友谊的增进。中国是千年礼仪之邦，讲情义、尊师道、重友情，特别是对帮助过我们的人，我们都会投桃报李，永存感激之心。我们经过奋斗、创新的成果，也应与世界人民共享，共同繁荣科技、增进文明，造福人类。

2009年，柳百成已离开美国威斯康星大学，回国30年了。弹指一挥间，世界发生了巨变，中国改革开放，实现了改天换地、生机勃勃、震惊世界的飞跃！岁月留痕，导师 C. Loper 教授和自己都已进入耄耋之年，老师多次来中国及东亚讲学、参加会议，当时腿脚已行动不便，只能以轮椅代步。柳百成想师生相聚的机会已不会太多了，何不借离校 30 年老师健在之际，搞一个学术研讨会。在各自奋斗取得成绩的基础上，一方面庆祝老师高寿，感谢教诲之恩，在老师欢度晚年之际，向老师汇报；另一方面世界铸造界享有盛名的"威斯康星学派"的弟子们，也可借此机会进行学术交流，探讨世界铸造业发展趋势，增进友谊。作为发起人，柳百成的倡议很快得到世界各国"威派"学子的积极响应，一个以 C. Loper 教授命名的国际铸造学术研讨会于 2009 年 5 月在威斯康星大学所在地——麦迪逊市举行。已退休多年的 C. Loper 教授，完全没有想到 30 年后世界各国的学子们还如此惦念着他，以如此隆重的方式纪念他，格外高兴。更出乎他意料的是，会议的发起人，竟然是中国的柳百成。美国的学子们更积极响应，做了精心的会务筹划。

当年，正值美国禽流感在威斯康星州流行。会议报到时，桌上摆满了各式各样的洗手液、消毒剂以防禽流感病毒，可见形势的严峻。然而，人们不顾禽流感肆虐，仍然从世界各地赶来，可见学子们对这次会议的重视和热心。会议举办了两天，非常成功，大家讨论了铸造发展的大趋势，汇报了各自研究的成果，更研讨了铸造发展的前沿热点——铸造凝固过程建模与仿真的新成果。柳百成汇报了几十年来清华铸造学科的研究成果，做了题为"球墨铸铁铸件凝固过程宏观及微观建模研究"的报告。由于成果突出，成绩卓著，受到广泛赞扬。C. Loper 教授听了更是喜于言表，认为柳百成创造性地将铸造科研、生产与信息化深度结合，将其推向新的学科发展前沿，值得庆幸。他在大会上高声戏称柳百成是他的"China Number One"（中国第一）！这是老师对杰出学生的最大期盼，也是给予柳百成最高的赞誉和鼓励,更是对中国铸造界这几十年巨大飞跃成就的赞扬。

图 14-1　2009 年赴美国麦迪逊参加纪念 C. Loper 教授的国际学术会议,与 C. Loper 教授和夫人再次在麦迪逊合影
（左 2：台湾大学潘永宁教授,右 1：柳百成）

会议抽闲,C. Loper 夫人更拄着拐杖,专门约请学子们的夫人去麦迪逊市特有的工艺厂参观,包括金属、陶瓷、绘画、雕塑、手工编织等美国当代艺术佳品。真是琳琅满目,独具风采,大家饱享眼福,更受到一次生动的艺术和美的熏陶。参观后,又邀学子夫人共进美式午餐,极尽地主之谊,这种尽心尽意的待客精神使大家深受感动。

最后一天,C. Loper 教授和夫人还在家中设烧烤大宴,款待世界各地前来的学子及家人。房间收拾得焕然一新,餐桌上铺上了专门接待贵宾的中国绣花桌布,安放了插满芳香四溢、花团锦簇鲜花的花瓶,全套考究镂空铮亮的餐具,各种水果及自制的各式小点心拼盘,香喷喷的大盆烤肉和名贵美酒,楼上、楼下各房间,更隆重为接待学子开放。当时 C. Loper 夫妇的腿都已不便行走,夫人更是拄着拐杖,艰难地蹒跚前行,亲自在家准备这么丰盛的巨大家宴,需要付出多少劳动、艰辛和爱心,简直不可想象！足见老教授夫妇俩对这次世界各地学子30年后返校、难得聚会的重视，完全像接待远方亲戚一样，倾心竭力、隆重地接待他们这些当年的学子。

这次见面，老师、学生都很开心，其乐融融！老师乐观、豁达、开朗之心依旧，玩笑不断，笑声朗朗。在北美春日室外瑟瑟的寒风中，薄衫短袖傲然挺立，不时来回指挥烧烤，就像当年在教室黑板前忙碌一般，神采奕奕，风姿超绝。这次盛会在学子们心中留下了永远难忘的一页，祝愿老师、师母健康长寿！

不幸，两年后噩耗传来，C. Loper教授离世，再隔一年，师母也驾鹤成仙。"威派"学子都很悲痛。聊以为慰的是，柳百成提议召开的全球"威斯康星学派"的国际铸造学术研讨会能在老师离世前举行。大家都能和老师、师母在生前团聚，共叙师生的深情厚谊，表达了深切的感激之心。大家都称道柳百成的创举和中国尊师重道的精神，赢得了老师和同学们的赞誉，更以中国文化的"软实力"赢得了老师和同学们的心。

伯乐慧眼识人深　德学双馨学无尽

柳百成在麻省理工学院的另一导师M. Flemings教授，是美国材料科学的泰斗、美国科学院与工程院的两院院士，也和柳百成保持了40多年亲密的师生深情厚谊。柳百成当年做访问学者，在麻省理工学院停留学习的时间并不长，只有半年多时间，老师创造性的治学精神和对中国人民的友好情谊，更给柳百成树立了榜样，而柳百成的勤奋、创新和人品，也给老师留下了深刻印象。1982年，柳百成回国不久，就邀请M. Flemings教授及夫人来中国访问。接着，又多次邀请M. Flemings教授前来清华讲学、指导科研。改革开放初期，国内条件并不太好，老师千里迢迢前来清华大学讲学,愿与中国学人分享他创建的"金属凝固理论"。闭关锁国多年,中国的铸造学者很少知道这方面的先进科学技术和理论,全国专家、学者蜂拥而至,老师为他能帮助中国人民而高兴。后来,他又多次来清华大学讲学和指导研究工作,对柳百成的科研进展更是称赞有加,认为柳百成推进了铸造科技的发展,将信息科学引入铸造学科是杰出的创新,对柳百成利用铸造、凝固模拟理论与技术,大大提升了中国的铸造学科的科技水平,还解决了诸多重大的生产问题,更是赞赏不已。

  M. Flemings教授曾两次主动写信给清华大学负责科研的副校长,对柳百成及其领导的团队倍加赞扬。1982年2月8日,他在给清华大学张维副校长的信中写道:"他(柳百成)是一位杰出的、具有个性的学者,我敢肯定他将有一个光辉的学术前程。并将成为你们大学的荣耀。"这时,柳百成返国不久,还未做出重要贡献,M. Flemings教授就已对柳百成的科学前景做出了如此鲜明的预言,足见他这位伯乐独具慧眼,识人之深。2002年,柳百成再次请他来清华指导科研、讲学,返国前夕的11月5日,他又主动写信给王大中校长和负责科研的龚克副校长,对清华大学师生、机械系和柳百成团队的科研工作倍加赞扬。他写道:"在我访问期间,对教师、学生的全面素质印象深刻。我很高兴能对机械系的研究工作有了一个完整的了解。虽然时间短暂,很难对细节做出准确的评价。然而,我能够说,系中的某些工作已达世界水平,这些领域包含生物工程及工艺过程建模与模拟研究。"

  他十分看重柳百成,当好友对待,每年圣诞节、新年,他都主动将自己和夫人制作的两个小女儿的生活照片当贺卡寄来,十多年从不间断。柳百成赠送给他的中国反弹琵琶的丝绸之路的舞者瓷像,他和夫人把它看作最珍贵的礼物,摆在客厅的显眼处。一次,老师来中国,精通中国文化的师母也是大学教授,精心选择了美国仿制的、中国明代青花碎瓷——精致工艺和美式造型相融合的兔形瓷盒、小提琴瓷盒及瓷盘馈赠柳百成夫妇,表示中美文化融合、中美人民友好相处、相互学习交流的历史源远流长,使柳百成夫妇深受感动和教育。

图 14-2 2018 年赴深圳参加国际学术会议与 M. Flemings 教授和夫人合影

2018 年 10 月,M. Flemings 教授应南方科技大学之邀,以 90 岁高龄来深圳参加国际学术会议,做大会主旨报告。他兴奋地早早通知了柳百成,柳百成立即电复老师,到时一定赶赴深圳与老师会面。邀请方得知柳百成也将来深圳拜会老师时,立即也邀请柳百成与老师同台先后做主旨报告。会议上,M. Flemings 教授首先做了第一个主旨报告,柳百成继之做第二个主旨报告。柳百成在报告中,还专门展示了几十年来多次与老师 M. Fleming 教授相聚的珍贵照片及视频,赢得了满堂掌声与喝彩。在会议结束的宴会上,主办方还请柳百成代表大会向 M. Flemings 教授颁发了奖状,这段经历一时被誉为科坛佳话。会议期间,师生除了交谈别后几年的工作和生活，M. Flemings教授及夫人更对中国改革开放以来所取得的成就从心底发出赞叹。师母更将她多年对世界著名的波士顿博物馆珍藏的、有关中国文物的研究著作赠予柳百成，表达她对中华文化的珍重与热爱。当她得知深圳原是一个破落的小渔村，改革开放后国内各地"移民"齐集深圳，以超高速度将其建成了一座享誉世界的、创新蓬勃之都时，他们更是激动钦佩不已。不顾万里飞行、舟车劳顿，刚做完报告就兴致勃勃地请柳百成帮他们联系参观深圳博物馆，要亲眼见识和学习享誉世界的、中国人民特有的、勤劳勇敢与创新的精神。老师和夫人以八九十岁高龄，在如此匆匆的行程中，又插入了对深圳"移民"创造奇迹的研究，反映了老师夫妇几十年如一日对中国人民的热爱与执着，对中国人民几千年辛勤劳动创造光辉历史的尊重。充分体现了美国优秀学者的世界观、道德观和人格魅力，在耄耋之年仍时刻关注世界发展国家人民的进步。中国学者不仅应向各国优秀学者学习他们先进高超的科学技术知识和创新精神，还应学习他们优秀的思想、抱负、品德和世界胸怀，增进与世界人民的友谊与相互了解。

广交朋友深耕耘　学术升华友谊增

柳百成特别重视国际学术交流，除两位导师和威斯康星学派的学人，和美国密歇根大学的倪军教授、李杰教授、J. Allison教授，密苏里大学的蔡海龙教授、爱荷华大学的Beckerman教授、俄亥俄州立大学的罗爱华教授、英国帝国理工学院的Peter Lee教授、莱斯特大学的董洪标教授、日本东北大学的新山英辅教授、韩国延世大学的Chun-Pyo Hong教授、福特汽车公司技术与创新中心的李梅博士、通用汽车公司技术中心的Anil博士等各国著名铸造教授、专家学者等都建立了深厚友谊。柳百成不仅请他们来清华大学讲学，也多次到他们的单位访问、学习、讲学，还派研究生，请他们联合培养。

1986年，柳百成和美国总统奖获得者、密歇根大学的倪军教授，在杭州先进制造技术国际会议上相识。柳百成在会上做主题报告，受到高度赞赏，引起了倪军教授的关注。30多年来，一直和倪军教授保持着联系和个人友谊，2003年柳百成再度访问密歇根大学，倪军教授破例专门邀请柳百成在他家住宿，他和夫人热情接待，享受了特殊待遇，学术交流、开怀畅谈，成为忘年交，收获颇丰。

图14-3　2017年赴美国参加国际学术会议后访问密歇根大学
与倪军教授（左3）及台湾石以明教授（右4）合影

每逢柳百成访问底特律，Allison教授和李梅博士在他访问讲学后，总要宴请招待柳百成，交流学术进展，情景热烈，甚为感动。由于柳百成培养的研究生先后在英国帝国理工学院深造，导师Peter Lee教授对清华大学研究生的学习成就和创新精神甚为满意，也对清华大学的教授格外尊重。因而,每逢柳百成出访英国,也多次被邀请去帝国理工学院讲学、做学术报告。2007年,柳百成专门请他来清华大学讲学一周,他创造性地将高新技术用于研究金属凝固过程,可以直接精确地观察到材料结晶过程剖面的全过程,报告内容十分精彩。柳百成对他的学术研究的创新成果甚是钦佩,也经常在报告中多次引用他的实例,强调创新对推进科研发展的重要意义。一旦在国际会议上相遇,也一定会在会后休息时喝杯咖啡、重叙友谊,深入交换新的研究成果。2019年,Peter Lee教授应邀赴北京理工大学讲学,学校校长也专门邀请柳百成去学校,先后做主旨演讲。会后相聚重逢,更交谈甚欢、惺惺相惜。由于和这批国际一流专家保持了持久的学术交流和个人友谊,受益匪浅。一方面促进了自己学术的不断更新奋进,具有世界眼光;另一方面更加深入了解国外有造诣的专家们不断地创新、锐意进取、辛勤劳动和献身科学的精神,更加尊重钦佩他们。

图14-4 2007年英国帝国理工学院Peter Lee教授(左3)在清华讲学
(左2:柳百成)

图 14-5　2008 年中－美－加三国代表团访问清华大学，
商谈中－美－加三国镁合金国际合作项目
（2 排左 2：Allison 教授，前排左 2：罗爱华教授，
右 3：李梅博士，右 1：柳百成）

柳百成不仅和学者建立了良好、持久的亲密关系，和一般美国民众也建立了深厚的友谊。例如，他在美国做访问学者时，与麦迪逊的房东太太一家也建立了良好的关系，友谊维持达半个世纪之久。1979 年入住房东家，看到她八九岁的小儿子着魔地编制程序，把苹果计算机玩得溜溜转，使柳百成初次认识到计算机有可能改变社会，带来巨大效益，从而萌发了将信息技术与传统产业结合，改造铸造产业的奇想。回国后，历经 20 年的奋斗，梦想成真，开辟了铸造、凝固过程模拟仿真的新领域，做出了突出成绩。2018 年，为纪念改革开放 40 周年，中外媒体大量报道了改革开放中大量选派留学生赴国外科技先进国家，学习科学技术、建设祖国的巨大成就，其中也有不少采访柳百成的视频。2021 年新年之际，柳百成将某些英文视频中有关他的报道，按照惯例，发给了当时他在美国做访问学者时的房东太太作为纪念。其中有关"当年萌发学习计

算机技术，启迪他将信息化与铸造专业结合"的视频，引起了房东太太小儿子的强烈反应。他立即给柳百成发来了电子邮件，他写道："当看到母亲转来的视频，感到真是奇迹！当年作为一个孩子，正为计算机编程的魔力而震惊时，万万想不到，我的计算机也对同在一个屋檐下的中国学者柳百成带来巨大的震撼，成就了他科研、教育的创新事业！至今，我自己仍在利用计算机研究鱼类与野生动物。我现在唯一记得的是，小时候多次享用了你（柳百成）为我们家烹调鲜美无比的中式佳肴。"他特意寄来了全家福照片，以示难忘的友谊和珍贵的计算机情结。划时代的计算机技术革命，居然在中国改革开放之际，奇巧地在北美大陆一栋普通美国的居民楼房里，为美国的孩子与中国当时的访美学者，同时编织了奇妙的科学梦想，开辟了他们崭新的人生道路，也为中、美人民之间带来了持久、特殊的友谊。

组织国际会议多　学术友谊双丰获

40多年来，由于各种机遇、自身的奋斗和特殊的外语条件，柳百成先后受中国工程院、机械工业部、教育部、冶金部、信息工业部、清华大学等单位委派，近100余次赴国外考察调研、参加会议、做学术交流。他多次主持了国际学术会议，在国内外会议上解读中国制造强国的发展战略，做特邀主旨报告，参加各类铸造模拟仿真专业会议，在国外考察、访问及讲学，跨越了6大洲，遍及30多个国家与地区。其中，他先后造访美国近30次、遍访了40多座城市。他应邀在30多所大学讲学，并访问了通用、福特等众多工厂、研究院，从中学习了大量先进的科学技术和生产知识，见识了先进国家的科技管理与创新成果产业化的理念与方法，广交了国际学术界著名的专家、学者，也结识了不少美国的民众，使他的科技眼光更加深邃、胸襟更加广阔、创新及战略研究能力都大有提高，更具有了全新的世界视野。从1986年开始，他连续6次作为中国官方代表参加世界铸造会议，并多次做会议邀请报告。由于中国铸造事业的快速进步，受到世界各国的关注，一些铸造国际会议开始选择在中国举行。1995年10月在北京举行了第61届世界铸造会议，柳百成担任组委会副主席及学术委员会主席。1996年在清华大学主持召开第3届环太平洋国际凝固模拟会议，2006年在北京主持召开第8届国际铸铁科学与工艺会议。2017年，第10届环太平洋国际凝固模拟会议再次在北京举行，由于柳百成的长期积极参与和贡献，该会议还专门为他颁发了"杰出贡献奖"奖状。

图14-6　1992年代表中国参加第57届世界铸造会议
（中为柳百成）

2017年1月8日在人民日报社人民论坛杂志社主办的"第三届海归中国梦年度盛典"上，柳百成以首批访问学者总领队与院士的身份与其他5位著名海归学者、企业家，同获"2017海归中国梦——特别致敬及年度人物"称号,柳百成还在这次"大国复兴与海归梦"的主题会上,做了"顽强拼搏,报效祖国"的发言,受到热烈欢迎。

图 14-7　2019 年中央电视台以"我们一起走过——知识改变命运"为主题,采访柳百成

2018 年及 2019 年,适逢中国改革开放 40 周年和新中国成立 70 周年的重要节日,中国的国力有了巨大增长,制造业更是欣欣向荣,举国一片欢腾。柳百成作为改革开放后第一批赴美留学人员的总领队,也一时成了展示中国改革开放成就的热门代表人物,国内外著名媒体纷至沓来,要求专访、报道、录像者竟达十几家之多。他们要宣传改革开放,大批外派的留学生促进了中国科技的飞跃进步和经济的快速发展,并准备在世界各国报道。为了接待他们,柳百成真是忙得不亦乐乎,然而,他内心平静如水。他很清楚,这绝非自己有什么了不起,而是时代的巨变,改革开放,国家人民需要知识分子,给知识分子报效祖国提供了巨大的机遇,天时、地利、人和,国家快速发展特有的使命,使知识分子发挥了应有的巨大作用。他作为一代知识分子的代表人物,在新中国成立 70 周年与改革开放的 40 年中,在与 14 亿人民共同奋发拼搏创新历史的大潮中,展现出了一朵小小的浪花、奉献了一片赤子心而已。

图 14-8 2019 年中央教育电视台以"归国情 报国心"为主题，采访柳百成

其间，各方媒体大显神通，精心制作了专访柳百成的十余种精彩的视频和文字报道，充分展示了知识分子在改革开放中作为参与者、见证者、奉献者、获益者的重大作用。其中，中央新闻纪录电影制片厂的获奖电影《奋斗时代》在中央教育电视台等《归国情 报国心》《奉献最长情的坚守》《科学中国人——我是科学人》节目中都有突出的视频报道。美国侨报网络平台：《"中国留学生 40 年"之柳百成：新留学潮开启的见证人》、环球人物：《专访首批留美学者总领队》、新清华：《留学岁月照亮我的人生》等更有大篇幅的文字报道，大量详尽地报道了柳百成的成长过程和学术成就，以及报效祖国的初心。这些视频和报道，既成了柳百成一生"国际交流、顽强拼搏、无私奉献、报效祖国"的诠释；也是新中国改革开放，大规模派遣留学生向科技先进的国家学习，竭尽所长，尽快改变祖国落后面貌的真实历史写照，更是对他所代表的一代学人们的鞭策和鼓励。

国际交流"空飞人" 开颅断臂"精气神"

随着国际学术交流频繁,柳百成在世界各地飞来往去,成为名副其实、风尘仆仆的"空中飞人"。对这样一位"80后"的高龄老人,想不付出代价是不可能的。虽历尽艰险,所幸他都安然渡过,毅然继续奋战在制造业科技创新和参与制定中国制造业发展规划的第一线上。

2011年,柳百成随工程院组织的团队赴美国、加拿大等国考察。在加拿大上车时,走得太急,一不小心,头碰上了汽车门上的横梁,当时有痛感,但不很严重,柳百成揉了揉,也未当回事,随团继续前行考察。几天后到达美国波士顿,早晨起床,柳百成的左腿显得十分笨拙,总穿不上外面的长裤,他越急越穿不上,怎么会这样?上午的访问不得不请假了。访问团团长、工程院邬贺铨副院长,发现柳百成走路腿脚不利索,老向左侧一边偏斜,敏锐地感到:"不好!老柳可能出事了!"中午,立刻陪送柳百成去医院检查。去的医院是美国著名的脑科医院,大夫精明能干,检查后,就说:"情况危急!是 Subdural Hematoma(脑膜下血肿),需马上手术。"柳百成因听不懂脑科病的英语医学术语,更不了解此病的危急。就问医生能否保守治疗?隔天就可回国了。大夫斩钉截铁地说:"不行。"柳百成无奈,当机立断,一切听从医生的意见。邬副院长知道后,更果断决定,留下工程院、国际局的康金城同志陪伴柳百成治疗,其余团员继续按计划结束访问回国。

柳百成立即被推入手术室,全身麻醉,钻开颅骨,将脑膜下淤积的血块吸出,医生医术高超,妙手回春,又是华裔,更是精心。术后柳百成很快苏醒,一切思维、记忆、语言、行动如常,医生和陪同人员皆大欢喜。数日后再用钛钉将钻下的、小块头盖骨重新复位。两周多的康复、精心疗养期间，驻美大使馆专门派人前来波士顿问候，同事精心照顾，在波士顿的清华大学学生更是雪中送炭，百般照应。柳百成康复很快，不仅未留下任何后遗症，而且很快恢复正常。真是不幸中的万幸！

术后，柳百成也为昂贵的医疗费用担心，工程院周济院长专门打来长途电话，亲切问候病情，同时告知："一切费用，由工程院负责，不用担心。"好在柳百成考虑比较周到，出国前自己花了几百元人民币，买了国外某保险公司的国外旅行、疾病相关的医疗保险。虽然这次医疗费用高达5万余美元，但经过保险公司严格审核，完全符合规定，最后全部由国外保险公司负责赔偿，国家和个人都未花一分钱，一时传为美谈。回国后，许多将要出国的年长院士，纷纷前来找柳百成取经，在哪家保险公司可以办理这样的出国旅行、医疗并举的保险，既保安全，又全部减免医疗费用。

柳百成从住院手术到基本康复，可以坐飞机回国，在波士顿停留将近12天。其间，柳百成对美国医院及医疗条件也有所了解。美国医院设施及环境十分先进和优越，外科医生医术高超，护士护理周到。医院以抢救病人为先，不用先交钱才能治病。柳百成手术后，才将医疗保险公司单据给了医院，一切有关费用等事项就由医院和保险公司直接联系，出院时不用交钱就能走人。

柳百成回国后经短期休养，立即恢复工作，权把这次遇险当成了人生又一次闯险过关的丰富阅历。每次在工程院开会，见到邬贺铨副院长，柳百成都一再由衷感谢他的远见卓识和果断决策。同时，也与精心看护他的康金城同志建立了亲密友谊，经常见面，互致问候。

"祸不单行"，2016年4月，柳百成随中国工程院组织的团队，赴韩国参加"中－韩智能制造研讨会"，以及考察三星等高新企业。韩国代表要给柳百成摄影留念，因距离太近，柳百成不经意地向后退了一步，不小心从一米高的平台落下，左胳膊受伤。立即去医院就诊，结果是左手腕骨骨折，上了夹板，回国后需继续休养。5月12日，受伤仅一个多月，未完全复原，因事先早已安排了一系列的会议，手臂还裹着绷带，带着伤，柳百成仍匆匆地赶赴早已答应的中国工程院"中－德－美智能制造高端研讨会"；5月20日，参加在北京举行的"第11届中－美工程技术讨论会——创新与智能制造论坛"；5月25日，参加航空材料研究院建院60周年院庆大会，演讲、做报告；演讲毕，又马不停蹄直接赶往机场，飞往上海，为26日召开的"第四届先进制造大会"做特邀报告。他总认为：一息尚存，无碍大事，就应精神抖擞，努力奋斗。航空材料研究院的负责人和柳百成在那里工作的研究生，以及上海会议的主办人，听说了他的病情，都钦佩不已，表示要向老一代科学家学习奋斗不止的精神，称他为"精气神"。现在看来，频繁的国际、国内学术交流是好事，但对高龄老年人来说，却也带来了一定的高风险，应更加注意才是。

转眼间，半个世纪过去了，风雨中的中国成长了、富有了、强大了。柳百成和中国成长起来的一代知识分子一样，立足中国，走向世界，参与了世界科技发展，向世界优秀科学文化学习，努力吸取精华，与广大人民结合，奋力改变了中国制造业的落后面貌。在其中，拓宽了视野、增长了智慧、培育了才干和勇气，知道了什么是世界的新高度，什么是世界的新科学、文化，什么是我们的差距，也找到了追赶之路，具有了与时俱进的世界视野。作为一个人数最多的大国、一个历史悠久延续不断的伟大民族、世界第二大经济体、世界最大的发展中国家，在民族复兴的关键时刻，理应牢记世界人民对我们的帮助，知恩图报，应更加勇于担当，互助共赢，尽量把自己的事情办好，为推进祖国繁荣发展做出更大的贡献，也应反馈世界人民，为世界发展增光添彩。

本章参考文献：

[1] 王伶羽. 柳百成：新留学潮开启的见证者 [M]//1978—2018 中国留学生的四十年. 香港：香港中国旅游出版社，2019: 14−19.

[2] 张丹丹，陈霖. 专访首批留美学者总领队 [J]. 环球人物，2018 (19): 54−59.

[3] 曲田. 柳百成：留学岁月照亮我的人生 [N]. 新清华，2018−12−21.

第十五章
教书育人一甲子　桃李芬芳满园春

时光如梭，弹指一挥间，60年匆匆而过，柳百成由一名清华学子变成了白发苍苍的老教授、院士，培育了成百上千的莘莘学子，其中的甜酸苦辣千般味，永远值得回味。十年树木、百年树人，国之脊梁更需精心培育，这些年他是怎样付出的？又是怎样为人师的？

突破禁锢闯新路　"杯桶之道"有深悟

1955年，柳百成大学刚毕业就接受了留校任教的任务，分配他给下一班五年学制的铸七班（1957年毕业）同学，教新课"特种铸造"。由于柳百成所在的铸五班是四年制，根本就没学过什么"特种铸造"课，也不知道"特种铸造"课应包括哪些内容。如何当教师，教好课？他心中忐忑不安，实在是赶鸭子上架。当时，任务就是战斗岗位，必须服从命令听指挥，圆满完成任务。柳百成立即投入战斗，开始备课，跑遍图书馆把所有有关特种铸造的英文、俄文书籍和杂志统统都借了来（当时尚无中文教材），读了个遍。逐渐发现了问题，苏联的"特种铸造"的某些理论和技术远远落后于英国、美国等工业发达国家。当时全面学苏联"一边倒"，不能讲美国、英国等"资本主义国家"的先进技术。即使要讲，占课时多少分量，应如何掌握？心中无底，搞不好就成了"崇洋媚外"的政治问题。柳百成斟酌再三，认为：中国要建设强国，就一定要掌握世界上最先进的科学技术。他想方设法，做了点"技术处理"，不讲是源于哪个国家的技术，只就技术优越论技术，估计也没人细究。一切都是为了学生好、为了国家好，心中有了底气，自然勇气倍增。他就这样大胆地把他当时所能收集到的世界上最新的"特种铸造"科学技术，尽量传授给了学生。

在备课中他认识到收集材料相对容易，要综合零散的材料，分析上升成为简洁扼要、重点突出、富有逻辑系统的教学重点内容，并非易事，需下很大的功夫。他体会到清华大学教师中流传的："要想给学生一杯水，教师就得准备十桶水"的教学之道。为了启迪学生的思想，富于创造性，他不再平铺直叙，"拉洋片式"（放幻灯片）地讲技术，而以发展和动态的观点来研究技术的兴衰和更替，把"特种铸造"技术来龙去脉的演变史讲活了。同学们普遍反映"特种铸造"课讲得活、很精彩，同学们兴趣浓郁、心明眼亮、豁然开朗、信心倍增，学会了站在前人的肩膀上去发明创造。加上柳百成课前备课认真，课上以问题引导出发，重点突出，逻辑性强，大受欢迎。铸七班的同学都很惊讶，比他们高一年级的同学，居然能开出这样精彩的课程，真是心悦诚服。"特种铸造"成了当时系中青年教师首先开出的优秀专业课程，受到学校嘉奖。

实验课别出心裁　　综合大实验精彩

1959年柳百成被当作"新富农"遭到错误批判，被剥夺了讲课的资格，调离了心爱的三尺讲台，下放到实验室，辅导学生的"铸造合金"实验课。过去的实验课都是验证型的，验证课堂上金属学及铸造合金的原理比较零散。每次实验课按照实验大纲，亦步亦趋，学生磨磨实验室早已准备好的标准金属试样,用显微镜对比,分辨金相组织,收获也相对单调肤浅。柳百成到了实验室,和实验员们一起钻研,认为旧有的实验太分散,相对浅薄,对学生的启发不大,培养创新动力不足。他大胆提出改革铸造合金实验课,制定了以解决科研和生产问题为核心的"综合大实验"。这个综合大实验构思新颖、启发性强,需要学生针对科研生产的实际问题,运用金属学及铸造合金原理,独立设计实验、挑选仪器、准备材料、制定实验方案、挑选试样、分析金相组织、整理数据、得出结论、提出改进建议。这种全新的综合性大实验,开启了工科实验课的新思路,大大调动学生学习的积极性与创造性,更符合科研的实践规律,深受学生欢迎,也得到绝大多数教师的赞许。最后,还得到学校教务处的嘉奖,当然是以实验室的名义。柳百成一直相信天生我材必有用,任何时候绝不能甘居平庸、碌碌无为、虚度年华。哪怕从事最细微的小事,也要尽可能把它做得光彩出众。

　　经过几年下放实验室工作,他认真钻研实验技术,掌握了系内外有关的材料分析、检测仪器的使用方法,大大提高了他的动手及分析能力。他还利用业余时间系统地自学了《实验数据分析》《实验设计与方法》《误差理论》《摄影技术》等书籍,补足了过去"只会读书",解决实验实际问题不足的缺陷。匪夷所思的是,改革开放后,作为第一批赴美进修的访问学者,这段在清华大学铸工实验室"被惩罚"的磨炼,居然出人意料地发挥了较大作用,助他一臂之力。使他敢于和善于迅速掌握美国最新的、从未见过的、高难度的材料分析仪器,精准地分析实验结果,为成功地开展科研工作,探索改进球墨铸铁的性能,打下了坚实的实验技术及理论基础。人生低谷困境的体验,未必不是好事,不知不觉中,成了有志攀登高峰者的垫脚石,这就是人生的辩证法。

重视本科生教育　为工程硕士探路

柳百成一贯重视对本科生的教育，认为这是培养高级理工科人才的基石。从他自身的经历出发，当时他上大学时都是名师亲自为学生授课，如力学的杜庆华教授、万家瑾教授铸造合金的王遵明教授、机械零件的郑林庆教授等。他们学识渊博、融贯中西、化繁为简、举一反三，教学各富特色，使学生较快速、深入地直达事物本质，学到认识事物的科学理论与方法；揭示科学理论的奥秘，更受到严格的科学基础训练，自强不息、终身受益。他深感大学本科的教育，在一个人思维最具有创造活力和最能系统有效地吸取新知识时期，接受严密的科学教育，对他的成长具有极其重大的意义。在美国留学期间，更看到名校、名师都亲自为本科生授课，认为这是教师培养新人、承前启后、繁荣科技、提高学校荣誉，不可推卸的责任。

回国后，针对一些教师不愿给本科生开课，只愿搞科研出成果的弊端，他做表率率先走上讲台开课；针对当时研究生的外语水平较低下、与国际接轨存在巨大差距，他决心尽快改变现状，尽快吸取世界先进科技的精华，率先用英语讲授"多元相平衡图""现代材料加工工艺学"等课程。又联合几位资深教授，专门为材料科学与工程系本科一年级的新生，开出全新的、综合性课程——"材料加工工程概论"，希望这些学习材料科学与工程专业的年轻学子，一踏入清华，就能直接接触专业资深教授，尽可能拓宽视野，立志把先进科学技术与中国生产实际结合，提升中国材料加工行业的科技水平。在教学中更注重教书育人，经常以自己在日本帝国主义铁蹄下被压迫的经历和亲历我国与国外科技、经济的巨大差距，激励学生努力创新攀登，兴国爱民，把祖国建设好，立志振兴中华,以实际行动为国争光,为祖国、为世界多做贡献。

1987—1995年,他先后担任全国高校铸造专业教学指导委员会主任,全国高校材料加工专业教学指导委员会副主任,兼铸造学科的教学指导小组组长,主持制定全国铸造学科工程科技人才的培养目标与计划。广泛汲取国际先进科技成果与工程教育经验,建立崭新的教学大纲,指导教学改革、组织编写与世界接轨的新教材,推广先进教学经验。他呕心沥血,为培养全国铸造界的高级科技人才发挥了应有的作用。

图 15-1 1987 年在昆明主持召开的全国铸造教学指导委员会合影
(前排左 6:柳百成)

1978年后,清华恢复招收研究生,开始招收工程类硕士研究生,摸索培养高级技术人才的经验。面对铸造界的实际,工程类的硕士研究生应该如何培养?柳百成主张应面向国民经济主战场,以高新技术改造铸造行业的落后面貌,作为铸造工程类硕士研究生的主要培养目标。他坚持大胆试点,在硕士生学好专业基础课程的基础上,将论文研究课题与国民经济的重大课题结合起来，把工科硕士生摆在国民经济的关键岗位上锻炼，既使国家获益，又使硕士生在实践中得到锻炼提高，让他们在实践中感受到祖国制造业发展与他们息息相关，在祖国建设大潮中，练就真才实学。

柳百成和教研组的一些同事想方设法采取了多种措施，探索培养工程硕士的新方向。

（1）选好研究课题是关键。选题时，一定要有国家重要需求的工程背景，同时也具有较高的科技水平，尽可能为工程硕士生的理论或技术创新长期发展创造条件，不能停留在小打小闹的题目上。

（2）注意提高硕士研究生的理论学术水平，为他们将来进一步发展打好坚实基础。规定硕士生在完成和解决工厂课题任务后，至少要保证回校3个月，或在具有条件、有水平的工厂实验室中，独立进行课题规律性的探索和基础理论与实验研究，总结、提升研究生的科研学术水平，保证论文质量，为他们以后的人生夯实学习和科研基础。

（3）促使硕士研究生认识到他们与祖国制造业同命运、共呼吸。祖国的制造业发展依靠他们，他们的前途发展也依靠祖国制造业的发展壮大。

几年实践下来，工程硕士培养成效明显。这批工程硕士研究生，比较重视国民经济发展中的重大课题，能在铸造行业引进新技术，在改造传统产业中大显身手。同时，他们又有一定的理论基础与发展潜力，很受工厂、企业欢迎。毕业后，去了工业部门或工厂，他们都能独当一面，负责或主持某一方面的科技工作，成为推动当时铸造业升级换代的生力军，工厂企业全新的、得力的技术骨干。1993年，由于培养工程类硕士研究生成绩卓著，他与童本行等几位教授、副教授一起，获北京市高校优秀教学成果奖一等奖。

建模仿真辟新径　严师把关出高徒

1985年，柳百成被正式批准为博士研究生导师，开始指导博士研究生。30多年过去了，已培养了50余名博士研究生，他们中的不少人已成为国内著名大学教授、博导，或在国家工业、军工、地方等部门担任总工程师、主任工程师等要职，开辟了崭新的铸造模拟仿真的全新领域，为国家培养了不少高级科技人才，大大提高了我国的铸造水平。

在研究生眼中，柳百成始终是一位"严师""明师""良师"，柳百成早期的博士生程军做了如下解读：先生是一位名副其实出高徒的"严师"，是一位永葆科技创新领先的"明师"，也是一位识人之异、用人之长的"良师"。

图15-2　2009年在清华大学学术人生讲座和研究生合影
（前排右4：柳百成）

柳百成是位"严"师,"严"在哪里?

(1)胸怀远大理想,爱国爱民为本。作为导师,他不仅传授学生知识、方法,更要教他们做人,做堂堂正正的中国人、对祖国有贡献的人。他经常以自己人生的深切感受告诉研究生,一个人总要以"国为先,民为重""为国家人民做点有益的事情,为国争光,为民谋福"。他经常告诫研究生,在我国科研、经济某些方面还暂时处于落后的情况下,研究生背负着历史的使命、人民的重托,一定要树立远大理想,敢于担当,用我们自己的点滴劳动,使祖国强大、人民幸福。千万别忘了"国家兴亡,匹夫有责"啊!对研究生出国学习,他一直持鼓励态度,但又谆谆叮嘱:"学成要回来,报效祖国啊!"教书育人,更要为中国育人,为振兴中华育人。对研究生出国写推荐信,凡是他了解的研究生,他都实事求是地写。但对那些欲申请绿卡、改变国籍的人,他一概断然拒绝。1978年他刚到美国,有人想劝他留在美国,他谢绝了。他把回清华任教、科研,为国家培养高端人才,振兴中国制造业,作为人生第一重任。有的研究生在国外考虑何去何从时,柳老师的榜样,成了他们选择回国的重要驱动力。

(2)严谨认真,一丝不苟。博士研究生程军写道:"先生对工作非常严谨,不论是学术研究,还是教学工作,每个数据、每个实验、每一堂课总是一丝不苟。严谨来自认真,先生不仅严于律己,而且要求每位学生都要认真,这种讲认真,是一种负责,更是催人上进的无形力量,进而一个又一个高徒脱颖而出,一批又一批高水平的科研成果接踵而至。"[4] 例如,有的研究生为了论文中的实验数据凑成曲线美,把不合自己"理想"的某些实验数据随便丢弃,把较少的数据想当然地连成了

"完美的"曲线。柳百成一定不会放过,穷追为什么这样做?科学一定要尊重事实,舍弃实验数据一定要有科技根据,而且应高度重视"不规则"数据的背后常常可能隐藏着值得关注的新科技问题。对数据不完整的实验结论,他要求一定重新补做实验,实事求是、严谨的科学态度是老师一贯的风格,决不凑合。程军对老师严谨的治学精神记忆犹新,30年后,他已担任了某部、某学院的领导,有了自己的人生新体验,更深有感触地写道:"先生这种严谨的治学精神,也在潜移默化中,长久影响着包括我在内的众多弟子。在高校教学、科研及后来的管理岗位上,我始终把精益求精、严谨认真作为座右铭,尊重事实,注意细节,每一次工作完成中的不足,哪怕是小的欠缺,都会不时勾忆起先生当年的孜孜教诲、身体力行的场景。"

(3)严把论文关。修改论文,提炼结论,是培养研究生的重要环节。培养博士生一定要善始善终,论文一般都要修改两三遍,耗时一两个月。有的研究生总想早一点毕业,对导师的严格要求普遍犯怵,但事后又都反映,在最后冲刺阶段,学习了不少如何提炼科学的思想和方法,更体会了学无止境、精益求精的科学精神,促使论文上了一个大台阶,使自己终身受益。例如,有一位博士研究生,在做铸铁激光表面改性处理的研究时,他实验做得很认真,将显微组织、化学成分和激光扫描速度等参数,总结罗列成好几张大表,看起来琳琅满目、很全面,他自己也很得意。然而,柳百成看了却不很满意,指出博士生的论文绝非简单的罗列数据的实验报告,一定要深入探讨实验数据背后隐藏的规律,找出事物内在关系的"为什么",要有所发现、有所创新。柳百成和他一起深入思考、反复切磋,经过一周多的琢磨和推敲,终于找到了能简明扼要说明激光扫描参数与铸铁组织关系的状态图,首次探索了激光与铸铁作用的内在规律和组织性能的关系，大大提升了论文的创新性。论文和相关文章发表后，引来了国内外研究者的众多好评，在德国著名的《铸造杂志》的年度述评中，获得了高度评价，被世界不少专业杂志引用。这位研究生毕业后，学有所成，对老师当年的严格要求和科学精神的培育，铭刻在心，感激不尽。清华严于治学的科学精神，照耀了他的学术人生，点燃了他不断追求新知，探索前人未走过道路的热望，也成了他后来治学和教育学生的座右铭。

即使对论文文字不通顺、英文提纲写作不规范的论文，也一定要求认真改正，绝不放过。柳百成还将研究生英文摘要中不规范和错误的字句或段落，汇集成册，发给全组研究生认真讨论、分析研究，共同吸取教训。他还亲自讲授英文写作要点，绝不容许"洋泾浜式"的英语出现在清华博士生的论文中。为此，系里很多其他导师指导的博士生，也纷纷前来将他们的英文摘要，请柳百成协助审阅，提出修改意见，精益求精。柳百成把论文修改和提炼，作为对博士生最后把关和上台阶的培养，坚持对他们严格要求，负责到底。在论文修改答辩前夕，也会碰到一些研究生总想交出论文初稿就完事，急于早答辩、早过关、早毕业，不想再花费艰苦的劳动，深入提高了，他们和柳百成之间，有时也"小摩擦"不断。柳百成总是耐心地做说服工作，讲清"行百里者半九十"的道理。指出博士生的论文是他们学术人生道路的重要标志，鼓励研究生在学术人生的关键时刻，坚持奋力拼搏，再上台阶，充分发挥他们潜在的才华，做到"文如其人"，经得起历史的考验，为他们将来的学术人生夯牢坚实的科学基础。

严师出高徒。1985年，柳百成和指导的3位博士生，经过多年共同研究的"特殊条件下铸铁结晶凝固过程的研究"项目，获得了国家教委科技进步奖（基础类）一等奖（详见第十章）。

柳百成是一位明师，"明"在哪里？

驰骋在科学前沿，把握学科发展战略的大方向，如何努力为国家培养杰出的、高层次人才，这是柳百成指导博士研究生以来，日夜思考的重大问题。他认为科学技术之魂在于创新，只有自己身体力行，努力创新，做出榜样，探索前人之未知，才能为指导青年人施展才华创造条件，为他们指明研究课题的战略方向。铸造专业是一个古老传统的专业，长期靠经验来指导生产，如何适应一日千里新的科技革命？如何为国家的经济发展添砖加瓦？必须跟踪前沿、闯新路，走多学科交叉、引进信息化，改造传统产业之路，才能开辟新天地。他决心毅然放弃他已熟悉、已取得显著成绩的铸造合金研究领域，挥师转向世界刚刚起步的、他自己也不熟悉、全新的"铸造凝固宏观、微观建模与仿真"领域进军。程军博士在这方面更是感慨良深。他写道："不论多么复杂的研究工作，到了先生那里，他都能化繁为简、抓住重点，很快取得突破。每一个研究选题，他都能见微知著，很快判断出是否处于学术前沿，并提出从哪里着手开展研究。每一道技术难题，他都能抽丝剥茧，用强大的逻辑分析方法，为你拨云见日，找到攻克的途径。也使我真切体会到这种'大道至简'的工作方法之妙。"

柳百成敢于创新的胆略、善于创新的思维和善于解决问题的方法，给博士研究生们留下了极深刻的印象，成为他们一生的榜样。在大家努力下，经过20多年锲而不舍的艰苦努力，攻克了铸造建模与仿真的新领域，取得了国际先进水平的新成果，在国际材料加工科学领域占有了一席之地，带出了一批敢于创新、勇于攀峰的人才。北京航空材料研究院的副总工程师、多次获国家科技进步奖、柳百成当年的博士研究生李嘉荣写道:"20世纪90年代以来,柳先生高瞻远瞩,解放思想,克服条件以及技术等方面的困难,带领团队解决了多项技术难题,突破了多个关键技术,在铸造凝固过程数值模拟研究方向取得显著成就,培养了大批人才,为国家做出了很大贡献。从铸造合金研究发展到铸造凝固过程数值模拟研究,显示了柳先生敢于挑战、勇于创新的胆略和魄力,体现了柳先生善于创新的、高超的科研能力和水平。"

柳百成是一位"良"师,"良"在何处?

(1)柳百成一贯认为"实践是真知的源泉",培养工程类型博士,不能只停留在书本和理论上,必须引导他们学会为国民经济解决重大科技问题,切忌只愿在机房里"玩"计算机,不愿下工厂,养成空对空、华而不实的作风。由于近年来工科大学生工程知识与实践环节的减少,脱离工程实际的问题更加突出。例如,早年有位博士生,传热学、凝固理论等课程都学得不错,然而,在论文研究中却犯了原则性的错误。把设计铸钢件的冒口,居然设置在型腔的下方,违背了铸钢件的基本补缩原理,闹了个低级错误的大笑话。为此,柳百成下决心要求所有从事铸造及凝固数值模拟的博士生的论文选题,都必须具有重要工程背景,计算、理论假设、结论都要有实验室或工程实验的验证,当然,这就需要研究生付出更大的努力和创造,培育更加严谨的科学作风。

例如,有位博士生的论文题目是:球墨铸铁凝固过程的数值模拟研究。他需要找出克服球墨铸铁件缩孔、缩松等缺陷形成的规律,并开发出保证获得高质量球墨铸铁件的工业软件。他花了整整一年多的时间,在工厂与技术人员、工人合作,开了5次炉、熔炼了8吨铁水,浇注了大量的试块，对试块全部进行解剖、取样、分析，取得了从未有的、丰富的试验数据。进而探索发现了球墨铸铁件的特殊收缩和膨胀的规律，建立了球墨铸铁铸件预测缩孔、缩松的数学模拟模型，首次编制了铸造工程应用软件，能够预测球墨铸铁铸件存在的缩孔、缩松等缺陷，做出了全新的创新成果。他在第61届世界铸造会议上宣读论文时，获得了高度评价。

（2）发扬科学民主。作为研究生的良师，对研究生培养应严字当头，但绝非板起面孔训人，更不是一切导师说了算，研究生围着导师的思想转。而是要创造科学民主的形式和氛围，激发创新思维的碰撞，闯出火花，掀起头脑风暴，激发众多研究生对科学技术创新的热爱和追求，自觉进行更高、更深的创新，成为研究生人生新的奋斗目标。哈尔滨工业大学教授、铸造学科的学术带头人郭景杰博士，回忆当年参加柳百成主持每月一次的博士生学术讨论会时，仍记忆犹新，激情满怀，认为这种科学民主的教学方式，对他帮助很大，终生难忘。他写道："柳先生组织的组内学术讨论会每月举行一次，组内教师和学生都参加，通常由一两名研究生做报告，有时教师也做，内容非常广泛，出国访问、国内会议、课题进展、他人的最新研究成果、突发奇思妙想都有。在报告中和报告后，老师和学生都可随时提问和提出不同看法，进行点评。自己受益匪浅，心情特别愉快。"他还写道："这种讨论会对我的日后工作起到了重要指导作用。我深深地感到这种学术讨论会有许多好处：①它可以激发大家的想象力和创造力。②开阔眼界，增长知识，拓宽思路。③提高了自己的表达和演讲能力。④提高了竞争意识和能力。⑤密切了师生关系。"[7]这说明导师除了严格要求，更要循循善诱，来激发研究生自觉创新研究的积极性，培养健康的、良性的学术竞争环境。师生精诚合作，发扬团队精神，共同推进科技的创新，向祖国人民交出最好的答卷。

图 15-3　2012 年，柳百成和在京研究生春节聚会
（前排中：柳百成）

（3）严慈相济。柳百成对研究生人品、学习要求严格，但对研究生的实际生活和工作困难又很关心、照顾。有一年他去外地开会，专门去棚户区访问了两位研究生的父母和家庭，嘘寒问暖，了解研究生的家庭环境与实际困难，特别受到家长们的欢迎。对确有困难的研究生，他一贯帮助他们排忧解难，给予特殊照顾。有位出身贫困农家的研究生，他的弟弟刚刚被某大学录取为硕士生，就不幸得了癌症，病势凶险。柳百成知道后，每月专门增加他的补助金，把别人送给自己的补品转送给那位博士生的弟弟，尽力帮助他弟弟渡过难关。在众多人士的关怀下，弟弟得到了救治，病愈后重返校园。这位研究生毕业后，多次返校看望老师，表示深切的感谢。他经过多年奋斗取得了优异成绩，获高级工程师称号后又第一个向老师报告。

柳百成不仅关心研究生的学习研究、人品的成长，也关心他们的健康和业余生活，鼓励他们有自己的兴趣爱好，全面发展。每逢节假日，柳百成都会专门筹款，不仅与研究生聚餐联欢，还让研究生们或去革命圣地，或去名胜古迹参观游览，让他们了解祖国灿烂的历史文化、大山名川、名胜古迹、优良风俗、寓教于乐，培养他们热爱祖国的仁山智水、优秀人民。研究生们曾先后游览和参加过泰山、哈尔滨冰雕节等，每次假期享受了特殊待遇归来，研究生都非常感谢导师的关怀，充分享受深切的师生情谊，情绪愉悦、精神抖擞，以更高昂、饱满的精神投入学习研究。

图 15-4　2013 年，研究生祝贺柳百成 80 岁生日聚会
（校、院领导也前来与会）

柳百成一生战斗在高校教学第一线，60 余年如一日，既经历了风风雨雨，也沐浴了荡漾春光。一生和千万青年学子在一起，既是"师"，更是"友"。见证了他们的成长，也吸取了青年们跃动活泼的思维和勇于创新的精髓，丰富了自己的学识。他与研究生相互学习、相互切磋、相互补充、相互打磨、相互砥砺、共同进步，为国为民多做贡献。2013年，很多已毕业的博士，专门赶回清华聚会，共同祝贺柳百成 80 岁生日，情景热烈、难以忘怀！

60 余年来，在教学、科研和培养研究生的过程中，把柳百成雕琢成了好老师，把多数青年铸塑成了国家栋梁、优秀学者。一代后继者披荆斩棘、奋勇前行。国家有望，民族有望。还有什么能慰藉一位老教师的心灵呢？教师育得栋梁、教师创新丰硕、教师为国贡献、教师青春长驻、教师精神富足、教师笑颜常开，皆因此吧！

本章参考文献：

[1] 柳百成，童本行. 面向经济建设、培养工程类型硕士研究生 [M]// 柳百成院士科研文选. 北京：清华大学出版社，2003：519-522.

[2] 柳百成. 站在学科前沿、培养创新人才 [M]// 吴建平主编. 清华名师谈治学育人. 第2版. 北京：清华大学出版社，2009：216-221.

[3] 柳百成. 西风千里话转折 水木数载铸人生 [M]// 史宗恺主编. 学术人生. 北京：清华大学出版社，2011：12-31.

[4] 程军. 科学严谨治学、厚德载物育人 [M]// 柳百成院士文集. 北京：机械工业出版，2022：441.

[5] 李言祥. 回忆先生与我的二三事 [M]// 柳百成院士科研文选. 北京：清华大学出版社，2003：533-534.

[6] 郭景杰. 难忘的回忆 [M]// 柳百成院士科研文选. 北京：清华大学出版社，2003：535-536.

[7] 李嘉荣. 教书育人，勇攀科技高峰 [M]// 柳百成院士科研文选. 北京：清华大学出版社，2003：537-539.

[8] 郭景杰. 跟着先生学知识学做人 [M]// 柳百成院士文集. 北京：机械工业出版社，2022：427.

[9] 柳百成，柳百新. 兄弟院士，水木清华 [M]// 史宗恺主编. 学术人生-Ⅱ. 北京：清华大学出版社，2013：128-148.

第十六章
追逐完美性乐观　童趣盎然求新见

善动脑筋"快一步"　转折关头紧抓住

柳百成出生于上海，由于受学校、家庭和社会的影响，生存环境竞争比较激烈，从小在名校学习，同学中杰出者不少，各有所长，使柳百成有了前进的"参考系"。别人能，我为什么不能？竞争好胜的意识比较强烈，一股奋起直追、争取完美的愿望，不时在他心中升起。养成了爱动脑、善动脑的习惯，什么事情到他那儿，总喜欢比别人做得快一步，好一点；别人还没想到，或来不及完成，他已先人一步考虑过了，甚至完成了。他人有什么长处、什么优点，他总想尽办法学到手，经手的事都力求完美。

柳百成从小兴趣广泛，爱好多，外面的世界实在太美妙、太精彩了！太多美好奇妙的事物吸引着他。中小学的体育活动精彩多样，而且有水平高的老师指导，使他体育运动的知识和兴趣陡增，他对各类体育和课外活动都心向往之，篮球、排球、足球，样样在行，还要玩田径、垒球、桥牌、棋类等。初中时，他所在的学校的"圣幼"篮球队，参加过上海市的比赛；高中时，他所在的学校的"石狮"垒球队，曾获上海市乙组（中学生组）冠军。

进了大学，还要玩溜冰、跳伞、跳舞、桥牌——样样都新鲜、都想尝试，甚至力争精通，不花时间哪行？他的时间就比别人紧，怎么办？只能勤动脑、善动脑、抢时间、巧安排。学习上，要做到专心致志、心无旁骛、不断改进学习方法，举一反三、触类旁通，先人一步，效率高、成绩好。玩也玩得精通别致、畅快淋漓，两全其美。为了抢时间，他连走路也比别人快一拍，不管参观，还是赶路，都大步流星，走着、走着，他常常就把别人落下一大截，冲到了最前面，参观时总是争取看到、学到最多的东西。即使八十高龄，研究生们、年轻教师和他一起参观学习，往往自叹弗如，赶紧跟上柳老师的脚步，更重要的是跟上他的思路。

在科研上，他对新事物比较敏感，关键时刻更是抢先一步，敢为人先。20世纪70年代末，他一到美国，在房东家中第一次见到八九岁的小孩在玩苹果电脑，就为它的威力所震撼！当时，他还从未见过计算机，计算机看似与他的专业毫无关联，更非他所长。然而，他马上联想到将来计算机可能会改变人类社会生产、生活，或可能利用计算机来改造传统产业，闯出一片新天地！他不顾快半百的年纪，立即千方百计地挤时间，和大学生们一起学计算机，听课、编程、操作。一旦掌握了，就成了他将信息化与铸造专业融合，开辟崭新领域的利器，这就是快人一步、高瞻远瞩、狠狠抓住机遇的好处。1981年，柳百成回国后，千方百计考虑把信息化技术与传统铸造业深度融合，率先建立了铸造及凝固建模与仿真学科的新方向。他率领团队从理论与方法上都腾跃了一大步，将力学、传热学、计算数学、金属学、材料科学等许多门科学的新理论与方法予以融合，在理论上有重大创新。开发了国内第一个有自主知识产权，以"铸造之星"命名的三维铸造数字化模拟软件，解决了中国铸造业的关键难题，并在装备制造等国家急需的重大关键铸件上应用推广，解决了国防、制造业的许多重大"卡脖子"的铸造技术难题,名震中外。

2015年,为配合"中国制造2025"战略研究,在研究、考察德国"工业4.0"智能化的基础上,他独辟蹊径,专门组团一行7人,考察了美国"先进制造业伙伴计划"及"美国制造创新研究院"。认为美国在加强创新、先进技术转化等政策和措施方面很有特色,可供中国借鉴。他向有关部门领导提出加强先进制造技术创新成果转化的新思路和措施,其中包括为了避免技术创新过程中出现的"死亡谷"现象,力争建立一批适合中国国情的、增加制造业共性技术创新能力的"制造先进技术创新研究院"。

他参与制定"中国制造2025"时,针对中国制造业的实际,认为首先应在制造业建立完整的技术创新体系,特别强调要在"强化工业基础"方面狠下功夫。他再三强调全面实施智能制造,要实事求是,不能好高骛远,为了名声响亮,去做我们现在还无条件做的事,要扎扎实实打好制造技术基础,加强数字化的设计,任重道远,埋头苦干,宁静致远。他为建立制造业创新中心积极建言献策,得到领导的重视,为中国制造业的"由大变强"出谋划策,再立新功。

与时俱进求新异　步步紧跟勤学步

近几十年来世界科学技术飞跃进步,一日千里。柳百成从小就是一个"技术迷",对组装飞机、航舰模型更是痴迷。然而,当时家中条件有限,只能在店铺橱窗外溜达观赏,满足于橱窗秀,或买个最小的、简单模型玩玩,过把瘾。直到60多岁时,有了外孙,也有了经济条件,更是名正言顺地购买了大量瑞典生产的、世界著名的"乐高"系列模型玩具,从航空母舰到各式各样的飞机、舰艇、建筑模型,玩起了拼装把戏。怀着一颗童心,外祖父当指导,小外孙动手,祖孙俩经常趴在房中,按图索骥,从数百个细小的零件中,仔细挑选合适的零件拼装。拼装成了几十件各式军舰、战机、建筑等,乐不可支,享受着亲手建构各种装备的乐趣。他认为拼装模型,可以锻炼孩子的动手能力、培养科技兴趣,刺激脑部的综合功能,建立空间工程概念,构建想象中的物件,对发挥孩子的创造性大有好处。由于训练有方,教育得法,小外孙七八岁时已能独立看懂较复杂的图纸,很快按图纸安装"乐高"公司专门为十四五岁少年设计的、拼装难度较大的船舰、飞机、建筑物等大型模型了,显出了高超的识图与动手能力。

他一贯喜欢动手,在国外实验室、计算机房工作,如鱼得水,琢磨、操作最新的电子显微探针、俄歇谱仪等难度极高的材料科学分析仪器及计算机等,从而使他以较快速度获得了世界上铸铁石墨组织三维结构及形成机理的先机,独占鳌头。每次出国稍有闲暇,他从不逛商场,而总要逛电子商城,淘点刚上市的电子小产品回来。由于他掌握了这些业余的新技术,谙熟于心,巧施于手,对教学、科研也大有帮助。80多岁的高龄,柳百成仍能及时获得有助科研的仪器等新设备的最新信息。在讲课和学术报告中,随心所欲将自己获得的最新科技信息、自己的科研成果,亲自动手快速编制到PPT演示文件中,插入视频。他亲自制作PPT科学报告,成为老一代非计算机专业出身的科学家,不用助手,就能亲自动手设计,熟练操作计算机设备演示的佼佼者。他制作的视频,画面精彩、动静结合、音画俱全、内容新颖、色彩斑驳,得心应手。许多听众都反映柳院士的科技学术报告新颖别致、信息量大、丰富多彩、画面精致。有的听众隔了几个月再听他的报告时,发现又增添了不少新内容,使人耳目一新,眼界陡然开阔,促使听众产生步步追赶世界先进科技新潮的紧迫感。

家中的电器出了问题,如电视、音响、计算机、手机、冰箱、热水器等,家人一筹莫展,他常能穷追溯源,找到问题的原因。不少技术问题都尽可能自己动手,多方尝试,修旧复新。他常以"家庭工匠"自居,处处强调精益求精、追求完美的"工匠精神"。

图 16-1　2009 年,参加党中央国务院组织优秀人才赴北戴河休假时抓拍美景

柳百成从小喜爱摄影,但由于经济条件限制,从没有自己的相机。直到 1980 年在美国进修留学时,才靠节省生活费,购置了自己的第一台照相机。随着科技的发展,从光学的、数码的、变焦的相机,他几乎配备齐全了各种新式镜头和相机,长枪短炮、与时俱进,在摄影技术上也取得不小进步,更进一步享受了人生的特殊乐趣。

由于对摄影的青睐,又掌握了娴熟的摄影技术,随着开会、讲学、调研,在世界各地奔波,30 多个国家、100 多个地域的风光、名胜、民俗、先进的科研设备及技艺、国外学者的精彩科研报告,都跃入了柳百成的镜头。他辛勤采集,有的成了他科研的新资料、教学的新视频,有的则成为他正式出版的3本摄影集《万里行踪》《五洲锦绣》《萍踪掠影》。其中精彩难得的画面,展示了世界名胜古迹、大自然的奇特风貌。由于风光宜人、山川迥异、人文情趣、异域奇观,加上经过特殊的过滤和处理,更是异彩缤纷,独具风采,获得了不少中外专家、师生、亲友的点赞。

图16-2　2009年在瑞士铁力士峰

图16-3　2010年、2011年、2014年出版的3本摄影集

中国有句谚语："读万卷书，行万里路"，意即多读书，多旅行才能在学术上眼界宽宏、远行多见，广识深悟、博学多闻，有所造诣。作为一个旅游和摄影爱好者，他不仅用"长枪短炮"记录了壮丽峃巍的山川、瑰奇恢宏的建筑、奇特的民俗风情，也记录了一些国家惊心动魄的兴衰历史。

例如，2010年，柳百成在埃及参加国际学术会议之际，他参观了雄杰伟岸、独特的金字塔、狮身人面像，神圣庄严、华丽高耸入云的神殿、圣庙等震惊世界的古迹名胜。几千年前埃及人民创造的辉煌历史奇迹，永垂青史、光照人间。但也看到了现实的埃及，只有旅游业及制糖业等农业比较发达，科学教育、工业落后，不发达的经济、人民的贫困随处可见。古今强烈的对比，让人震惊叹息！更使人感叹科学教育的威力。一个民族，一旦陷于落后的处境，就会处处受制于人，在丛林法则仍然盛行的今天，是要遭人奴役的。

图16-4　2010年赴埃及访问狮身人面像及金字塔等古迹

2000—2018年，柳百成先后7次访问过曾是"日不落帝国"的英国，访问了牛津大学、剑桥大学等高校以及一些研究院所。他们大力发展教育、兴办科学、创建了新兴的科学实验室等，先后涌现了一批科学的巨擘，牛顿、法拉第、达尔文、卢瑟福、狄拉克、霍金等。他们曾对世界科学、生产、经济、文化确实做出了划时代的贡献。这些人类创造的历史辉煌，难道我们不应该批判地继承与发扬，成为我们重振东方大国辉煌的借鉴？

他的摄影作品还多次在多地工程院、北京市、清华大学展出并获奖。同时，每逢出国或国内考察、访问、休闲回来，他会及时将上千张照片加工制作、编排、转换成丰富绮丽的视频与画册，与同事、同学、亲朋好友分享。2021年，《科学家》杂志还专门以"柳百成万里采风摄影集萃"为题，刊登了6帧柳百成的作品。爱好摄影既提高和开阔了自己的审美情趣、文化修养及世界视野，多年的摄影还留下了人生的科学、生活历程与家庭、亲友的亲情画面，更增添了人生美好的诗情画意和珍贵记忆。同时也向学生和年轻教师展示了清华人全面发展的情操和风趣，在他的带动下，团队中不少青年教师、研究生也成了摄影爱好者。

笑口常开幽默多　智化矛盾心常乐

柳百成性格开朗，思维敏捷，喜欢用幽默、隽永的言语来开玩笑，常常接过别人的话茬，触景生情，变成了实时、趣味十足、带有自己心声、风格的笑话，脱口而出。大学时，常常逗得同学们开怀大笑，笑声爆棚，他自然成了笑浪震荡的中心，与同学亲密无间。朗朗的笑声总与他形影相随，也成了柳百成的标志之一。改革开放后，烦心恼人的事少了许多，民主气氛有所改善，他更是笑口常开，幽默风趣，语多隽永机智。他认为幽默开朗不仅使自己快乐、睿智豁达、浮想联翩、反应灵敏，有益开发大脑的智慧，而且可以挽留青春、活跃气氛、广交朋友、欢乐人生。有时还能成为化解矛盾、增进友谊的润滑剂。

例如，他出国访问、参加国际学术会议时，经常在严肃的会场与国际著名学者聊天，善于用幽默风趣的语言引得大家开怀大笑。立即拉近了彼此的距离，很快就成了十分亲密的好朋友，也显示了中国科学家的文化教养与风采。

又如，善于开玩笑，还有助于化解矛盾，增进友谊。2019年，学校财务部门为了堵塞财务漏洞，节约开支，简单规定一切生活用品都不得报销。饮用水是生活用品之一，当然也在不得报销之列。一纸令下，实验室工作的教师、研究生喝水竟成了大问题！堂堂的清华大学，一些在炎热的办公室、实验室中奋战的教师、博士生等，居然出现了"喝水危机"。大家虽很不满意，但只好忍气吞声，无可奈何。柳百成有坚持真理、实事求是的精神，得知后，深不以为然。他亲自出马，打电话找到财务处负责人，遂有了下面一段风趣的对话：

问："听说处里有新规定，办公室、实验室中喝的水不能报账了，有上级规定的文件吗？"

答："没有，是怕上级部门来检查，处里自己做出的新规定。"

问："清华一贯宣传要'为祖国健康工作50年'。教师、研究生在实验室奋战，一干就是一整天，十来个小时滴水不进，不好过啊。作为导师，我总不能让研究生每天上班前喝饱了水才来实验室吧！"

答："您可以用横向课题经费（指非国家专项经费）来报销嘛！"

问："那好，按你们的规定，我有2组同学，一组做横向课题的有水喝；另一组做纵向课题（指国家基金类课题）的人，就没水喝，只好望'水'兴叹！"

答："您就让另一组的同学喝横向课题组的水嘛！"

问:"这岂不又违反了'专款专用'的另一项财务规定吗?你让我们左右为难,如何是好?"

这位领导听了无言以对,居然笑出声来。马上说:"柳老师,我们考虑不周,您别生气,我们立即改正,给您报销。"就这样,三言两语,在一片笑声中把教师、职工、研究生的喝水问题顺利解决了。

柳百成甚至还把玩笑开到了猖狂一时的电话、手机诈骗钱财的骗子身上。一天,柳百成接到一个陌生人的电话。电话那头,热情地说:"柳老师,我是您的学生,您还记得我吗?我现在正在广东工作,我要来看望你。"半个世纪教了成千上万的学生,根本记不住每个人的口音。柳百成好意地问他"你是哪位?"他反而说:"您猜猜我是谁!"柳百成一下提高了警惕,急中生智,就以一位已故学生的姓名,故意试探他:"你是×××吗?"电话那端居然马上应答:"柳老师,您记性真好!我就是×××。"骗局不攻自破。柳百成进一步讥讽他:"你已去世好几年了,怎么还能给我打电话?"电话立即挂断,诈骗犯也吃了一记狠狠的"柳氏玩笑闷棍"。

劳逸结合延衰老　笑对生死贡献多

柳百成一生都不赞成和平时期以健康、生命为代价换取科研成果,他一贯提倡劳逸结合,以智取胜,事半功倍,尽量不"开夜车"。不赞成死打硬拼,更不赞成眼下某些媒体宣扬的"有病不看、不分昼夜、连续奋战"的"先进事迹"或"模范人士"。他经常以诸葛亮过早去世为例,教育学生,诸葛亮才华横溢、事必躬亲、食少眠缺,积年累月,刚过中年,就出师未捷身先死,实在令人扼腕痛惜!作为教师,一定要为学生终身健康生活、为国家人民负责,爱惜人才、珍惜生命、劳逸结合、笑对人生、健康长寿，争取为社会、为人民多做贡献。他在 80 岁时，更有了自己新的、现实的体会，对学生和后人，除原有的 12 字箴言："爱国奉献、创新思维、顽强拼搏"外，又增添了 8 个字，即"健康体魄、热爱生活"，与师生、朋友共勉。

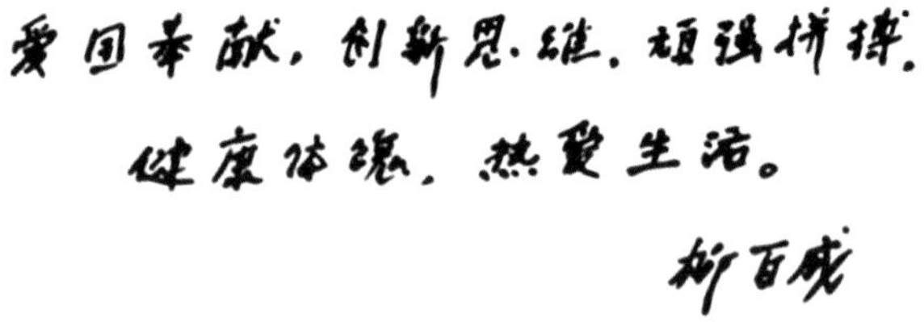

爱国奉献，创新思维，顽强拼搏。
健康体魄，热爱生活。
                            柳百成

图 16-5　柳百成学术人生感言

为此，柳百成每年春假、寒暑假期间，专门筹措经费，组织研究生短期旅游，让学子们外出旅游，玩个痛快。既欣赏了祖国大好的锦绣河山；又了解民情良俗，进行了爱国主义教育，实现了研究学习和生活的有劳有逸、有张有弛。

蒋南翔校长曾要求清华学子"为祖国健康工作 50 年"，实为人生真谛，是对社会和个人负责的表现。科技史的大量例证还说明：科学技术的创造性思维，常常是在人们工作学习放松之后，头脑突发奇思妙想产生的直觉灵感而创造出来的。该工作时努力工作，该休息时放松休息，劳逸结合，学会换脑养神，飞溅出全新的、奇思妙想的火花，灵感充溢，有所创新，造福人民。劳逸结合，既是人类生命自身发展的需求，更是科学活动不可或缺的重要组成部分。

到了老年，柳百成更加体会到劳逸结合、乐观积极、心态平和，对增进健康、爱惜延长生命的重要性。不少身边的老同事、朋友甚至学生，或由于过分劳累，或由于心情抑郁，或由于缺乏科学健康知识，或不坚持锻炼,或缺乏科学的生活规律,病魔缠身、过早倒下,给国家、人民、家庭都带来不可弥补的损失!柳百成年轻时忙于工作,仗着身体健壮,根本不懂得生命的可贵,对自身的健康,从未给予应有的关注。随着年龄的增长,身体零部件开始老化失灵,健康问题提上日程,促使柳百成开始重视健康问题,努力补课学习,与时俱进,更新对生命和健康的认知。学习了解自身各种老年疾病的特征,最新的医疗技术的发展情况,以及饮食、运动、精神、心理对健康的重要性,获益匪浅。争取做自己健康的第一负责人,也是尽一份对社会、家庭的责任。

图 16-6 2022 年柳百成 89 岁生日和女儿、女婿、外孙家庭聚会

同时,老年选择一份对社会有益、自己喜欢、能胜任的、有目标的工作,尽量享受工作的乐趣、知识增长的愉悦,争取不做"废人"。力争老有所学、老有所为、老有所乐、老有所献,使自己健康又有意义地生活着。同时,严格地实施"心情开朗、迈开腿、管住嘴、生活规律",定期自觉、有针对性地检查身体的薄弱环节,早知晓、早预防、早治疗。

虽然，柳百成已是超 90 岁高龄了，仍然读书不断、笔耕不辍，积极参与《制造强国发展战略》的咨询、实施、宣讲等活动。85 岁时，他还带头联络全国几十个高校、研究院所、企业，在工信部的领导下，组织创建"国家数字化设计与制造创新联盟"，为提升中国制造业的数字化、智能化水平，推广先进制造技术，使传统产业升级换代而奔波。他力争保持头脑清晰、身心健康、活得充实愉悦，三年多新型冠状肺炎病毒疫情肆虐，柳百成、曾晓萱处于病毒严重包围中，严格注意防范，始终未"阳"。还争取为人民再做了点贡献，画一个完美的休止符。

近年来，由于腰椎管狭窄压迫了神经，柳百成走路已不很利索。面对新的困境，他很快调整心态，遵医嘱，实事求是，量力而行。每天规律生活，围绕小区慢走数千步，利用健身器械做些有益身心的活动。同时，整理过去没时间整理的学术论文及影像视频等，力争为后人留下一点有益的材料。2020 年，亲自整理编写的《柳百成院士文集》，已由机械工业出版社出版。2022—2023 年，还整理出版了《世界风光》《五彩缤纷》《珍贵回忆》《瑰丽河山》等专题摄影集。

90 岁时，工程院李晓红院长专门为他发来贺信，总结了他一生的成就，祝他健康长寿。现将贺信主要内容摘抄如下：

"您是我国著名铸造及材料加工专家。始终将祖国的期待、人民的期盼牢记心间。您致力于应用计算机信息技术提升传统铸造行业技术水平及提高铸造合金性能，在多尺度、多学科、宏观及微观铸造凝固过程和建模与仿真基础理论与提高性能应用研究等方面做出重要贡献。您和团队开辟了全新的铸造过程研究领域，成功开发我国第一个具有自主知识产权的铸造工艺的 CAD 及凝固过程模拟系统。您的成就开启了铸造行业的时代之光。

您不改初心，为中国制造业进入世界制造强国行列而不懈奋斗。您积极投身战略研究，主持并参与多项咨询项目，您提携后辈桃李满园，先后培养了数十名博士，其中一批佼佼者亦成为行业领域新一代学科带头人。您曾发自肺腑地对年轻人提出忠告：'爱国奉献、创新思维、顽强拼搏、健康体魄、热爱生活'。纸短情长，字字珠玑。这正是您的爱国人生、科研人生的真实写照。

创新者，柳色常青；奋楫者，百事皆成。"

本章参考文献：

[1] 柳百成. 万里行踪 [M]. 北京：中国国际文化出版社，2010.

[2] 柳百成. 五洲锦绣 [M]. 北京：中国国际文化出版社，2011.

[3] 柳百成. 萍踪掠影 [M]. 北京：中国国际文化出版社，2014.

[4] 柳百成. 柳百成院士万里采风摄影集萃 [J]. 科学家，2021：11，78-79.

[5] 柳百成. 柳百成：新留学潮开启的见证者 [M]// 中国留学生的40年，2019：14-19.

柳百成生平大事年志(编写到2018年退休)

1933—1955年大学毕业

- 1933年2月11日,出生于上海,籍贯江苏常州。

- 1941年9月—1945年6月,上海中西女中第二附小3年级到小学毕业。

- 1945年9月—1951年6月,上海圣芳济中学初中及高中毕业。高中时任学生会副主席。

- 1951年9月—1955年6月,清华大学机械工程系学习。

1952年9月,分配到铸造专业学习。

1953年7月,赴鞍山钢铁公司,认识实习。

1954年7月,赴山西榆次纺织机械厂,生产实习。同年12月,赴沈阳皇姑屯机车车辆厂,毕业实习。

- 1955年6月,机械工程系毕业,获优秀毕业生金质奖章。

1955—1981年

- 1955年6月,清华大学机械工程系铸造教研组助教,任教研组科学秘书。

- 1956年9月,为本科生讲授"特种铸造"课。

- 1956年,加入中国共产党。

- 1959年4月25日，与曾晓萱结为夫妻。
- 1959年，全国开展"反右倾"运动，清华开展批判"新富农"运动。在全系大会上受到批判。闭门检查3个月，会后，发配至北京远郊区三堡，从事繁重的下山挑水、上山种树劳动及在校办工厂铸造车间劳动。
- 1962年，中央决定为错划的"右倾机会主义"干部平反。经过多方奔波及据理力争，校党委在铸造教研组召开小型会议，宣布为柳百成1959年受批判事"平反"。
- 1962年，任铸工实验室主任，辅导学生实验。提出改革铸造合金实验为综合大实验，突破过去实验的狭隘性，提高了学生的创造能力。
- 1965—1966年，参加"四清"运动，在平谷县峪口大队，任二分队工作组组长。
- 1966年，"文革"开始，返校参加运动。
- 1968—1972年，下放校铸造车间劳动，参加清华"727"汽车试制任务，攻克全部发动机关键铸件如缸体及曲轴等生产技术。后提升为政治辅导员，并任车间党支部书记。其间，教育部部长蒋南翔在车间劳动，曾多方保护蒋南翔，抵制校工宣队负责人迟群企图进一步迫害他的阴谋。
- 1972—1976年，被调回教学岗位，任教改小分队队长。抵制工宣队的一些"极左"错误做法，为学生学习创造尽可能好的学习环境。
- 1976年，任河北省高考招生组组长，曾抵制某市领导干部"走后门"的行为，赴地震后的唐山，处理招生事宜。
- 1976—1978年，回铸造教研组任教，任讲师，讲授"铸造合金"课程。
- 1978年12月26日—1981年1月2日，被选拔为改革开放后第一批赴美访问学者，任总领队。参加邓小平赴美在华盛顿期间有关活动。

在乔治城大学参加"强化英语"学习,在威斯康星大学及麻省理工学院共进修2年。其间,参加美国铸造学会年会,发表多篇学术论文,其中一篇获美国铸造学会优秀论文奖。访问密歇根大学、通用汽车公司及福特汽车公司技术中心、卡特彼勒公司铸造厂及技术中心等。

1981—1990 年

● 1981 年,回国后,用英语为研究生讲授 "Multi-phase Equilibria"(多元相平衡图)课程。与吴浚郊教授合作,用英语讲授 "Modern Materials Processing Technology"(现代材料工艺学)课程。继续开展"铸造合金基础理论研究",同时,开辟"铸造过程建模与仿真研究"新领域。

● 1981 年 10 月,邀请美国麻省理工学院的 M. Flemings 教授夫妇访问清华大学,并陪同访问洛阳、西安。

● 1981 年,在美国铸造学会年会,发表论文 Observation on Graphite Morphology of Compacter Graphite Cast Iron,获美国铸造学会优秀论文奖。

● 1982 年,与李春立副教授、吴德海教授合作,完成"铸铁石墨形态研究"项目,获机械工业部科技进步二等奖。

● 1984 年 3 月,代表中国赴法国巴黎参加国际标准化组织会议,审定"球墨铸铁国际标准"。访问瑞士、法国多个球墨铸铁铸造厂。回国后,主持制定中国"球墨铸铁件国家标准"。

● 1984 年,国务院特批任清华大学教授,1985 年任博士生导师。

● 1985 年 9—12 月,清华大学机械工程系组团一行 4 人,考察美国高等教育。访问麻省理工学院、凯斯西储大学、密歇根大学、威斯康星大学、加州大学伯克利分校。其间赴芝加哥参加第一届国际铸钢会议并做学术报告。应邀访问密歇根州立大学并做学术报告。

● 1986年9月，代表中国赴捷克参加第53届世界铸造会议（World Foundry Congress, WFC），主持召开"稀土在铸造合金中应用"委员会会议，先后任委员会学术秘书及主任。

● 1987年，在昆明主持召开全国铸造专业教学指导委员会会议。1987—1995年，被教育部聘为铸造专业教学指导委员会主任。

● 1988年，完成科研项目"大断面球铁结构件无冒口铸造新工艺"，获国家教委科技进步二等奖（排名第二）。

● 1988年3月，受安徽省委托，组团赴美国考察球墨铸铁管离心铸造技术。

● 1988年，受中国铸造协会委托，在洛阳主持召开"铸造合金新技术"国际研讨会。

● 1988年6月，赴保加利亚，参加第2届国际"计算机技术应用"会议，做邀请报告，并访问德国亚琛大学。

● 1989年5月，赴德国，代表中国参加第56届世界铸造会议（WFC），应邀访问波兰。

● 1989年8月，赴日本东京，参加第4届国际铸铁冶金学会议（Cast Iron），做报告。

● 1990年9月，赴日本大阪，代表中国参加第57届世界铸造会议（WFC），并访问名古屋大学、岩手大学。

1991年

● 6月，参加首钢公司组织的团队访问印度，考察高炉技术，受印度铸造学会邀请，在孟买做邀请报告。

● 8月28—9月16日，赴波兰克拉科夫，代表中国参加第58届世界铸造会议（WFC），主持召开"稀土在铸造合金中应用"委员会会议。

访问波兰华沙、立陶宛维尔纽斯、苏联莫斯科、列宁格勒等地。

1992 年

● 6月23—27日，赴杭州参加第1届环太平洋先进材料与工艺国际模拟会议（Pacific Rim International Conference on Modeling of Materials and Processing, PRICM），并做报告。

● 8月16—10月10日，赴巴西圣保罗，代表中国参加第59届世界铸造会议（WFC），主持学术会议。会后赴美国与获富布莱特基金任访问学者的夫人，一起访问麻省理工学院、密歇根大学、威斯康星大学、密苏里大学等。在密歇根大学讲学时，"三维铸造工艺计算机辅助设计系统"获密歇根州颁发的"SPECIAL TRIBUTE"（特殊表彰）奖状。

● 10月13—30日，带领化工系统企业组团赴日本仙台参加第1届亚洲铸造会议（Asian Foundry Congress, AFC）。会后，考察日本铸造厂先进铸造技术。

1993 年

● 和吴德海教授、吴浚郊教授、童本行副教授等完成"面向经济建设培养工程类硕士研究生"项目，获北京市高校优秀教学成果一等奖。

● 研发成功三维模拟仿真软件"铸造之星"，被科技部批准为"国家级重点科技成果推广计划"项目。

● 9月，赴荷兰海牙，参加第60届世界铸造会议（WFC），做学术报告。访问英国曼彻斯特大学等，做学术报告。

● 12月，赴香港参加第2届国际制造技术会议，做邀请报告。

1994 年

● 5月，应邀赴香港理工大学讲学。

● 9月，赴法国南锡，参加第5届国际铸铁冶金学会议（Cast

Iron），任国际委员会委员，任期直至2010年。

● 10月，赴日本福冈，参加第2届亚洲铸造会议（AFC）。应邀访问九州大学、广岛大学、大阪大学等。

1995年

● 带领3名博士生完成"特殊条件下铸铁结晶凝固过程研究"项目，获国家教委1995年科技进步（基础类）一等奖。

● 10月，在北京，召开第61届世界铸造会议，任组委会副主席、学术委员会主席。做大会学术论坛邀请报告"稀土在铸造合金中的应用"，为世界铸造会议组织完成"稀土在铸造合金中的应用"报告，并正式出版。

● 11月，赴韩国，参加第3届亚洲铸造会议（AFC），做学术报告。参观现代汽车公司等。

1996年

● 4月，赴美国费城，参加第62届世界铸造会议，做邀请报告。顺访宾州州立大学，做报告。访问加拿大温莎福特汽车公司铝合金铸造厂。

● 12月9—11日，在清华大学主持召开第3届环太平洋铸造及凝固模拟国际会议（Pacific Rim International Conference on Modeling of Casting and Solidification Processes），任组委会主席。

● 赴四川成都，主持召开全国材料加工教学指导委员会铸造学科会议。任材料加工教学指导委员会副主任、铸造学科组组长。

● 完成"三维铸造工艺计算机辅助设计系统"科研项目，获国家教委科技进步二等奖。

1997年

● 1月，参加国家自然科学基金委组织的团队，赴美国西雅图参加美国自然科学基金委年度会议。

- 5月，受中国兵器工业研究院委托，组团赴美国考察先进铸造技术。访问威斯康星州的铸造厂、福特汽车公司克利夫兰铸造厂等。

- 6月，赴英国谢菲尔德，参加第4届国际凝固过程会议（Solidification Processing），做报告，并访问曼彻斯特大学。

- 1997—2000年，和吴浚郊教授共同负责完成中国－福特基金项目"发动机铸件的模拟仿真及质量控制"，获较高评价。

- 1997—2001年，负责完成国家攀登计划预选项目"金属材料热成形过程动态模拟及组织性能质量的优化控制"的"铸造模拟领域"子课题。

1998年

- 3月14—4月4日，参加中国机械科学研究总院集团有限公司组织的团队，任副团长，赴美国考察先进材料成形技术。访问美国自然科学基金委员会、俄亥俄州立大学、密歇根大学、威斯康星大学、西北大学、丹佛矿冶学院等大学。

- 6月7—14日，赴美国圣地亚哥，参加第8届国际铸造、焊接及先进凝固过程模拟会议（International Conference on Modeling of Casting, Welding and Advanced Solidification Processes），并做报告。

- 9月29—10月12日，赴美国伯明翰，参加第6届铸铁科学与工艺会议（Cast Iron），并做报告。

- 参加"并行工程"科研项目，负责子课题"铸造CAE"。项目获教育部科技进步二等奖（排名15）。

1999年

- 获国家自然科学重点基金资助，完成"铸件充型凝固过程的数值模拟研究"，获国家教委科技进步（基础类）一等奖。

- 1999—2003年，获国家自然科学基金重大基金资助，负责"精确成形制造多学科建模仿真"子课题。子课题验收，获"优秀"评价。

- 9月，赴韩国，参加第4届环太平洋铸造及凝固模拟国际会议，任国际委员会委员，做主旨报告。

- 11月，当选中国工程院院士。

2000年

- 访问神龙富康汽车公司，获赞助，设立"清华－富康"奖学金共25万元，2001—2005年先后奖励40余名优秀研究生，每人获5000元或10000元奖学金。

- 2月，访问新加坡南洋理工学院。

- 6月17—19日，赴杭州，参加第4届国际设计与制造前沿会议（The 4th International Conference of Frontiers of Design and Manufacturing），做邀请报告"Materials Processing Technology and Science in New Century"（新世纪材料加工技术与科学）。

- 8月19—30日，赴德国亚琛大学，参加第9届国际铸造、焊接及先进凝固过程模拟会议，做报告。

- 12月13—20日，赴韩国仁川，考察访问韩国工业技术研究院，做邀请报告。

2001年

- 2月，赴美国新奥尔良，参加美国材料学会年会（TMS）会议，做报告。应邀访问华盛顿大学、威斯康星大学密尔沃基分校，做报告。

- 4月，清华大学校庆，组织1955级铸造专业同学返校，纪念入学50周年。

- 开设研究生精品课"Modem Materials Processing Technology"，

用双语讲课。

● 5月，赴罗马尼亚，参加国际铸造与凝固会议，做邀请报告 "Study on Macro and Micro Modeling on Solidification Process of Shaped Casting"（铸件凝固过程宏微观建模研究）。

● 6月，参加上海 "工业创新中心成立大会暨产品创新及信息化制造技术中美研讨会"，做主旨报告 "网络化与并行工程环境下铸造CAE技术的研究"。

● 8月14—21日，参加中国工程院组织的团队，朱高峰副院长带队，访问南美墨西哥、乌拉圭、巴西等国。应邀在巴西做报告 "中国机械工程教育与科研"。

● 9月，参加北京中-德超轻合金及制造工艺学术会议，做邀请报告。

2002年

● 主持开设本科生 "材料加工工程概论" 新课，共8讲。负责主讲5讲，用双语讲课。

● 1月，赴日本名古屋大学，参加第5届环太平洋铸造及凝固模拟国际会议，任国际委员会委员，做报告。应邀在日本金属学会东海支部报告会做报告。

● 6月，和阮雪榆院士、胡正寰院士共同主持召开第184次香山科学会议，主题 "21世纪的材料成形加工技术与科学"。做主旨报告 "21世纪的材料成形加工技术与科学"。论文集由机械工业出版社2004年出版。

● 6月，参加中国工程院院士大会，中央领导在人民大会堂接见两院院士。**获第4届光华工程科技奖。**

- 8月4—14日，受邀赴台湾台南成功大学讲学一周，内容含铸造合金、工艺及建模与仿真，访问台北台湾大学。

- 9月2—11日，赴西班牙巴塞罗那，参加第7届铸铁国际会议（Cast Iron），做报告。

- 10月16—22日，邀请美国两院院士、麻省理工学院教授M. Flemings访问清华大学，讲学一周。

- 10月22—27日，赴韩国，参加第65届世界铸造会议（WFC），在模拟分会做主旨报告。

- 11月3日，赴武夷山，应邀在中国铸协会议，做邀请报告"用计算机技术促进铸造行业的技术进步"。

- 11月15—26日，赴美国新奥尔良，参加美国机械工程学会年会，做报告"Numerical Simulation of Microstructure of Aluminum Alloy Casting Using Macro-Micro Coupled Method"（铝合金铸件微观组织宏－微观数值模拟研究）。访问麻省理工学院及伍斯特理工学院。

- 12月2—6日，赴韩国济州岛，参加第2届中－韩先进制造技术会议。

- 12月，赴东北中国一重集团公司，参加"院士行"活动，做学术报告"制造业及材料成形加工技术的发展趋势"。

2003年

- 8月，参加第211次香山科学会议，主题"凝固科学技术与材料发展"。做邀请报告"凝固过程宏观偏析与微观组织数值模拟进展"。

- 9月15—21日，赴澳大利亚布里斯班，参加第1届轻量化材料技术会议，做报告。

- 9月27日—10月9日，赴美国，访问福特汽车公司技术中心、通用汽车公司技术中心、伍斯特工学院、密歇根大学、普渡大学等,做学术报告。

● 10月27—29日,在北京主持召开的中国工程院举办的第1届"工程前沿"研讨会,主题"未来的制造科学与技术"。会后,主编出版《工程前沿》第1卷:《未来的制造科学与技术》。

● 10月31日,代表国家中长期科技发展规划第三专题"制造业发展科技问题研究"(组长:徐匡迪院长),向国家科技部汇报研究进展。

● 11月19日,应邀赴杭州参加浙江省铸造学会及铸协会议,做大会主旨报告"21世纪的铸造技术与科学"。

● 12月6—12日,赴香港,参加第7届"国际制造技术"会议,做大会邀请报告"Advance on Manufacturing Science and Technology in China"(中国制造科学与技术研究进展)。

2004年

● 3月1—7日,赴新加坡,参加国际精密工程会议(International Conf. on Precision Engineering),做报告。

● 4月,陪同徐匡迪院长,赴中南海,向国务院汇报:"国家中长期科技发展规划战略研究",专题三"制造业发展的科技问题"。《国家中长期科技发展规划战略报告简版》于12月正式出版。

● 5月,应邀分别赴大连理工大学及昆明理工大学讲学,做报告"制造科学与技术发展趋势"。

● 5月17日,赴上海,参加第4届材料及热加工物理模拟及数值模拟国际会议,做大会主旨报告。

● 5月31日,参加中国铸协会议,做邀请报告"展望世界铸造技术发展趋势"。

- 6月，赴西安，参加第3届中-韩"先进制造技术"会议。
- 6月27—7月2日，访问日本东洋公司，商讨压铸技术科研合作。赴东京早稻田大学做学术报告。
- 2004年7月，邀请美国爱荷华大学C. Beckmann教授来清华讲学。
- 8月7—12日，赴台湾高雄参加第6届环太平洋铸造及凝固模拟国际会议（MCSP），做邀请报告。
- 8月13—23日，赴英国伯明翰，参加第10届中-英材料会议，做报告"*Progress of Multi-scale Modeling on Solidification Process of Casting*"（铸件凝固过程多尺度建模研究进展）。顺访剑桥大学、帝国理工学院。
- 9月4—11日，赴匈牙利，参加第4届凝固与重力会议，主持学术会议，做报告。
- 9月，在清华大学接待美国、加拿大代表，讨论中美加"镁合金汽车前车架研发"科技合作事宜。（中-美-加三国科技合作项目，中方在科技部正式立项，负责中方子课题"集成计算材料工程"（Integrated Computational Materials Engineering, ICME））。
- 9月，北京，参加第3届中国科学家论坛，做邀请报告"我国制造业发展战略"。
- 11月14—21日赴印度班加罗尔，参加国际凝固科学与工艺会议，做报告。
- 12月，赴广州，参加第7届中国留学人员科技交流会议，做大会特邀报告"制造科学与技术的现状与未来。"

2005年

- 2月，赴美国旧金山，参加TMS会议，做报告。

- 3月，赴沈阳黎明航空发动机制造公司，受聘为院士工作站首席专家。
- 3月29日，赴沈阳，参加2005振兴辽宁装备制造业高层论坛，做邀请报告"我国制造业科技发展战略"。
- 3月31日，参加2005机械制造业发展论坛，做邀请报告"制造业科技发展战略"。
- 4月7日，赴杭州参加浙江省先进制造技术合作与交流大会，做大会主旨报告"制造业科技发展战略"。
- 4月，校庆，组织1955级铸造专业同学毕业50周年聚会。
- 6月7日，赴上海，参加"我国制造业科技发展战略"院士报告会，做特邀报告"我国制造业科技发展战略"。
- 6月，主持国家"973"项目：数字化制造基础研究（2005—2010），课题5：先进成形制造过程的多尺度数字仿真与优化（编号：2005CB724105）。
- 7月29日，赴青岛，参加中国（青岛）材料科技周，做大会特邀报告"我国制造业科技发展战略"。
- 8月13—25日，赴美国，访问福特汽车公司、通用汽车公司、卡特彼勒工程公司、爱荷华大学，做学术报告。
- 8月28日，参加中国铸造学会会议，做邀请报告"提高铸造技术水平、促进国民经济发展"。
- 9月19日，参加2005先进制造技术与航空工业高层论坛，做邀请报告"我国制造业科技发展战略"。
- 10月31日—11月3日，赴韩国庆州，参加第4届中-韩先进制造技术会议，任会议中方主席。

- 11月29日，赴南昌，参加2005江西企业技术创新院士行，做邀请报告"掌握核心制造技术、增强自主创新能力"。
- 12月6日，赴海南，参加中国工程院化工、冶金与材料工程学部第5届学术会议，做邀请报告。

2006年

- 1月，参加在人民大会堂召开的全国科学与技术大会。
- 2月20—22日，协助张彦仲、殷瑞钰院士主持召开工程院第6次工程前沿研讨会，主题"节约型制造科技前沿"，做报告"优质、精密、高效、清洁制造技术前沿"。《节约型制造科技前沿》于2007年正式出版。
- 2月26日—3月2日，赴日本横滨，访问IHI公司，参加中–日科技合作会议，讨论"精密铸造"合作课题进展。
- 5月24日—6月5日，赴法国尼斯，参加第11届国际铸造、焊接及先进凝固过程模拟会议，做报告。
- 2006年，参加北京国际机械工程教育会议（2006 International Mechanical Engineering Education Conference），主持学术报告会。
- 6月29日，参加北京"CAE – FRAUNHOFER Workshop on Energy Efficient Technology"，做报告"*High Quality, High Precision, High Efficiency And Clean Manufacturing Technology*"（高质量、高精度、高效率及清洁制造技术）。
- 7月13—26日，赴美国，应邀访问密苏里大学罗拉分校。顺访圣路易、夏威夷等地。
- 9月，赴韩国济州岛，参加国际材联亚洲国际学术会议，做大会特邀报告"*Progress on Microstructure Modeling of Solidification Process of Shape Casting*"（铸件凝固过程微观组织建模研究进展）。

- 9月17日，参加北京先进制造技术与军工制造业论坛，做报告"掌握核心制造技术、增强自主创新能力"。

- 10月，在北京主持召开第8届铸铁科学与工艺国际会议（Cast Iron），任会议主席。

- 10月，赴德阳，访问四川德阳东方汽轮机公司，做学术报告"掌握核心制造技术、增强自主创新能力"。

- 11月8日，参加中国重型机械工业协会会议，做邀请报告"掌握核心制造技术、增强自主创新能力"。

- 11月17—21日，赴杭州，参加2006年中国机械工程学会年会暨中国工程院机械与运载工程学部首届年会，做报告"掌握核心制造技术、增强装备制造业自主创新能力"。

- 12月，访问鞍钢重型机械公司，任"长江三峡水轮机大型铸锻件"攻关专家组组长。主持三峡水轮机大型铸钢件试制技术与工艺讨论会。2年期间，先后访问中国第二重型机械集团公司等企业10余次，顺利完成三峡水轮机大型铸钢件自主制造技术问题。

2007年

- 3月，赴美国奥兰多，参加TMS会议及中–美–加"镁合金汽车前车架研发"（MFERD）科研合作会议。

- 5月8—15日，赴韩国首尔，参加亚洲铸造会议（AFC），做报告"Experimental Study and Numerical Simulation of Directionally Solidified Turbine Blade Casting"（燃气轮机叶片铸件定向凝固试验及数值模拟研究）。

- 6月5—11日，邀请英国帝国理工学院Peter Lee教授来清华讲学一周。

● 6月13—20日，赴德国杜塞尔多夫，参观世界铸造博览会（GIFA）。访问亚琛大学。

● 6月23日，应邀在中国一航北京航空制造工程研究所50周年"院士报告会"，做邀请报告"建模与仿真在装备制造中的作用与前景"。

● 7月21日—8月2日，赴英国谢菲尔德，参加第5届国际凝固过程会议（Solidification Process），做报告。应邀访问帝国理工学院，做学术报告。

● 8月27日，应邀访问澳门大学。

● 9月16—25日，赴美国底特律，参加2007材料科学与技术会议，做报告。并访问通用汽车公司技术中心。

● 9月27日，参加西安2007国防科技工业虚拟制造技术高层论坛，做邀请报告"建模与仿真是数字化设计与制造的核心技术"。

● 10月5—20日，参加高等教育出版社组织的团队，赴德国，参加法兰克福"世界图书展"。

● 11月4日，应邀赴长沙，参加2007年中国机械工程学会学术年会，"产学研相结合典型案例"报告会，做邀请报告"加强产学研结合、提高大型铸件自主创新能力"。

● 11月5—10日，赴韩国济州岛，参加第6届环太平洋先进材料与工艺国际模拟会议，做报告。

● 12月1日，应邀赴杭州，参加2007年浙江省铸造学术年会，做大会特邀报告"优质、精密、高效、清洁铸造技术"。

● 12月，该咨询项目于2007年启动，任中国工程院大型咨询项目副组长。研究成果《装备制造业自主创新战略研究》一书正式出版。

2008 年

- 1月，参加国家人事部组织专家休假团赴海南休假，清华大学李三立院士（已故）、柳百新院士同行。

- 2月，访问日本横滨 IHI 公司，讨论模拟仿真科技合作事宜。

- 4月1—3日，赴杭州，参加中－美－加"镁合金汽车前车架研发（MFERD）"项目组会议，报告子课题"集成计算材料工程"（ICME）研究进展。

- 5月，和柳百新一起参加家乡常州第4届科技论坛，访问怀德苑小学。

- 5月，赴成都参加两院院士航空科技咨询会议。

- 5月21—25日，赴日本名古屋，参加亚洲铸造会议（AFC），做报告"Numerical Simulation of Directional Solidification Process of Single Crystal Turbine Blade Casting"（燃气轮机单晶叶片铸件定向凝固过程数值模拟研究）。

- 5月29日，应广东省邀请，赴广州做报告"提高装备制造业自主创新能力"。

- 6月1日，参加中国铸造协会年会，做大会主旨报告"节约资源、环境友好的铸造生产"。

- 6月13—23日，赴奥地利格拉茨，参加第2届国际凝固过程进展会议（ICASP），做报告"Progress on Modeling on Microstructure Evolution of Shape Casting by MCA Method"（基于MCA方法的铸件微观组织建模研究进展）。

- 7月3—5日，赴日本，参加中－日 IHI 合作项目会议，讨论研究进展。

- 7月17—22日，赴英国牛津大学，参加12届中-英学者材料会议，做报告。访问帝国理工学院，进行学术交流。

- 7月29日，赴宜昌，参加700MW级水轮机转轮不锈钢铸件国产化技术规范（条件）研讨总结会，做会议总结。参观长江三峡水电站。

- 8月，参加两院院士行，赴成都对"成都航空发动机集团"进行考察。

- 11月18日，赴宁波，应邀参加2008中国（宁波）新材料与产业化国际论坛，做主旨报告"推进先进材料研发与产业化进程"。

- 12月6日，在清华大学主持召开"先进成形制造建模与仿真研讨会"，做报告"建模与仿真是数字化制造的核心技术"。

- 12月24日，参加教育部在人民大会堂召开的"改革开放暨留学生工作30周年座谈会"，做邀请报告"顽强拼搏、报效祖国"。

2009年

- 2月11—20日，赴美国旧金山，参加TMS会议，做报告。应邀访问福特汽车技术中心及密歇根大学。

- 3月13日，接受《人民日报海外版》采访，刊登专访文章《留美成为我人生的转折》（改革开放·首批赴美留学生系列专访）。

- 3月，赴哈尔滨，参加"The 2nd EU-China Workshop on Multi-physics and Meeting on RTD Collaboration in Aeronautics"，做特邀报告"*Numerical Simulation of Directional Solidification of Ni-based Super-alloy Turbine Blade Castings*"（镍基高温合金燃气轮机叶片铸件定向凝固数值模拟研究）。

- 4月21日，赴杭州，参加浙江省工业转型升级系列报告会，做特邀报告"中国装备制造业发展现状、趋势及对策"。

● 5月9日—6月1日，赴加拿大尼亚加拉湖小镇，参加中－美－加"镁合金汽车前车架研发"（MFERD）项目会议，做子课题（ICME）汇报。赴美国麦迪逊，参加以"Carl Loper 教授"命名的国际铸铁会议，做报告。重访30年前做访问学者时的住所。

● 6月28日—7月1日，赴澳大利亚凯恩斯，参加国际轻量化技术会议，做邀请报告。

● 7月，参加中国科学技术协会组织的专家休假团，赴昆明、腾冲等地考察和休假。

● 8月4—10日，应邀参加国庆60周年中组部组织的专家北戴河休假。其间，参加中组部召开有关人才专家座谈会。

● 8月23日—9月4日，赴德国柏林，参加第6届国际先进材料加工与制造会议（International Conference on Processing and Manufacturing of Advanced Materials – THERMEC – 2009），做报告。

● 9月19日，赴宁波，参加装备制造业发展方向论坛，做大会主旨报告"提高我国装备制造业自主创新能力"。

● 9月21日，参加清华大学举办的"学术人生"讲座，为全校研究生做报告及座谈。

● 10月20日，赴上海交通大学，参加第3届中国－挪威轻合金会议，做报告。

● 11月2—7日，赴韩国晋州，参加中－韩先进制造技术会议。

2010年

● 2月14—28日，赴美国西雅图，参加 TMS-ICME 会议，做报告。

● 4月12—16日，赴韩国仁川，参加第8届环太平洋铸造及凝固模拟（MCSP-8）会议，做报告"*Microstructure Modeling and Simulation* of Shaped Casting with MCA Method"（基于 MCA 方法的铸件微观组织建模与仿真研究）。

● 5 月 9 日，在北京，参加中国铸造协会年会，做主旨报告"发展资源节约、环境友好的铸造技术"。

● 5 月 31 日，赴上海，参加"第 4 届国际热加工过程建模与计算机模拟会议"（The 4th International Conference on Thermal Process Modeling and Computer Simulation），做大会报告"*Stress Analysis and Deformation Prediction of a Heavy Hydraulic Turbine Blade Casting during Casting and Heat Treatment Processes*"（大型水轮机叶片铸件铸造及凝固过程应力分析及变形预测研究）。

● 6 月，中国工程院组团，赴挪威奥斯陆，参加中国工程院与挪威工程院会议，做邀请报告"*Progress on Macro and Micro Modeling of Materials Processing Technology*"（材料加工工艺宏微观建模研究进展）。

● 7 月 27 日—8 月 9 日，赴澳大利亚凯恩斯，参加第 7 届环太平洋国际先进材料与工艺模拟会议（PRICM-7），任模拟仿真分会主席。做分会主旨报告"*Numerical Simulation of Grain Selection Behavior of Singe Crystal Ni-Based Superalloy Casting*"（单晶镍基高温合金铸件晶粒生长取向数值模拟研究）。

● 8 月，受聘中国一汽集团"院士工作站"特聘院士。赴长春访问一汽铸造公司。

● 9 月 14 日，赴上海，应华东铸造协会邀请，做主旨报告"发展资源节约、环境友好的铸造技术。"

● 10 月 23 日，赴美国密歇根大学，参加中－美－加"镁合金汽车前车架科研"（MFERD）项目会议。

● 11月8—19日，赴埃及卢克索等地，参加第9届国际铸铁会议（Cast Iron），任国际委员会委员。

● 11月22日，赴武汉，参加第110场"数字化设计与自主创新"工程科技论坛。做特邀报告"先进铸造及凝固过程多学科多尺度建模与仿真"。

● 11月26日，赴上海参加上海高端装备制造科技创新论坛，做大会邀请报告"发展资源节约、环境友好的高端制造技术"。

● 12月25—26日，赴重庆，参加第113场中国工程科技论坛"汽车自主创新"，做主旨报告"发展资源节约、环境友好的高端制造技术"。

● 12月，赴南宁，参加"973"项目"难加工航空零件的数字化制造基础研究（2010—2015年）"启动会议。负责课题1（课题名称：精密复杂铸件凝固成形的建模仿真与单晶生长的热-位移同步控制）。项目按期完成，获较好评价。

2011年

● 1月16—24日，应邀赴美国华盛顿，参加中-美两国清洁能源科技合作会议。赴密歇根，参加密歇根分会，做报告。

● 2月26日—3月9日，赴美国圣迪哥，参加美国材料学会年会（TMS）会议及集成计算材料工程（ICME）分会，做报告。

● 3月29日，在北京科技大学"北京科技大学名师论坛"，做特邀报告"铸件凝固过程建模与仿真研究进展"。

● 4月，赴桂林，参加第二届制造科学与工程国际学术会议，做大会主旨报告"*Modeling and Simulation in Advanced Digital Manufacturing Technology*"（先进数字化制造技术建模与仿真研究）。

● 4月，参加在人民大会堂举办的清华大学100周年校庆庆祝大会，及 1955 级校友返校纪念入学 60 周年活动。

● 5 月 21 日—6 月 7 日，赴美国加州长滩，参加美国航空材料会议（Aeromat-2011），做报告。

● 6 月 9 日，应邀赴西北工业大学"名家讲堂"做学术报告"铸造及凝固过程建模与仿真研究进展"。2007 年起受聘为该校兼职教授。

● 8 月，邀请英国莱斯特大学董洪标教授来清华，暑期讲学一周。

● 8 月 23 日—9 月 23 日，参加中国工程院代表团，访问加拿大及美国工程院。期间不慎脑部受伤，在波士顿接受手术。（手术十分成功，康复后，一切恢复正常）

● 11 月 5—7 日，受中国工程院委托，在北京主持召开"数字化设计与制造发展高层国际论坛"，美国、英国、日本、韩国等国的国际著名学者参加会议。做报告 *Advances in Multi-scale Modeling of Solidification and Casting Processes*（铸造及凝固过程多尺度建模研究进展）。

● 11 月，赴广州，参加亚洲铸造会议（AFC），做主旨报告 *Progress on Modeling and Simulation of Unidirectional Solidification of Super-alloy Turbine Blade Casting*（高温合金燃气轮机叶片铸件定向凝固建模与模拟研究进展）。

● 12 月 10—17 日，邀请美国工程院院士、伍斯特理工学院 Apelien 教授访问清华大学，并讲学。

● 12 月 20 日，赴上海参加国家重点基础研究发展计划（"973"计划）项目启动会，项目：新型能源装备中大型锻件均质化热制造的科学基础。和沈厚发教授合作负责课题 1（课题名称：大型铸锭中的多域流动及其质、能传递规律）。

2012 年

- 2 月 12 日及 11 月 23 日，为全校研究生新生"研究生学术与职业素养"课程，讲授"用高新技术促进传统产业的技术进步"讲座。

- 3 月 5 日，《中国科学报》以"自强不息、再铸辉煌"为题，报道柳百成专访。

- 3 月 5 日，参加美国驻华大使馆在北京举行留学归国学者招待会。

- 4 月 14 日，在 2012 年第 9 届中国经济女性发展论坛，做"提高装备制造业自主创新能力"大会主旨报告。

- 4 月 24 日，参加清华大学博士生学术论坛，"柳百成、柳百新兄弟院士学术人生"讲座。

- 6 月 15 日，参加美国威斯康星大学代表团在北京举行的招待会，威斯康星大学校友会向柳百成颁发改革开放后"首位威斯康星大学的访问学者"证书。代表团回国后，专门在其英文网页上以"SPECIAL REPORT: WISCONSIN IN CHINA"为标题，全文介绍柳百成的留学经历。

- 6 月 16—28 日，赴奥地利施拉德明参加第 13 届国际 MCWASP 会议，做报告，顺访瑞士。

- 8 月 4—5 日，赴北戴河召开《中国机械工程》第 4 届编委会会议，任第 4 届编委会主任。

- 9 月 12 日，赴上海参加"高温合金叶片制造技术研究"重大专项验收会。会后举行的研讨会上，做"高温合金定向凝固叶片铸件凝固过程建模与仿真进展"报告。

- 9 月 16—18 日，在北京主持中国工程院机械与运载工程学部"高端成形制造技术及多尺度全流程建模与仿真"工程前沿研讨会。任大会主席，做"先进成形制造技术及全流程建模与仿真发展趋势"的主旨报告。

- 9月22日—10月5日，赴澳大利亚卧龙岗（Wollongong）参加"国际先进制造技术会议"，做报告。

- 10月23日，赴苏州参加中国铸造活动周，获中国机械工程学会颁发的"中国铸造杰出贡献奖"。在北京，做"发展先进铸造技术"主旨报告。

- 11月19日，在北京参加"中－英战略性新兴产业"研讨会。主持先进制造专题会议，做"Trend of Advanced Manufacturing Technology"（先进制造技术发展趋势）邀请报告。

2013年

- 1月19日，柳百成院士八十寿辰庆祝会暨《风雨沧桑八十载》影集首发式同时举行。清华大学及学院领导及来自海内外的50余位历届博士后、博士及硕士毕业生参加了会议。

- 2月25日，参加中国工程院召开的"制造强国战略研究"咨询项目综合组会议，任该项目组副组长。

- 3月29—30日，在上海大学做"铸造及凝固过程建模与仿真研究进展"报告。参加上海2013先进制造业大会，做"发展资源节约、环境友好的先进制造技术"大会主旨报告。

- 4月7日，应邀在北京参加"中国铸造高层论坛"会议，做"发展资源节约、环境友好的高端铸造技术"邀请主旨报告。

- 4月9日，应华中科技大学邀请赴武汉，在华中科技大学"科学道德与学风建设"宣讲教育报告会暨189期"科学精神与实践"讲座，做"顽强拼搏、报效祖国——柳百成学术人生道路"报告。

- 4月15—17日，赴丹阳，参加丹阳航空航天产业发展院士报告会。

● 5月7—11日，工程院组团，赴大连市进行先进制造业发展战略咨询调研及院士行活动。

● 5月18—29日，赴芬兰及瑞典，参加第3届国际凝固、铸造和计算机模拟前沿会议。

● 7月7—11日，赴美国盐湖城，参加世界集成计算材料工程（ICME）会议，任国际委员会委员。

● 7月27—28日，在北京第3届全球华人教授制造科学中青年论坛，做"发展资源节约、环境友好的先进制造技术"大会特邀报告。

● 8月2日，参加上海召开"973"项目"新型能源装备中大型锻件均质化热制造的科学基础（2011CB012900）"中期工作会议。

● 9月2—13日，赴英国莱斯特参加国际相场（建模、应用、软件）研讨会，做大会邀请报告"Progress in Multi-scale Modeling and Simulation of Casting and Solidification Processes"（铸造及凝固过程多尺度建模与模拟研究进展）。

● 9月24—25日，赴沈阳参加举办第10届沈阳科学学术年会，做"发展资源节约环境友好的先进制造技术"邀请报告。

● 10月10日，在北京"中国机械工业节能减排及综合利用大会"，做"发展资源节约环境友好的先进制造技术"大会报告。

● 10月26日，在北京参加2013国际先进制造工艺及刀具技术研讨会，做"发展资源节约环境友好的先进制造技术"大会特邀报告。

● 11月21—23日，访问四川德阳东方汽轮机公司，受聘为四川省重点实验室学术委员会顾问。在"东汽高端学术报告会"上做学术报告。

● 12月8—13日，应邀赴台湾，在第12届亚洲铸造会议（AFC），做"Multi-scale Modeling of Solidification Process of Advanced Casting

Technology"（先进铸造技术凝固过程多尺度建模研究）大会主旨报告。

● 12月19日，参加"纪念蒋南翔同志100周年诞辰"座谈会上，做"怀念南翔同志、学习南翔同志"发言。会后，纪念文集正式出版。

2014年

● 1月7日，在中国工程院，周济院长向马凯副总理汇报"制造强国战略研究"，提出"中国制造2025"建议。会上，做"创新能力建设"补充发言。

● 2月8日，主持"美国MIT校友会"北京校友春节联欢聚餐会。任欧美同学会留美分会"MIT校友会"会长。

● 3月17日，主持召开第2届清华－东汽重型燃机叶片制造技术论坛。

● 3月28日，中国工程院主持的"工业强基战略研究"咨询项目正式启动。任课题2组长。

● 4月7—10日，应海尔集团邀请，赴青岛海尔集团公司访问，做"中国制造业的现状与展望"邀请报告。

● 4月18日，在中国工程院主持召开"工业强基战略研究"项目，课题2"加强先进基础工艺发展战略研究"启动会。

● 4月28日，在无锡参加中国一汽集团有限公司2014年度院士工作站会议。

● 5月5日，清华大学教师一行6人，应邀赴沈阳访问中航工业沈阳黎明航空发动机公司，进行学术交流。

● 5月12日，在北京主持召开"集成计算材料在成形制造行业工程应用"（ICME）高端讨论会。

● 5月22日，赴昆明，参加"云南省柳百成院士（专家）工作站"

揭牌仪式暨学术报告会。

- 5月29日,在北京"中－美工程技术研讨会——新工业革命与智能制造论坛",做"Status and Forecast of China Manufacturing Industry"(中国制造业现状与展望)邀请报告。

- 7月10日,参加在北京人民大会堂举行的"中－美留学35年"报告会,做邀请报告。会后,国务院副总理刘延东、美国国务卿克里会见全体参会人员并合影。

- 7月21—31日,赴西班牙巴塞罗那,参加第11届世界计算力学会议,做报告。

- 9月26日,中国机械工业联合会召开2014年度行业科技工作会议。做"中国制造业现状及先进制造技术发展趋势"大会邀请报告。

- 9月27日,赴西安参加中国机械工程学会铸造分会《铸造行业"十三五"技术发展规划纲要》编制工作会议,做"加快建设制造强国"的专题报告。

- 11月20日,应邀在北京理工大学,做"中国制造业现状及先进制造技术发展趋势"邀请报告。

- 11月23日—12月3日,赴日本大阪参加第9届MCSP会议,做大会主旨报告"Experiences on Modeling of Casting and Solidification Processes"(铸造及凝固过程建模研究进展)。

2015年

- 1月29日—2月4日,赴韩国参加"International Conf. on Casting and Solidification Simulation for Foundry"(国际铸造行业铸造及凝固模拟会议),做主旨报告。

- 3月2日,参加清华大学召开的中－英先进制造业学术研讨会,做

"China Manufacturing 2025—An Action Program for Strong Manufacturing Industry"邀请报告。

● 5月19日—6月3日，受中国工程院委托，带团赴美国考察"美国先进制造伙伴计划及制造创新网络"。访问"先进制造国家计划办公室"、俄亥俄州立大学、密西根大学、福特汽车公司技术与创新中心等单位。赴科罗拉多泉参加"世界集成计算材料工程"会议，做报告。

● 7月29日，在深圳召开的"'中国制造2025'国际论坛"，做"创新驱动、强化基础、建设制造强国"大会主旨报告。

● 8月20日，参加由工信部进鹏副部长主持召开的专题报告会，做"美国国家制造创新网络及先进制造技术"报告。

● 9月17日，在上海召开2015中国航空科学与技术大会航空材料分会，做"创新驱动、强化基础、建设制造强国"邀请报告。

● 10月14日，受中国工程院委托，赴韩国参加韩国国家工程院（NAEK）建院20周年庆祝活动暨国际学术会议，并做大会主旨报告"China Manufacturing 2025—An Action Program for Strong Manufacturing Industry"（"中国制造2025"——建设制造强国行动纲领）。

● 10月26日，赴苏州，参加2015年铸造活动周，做"发展先进工艺、建设制造强国"大会主旨报告。会上获中国机械工程学会颁发的"中国铸造终身成就奖"。

● 11月2日，赴武汉参加中－日－韩先进制造国际研讨会，做"Status and Foresight of China Advanced Manufacturing Technology"（中国先进制造技术现状与展望）大会报告。

● 11月6日，应共青团清华大学委员会邀请，在"时事大讲堂"做"'中国制造2025'——建设制造强国纲领性文件"报告。

● 11月25日，国家发改委"第50期青年读书论坛"，做"中国制造2025——建设制造强国纲领性文件"报告。

● 12月3日，在中国工程院召开的中－美机械工程学会报告会，做"China Manufacturing 2025— An Action Program for Strong Manufacturing Industry"报告。

2016年

● 1月14日，在清华大学接受韩国阿里郎（ARIRANG）电视台专访，"新工业革命"专题片，在韩国正式放映。

● 4月25—29日，参加中国工程院代表团，赴韩国出席中－韩企业创新论坛，考察韩国制造企业。

● 5月12日，在中国工程院主办的中－德－美智能制造高端研讨会上，做"China Manufacturing 2025 and International Collaboration"（"中国制造2025"与国际合作交流）邀请报告。

● 5月20日，在北京召开的第十一届中－美工程技术研讨会——创新与智能制造论坛，做"China Manufacturing 2025—An Action Program for Strong Manufacturing Industry"大会主旨报告。

● 5月25日，参加在北京航空材料研究院为庆祝建院60周年，主办的"先进航空材料技术发展论坛"，做"'中国制造2025'——建设制造强国之路"邀请报告。

● 5月26日，赴上海，在2016（第四届）先进制造业大会，做"创新驱动、强化基础——建设制造强国"大会主旨报告。

● 7月17日，在中国工程院为新疆、西藏、青海及四川优秀少先队员报告会上，做"顽强拼搏、报效祖国"科普学术报告。

● 7月23日，中国机械工业联合会等单位联合主办的"第二届中国制造高峰论坛"在北京人民大会堂召开，做"强化基础、支撑自主创新"主旨演讲。凤凰卫视于 24 日晚新闻节目中，播放了会议期间有关"中国制造 2025"及有关机器人产业问题的专访。

● 9 月 9 日，在北京召开"2016 国家制造强国建设专家论坛"，做"提升工业基础创新能力"主旨报告。

● 9 月 20 日，赴郑州，参加"中国（郑州）智能制造产业发展创新论坛"，做"数字化设计与制造是智能制造关键技术"大会主旨报告。

● 9 月 24 日，在北京参加由工信部等单位召开的第二届"'中国制造 2025'与工业 4.0 全球年会"，做"数字化设计与制造是智能制造关键技术"大会主旨报告。

● 9 月 27 日，在国家行政学院举办国家厅局级干部"中国制造 2025"研讨班，做"'中国制造 2025'——建设制造强国纲领性文件"报告。

● 11 月 11 日，赴日本横滨参加"华为国际结构材料峰会"，做"*China Manufacturing 2025—An Action Program for Strong Manufacturing Industry*"（"中国制造 2025"——建设制造强国纲领性文件）主旨报告。

● 11 月 22—25 日，参加中国工程院组织的团队，赴德国慕尼黑出席中－德企业创新论坛，考察德国企业。

● 11 月 30 日，赴沈阳参加"高端装备轻合金铸造技术国家重点实验室"学术委员会会议，任学术委员会主任。做"强化工业基础能力、建设制造强国"学术报告。

● 12 月 8 日，赴南京参加"世界智能制造大会"，做"数字化设计与制造是智能制造过程关键技术"邀请报告。

● 12 月 22—25 日，参加中国工程院组织的代表团，赴德国出席"*Digital Transformation of Manufacturing Industry*"会议。

● 12月29日，参加2016中国工业强基战略推进论坛，做"加强先进基础工艺创新能力"邀请报告。

2017年

● 1月8日，由《人民日报》《人民论坛》杂志社主办的2017年第三届海归中国梦年度盛典在北京举行。柳百成等6人获得"2017年海归中国梦年度人物"称号。在"大国复兴与海归中国梦"主题会上，做"顽强拼搏、报效祖国"发言。《人民论坛网》及《人民论坛》刊登"顽强拼搏、报效祖国"发言，及题为"柳百成：制大国到制造强国任重而道远"记者采访稿。

● 4月7日，在中国工程院召开的"青少年走进工程院"科普论坛，做"顽强拼搏、报效祖国"科普励志报告。

● 4月14日，参加工信部召开的"制造业创新中心总体布局思路"会议，提出设立"数字化设计与制造创新中心"制造业重点发展方向的建议。

● 4月16日，在北京第6届航空先进制造技术及装备论坛，做"数字化设计与制造是智能制造关键技术"大会邀请报告。

● 5月21—31日，赴美国密歇根参加"第3届世界集成计算材料工程（ICME）会议"。赴华盛顿，参加由美国国家科学院召开的"美国制造业的任务"研讨会。会后访问密歇根大学及福特汽车技术与创新中心。

● 7月7—12日，赴法国波尔多，参加"国际材料工艺、应用、研究前沿会议"，宣读报告。

● 7月23日—8月4日，赴英国温莎，参加"第7届凝固过程国际会议"（SP），做题为"*Numerical Simulation of Macro-segregation in Large Steel Ingot with Multicomponent and Multiphase Model*"（大型

铸钢锭多组元多相宏观偏析数值模拟研究）大会主旨报告。访问莱斯特大学，做"China Manufacturing 2025—An action Program for Strong Manufacturing Industry"（"中国制造2025"——制造强国行动纲领）报告。

● 8月16—18日，赴青岛参加"第7届钢铁模拟与仿真（STEELSIM-2017）国际会议"，任国际顾问委员会主席，做大会主旨报告"Progress in Modeling of Macro-segregation in Large Steel Ingot with Multicomponent and Multiphase Model"（大型铸钢锭多组元多相宏观偏析建模研究进展）。

● 8月21—23日，在北京参加"第10届环太平洋铸造及凝固模拟国际会议"（MCSP-10），获国际会议组委会颁发的"杰出贡献"奖。

● 9月9日，参加"第20届京台科技论坛、京台科学城合作院士论坛"，做"数字化设计与制造研究进展"邀请报告。

● 9月12日，赴常州参加"2017年工业强基现场会议"。

● 9月24日，赴武汉参加湖北省"制造业创新中心"考察活动。参加华中科技大学和清华大学联合申报的"数字化设计与制造创新中心"汇报会。

● 10月16日，在国家行政学院，在厅局级干部制造业供给侧结构性改革专题研讨班讲课。讲课题目："中美制造业创新研究中心比较"。

● 10月19日，应浙江大学及浙江省机电研究院邀请，在浙江大学及机电研究院，分别做"创新、强基、智能——建设制造强国"报告。

● 11月7—8日，参加"上海2017创新与新兴产业发展国际会议"，在"中-德制造业数字化转型"论坛，做"Digital Design and Manufacturing: Fundamental Technology for Intelligent Manufacturing"（数字化设计与制造——智能制造关键技术）主旨报告，并主持讨论会。

- 11月15日，参加"北京第3届中国制造高峰论坛"，主持开幕仪式及会议讨论会。做"数字化设计与制造是智能制造关键基础技术"主旨报告。

- 12月4日，在李兆基大楼举行了2017年"清华校友——柳百成奖学金"颁奖仪式暨报告会。奖学金捐赠人汪涛博士及其夫人陈渝女士出席会议。他们捐赠40万元奖学金，每年有8名博士生入选，每人可获1万元奖学金。

2018年

- 3月7日，接受新华通讯社专访。3月30日正式播发《国家相册第84集》"负笈留学路"视频特写。

- 3月29日，在中国工程院参加"数字化设计与制造创新联盟"成立大会，并主持召开联盟第一届专家委员会会议。

- 4月17日，接受中央等电视台专访，主题为"改革开放40年"。6月29日在吉林电视台播出专访"走出国门——留美记"。

- 4月24日，在北京理工大学"百家讲坛"，做"数字化设计与制造——智能制造关键共性技术"学术报告。

- 4月25日，在北京国家工程科技图书馆"科普讲座"，做"为建设制造强国拼搏学术及人生"报告。在院士馆题词"爱国奉献、创新思维、顽强拼搏、健康体魄、全面发展"。

- 5月25日，参加安徽省召开的"2018世界制造业大会智能制造发展论坛"，做主旨报告"数字化设计与制造——智能制造关键共性技术"。

- 6月1日，中国科学院召开"科学与技术前沿论坛"会，做"加快研发设计与制造关键支撑软件"主旨报告。

● 6月23日，清华大学召开"改革开放后出国留学工作四十周年"座谈会，做"赴美留学是我学术人生的里程碑"报告。

● 7月1—12日，赴英国伯明翰参加"中－英钢铁研究"国际会议，做主旨报告"Multiscale Modeling and Simulation of Directional Solidification Process of Ni-based Superalloy Turbine Blade Casting"（镍基高温合金燃气轮机叶片铸件定向凝固过程多尺度建模与模拟研究）。访问伦敦布鲁耐尔大学（Brunel University）。

● 7月14日，参加新华通讯社"新经济发展论坛"，做"发展智能制造——建设制造强国"主旨报告。

● 8月10日，在工程院主持报告会，请美国先进制造国家计划办公室副主任Frank Gayle博士，做"美国制造——制造业创新网络"邀请报告。

● 8月17日，参加中国科学院主持的"数字化设计与制造高峰论坛"，做"加快研发数字化设计与制造关键核心软件"主旨报告。

● 8月23日，赴长春中国一汽集团汽车铸造有限公司，为一汽集团铸造院士分工作站揭牌。做"发展智能制造——建设制造强国"学术报告。考察新铸造工厂，访问吉林市有关企业。

● 8月29日，接受《美洲新侨报》采访。侨报网9月发布视频"中国留学生之40年"及《中国留学生的四十年之柳百成：新留学潮开启的见证者》专题报道。

● 9月5—6日，赴沈阳参加中国工程院"航空发动机及重型燃机发展"咨询研讨会院士行活动，受聘为航空发动机咨询专家。

● 9月17日，参加北京市"2018国际先进制造创新发展论坛"，做大会主旨报告"Developing Intelligent Manufacturing for a Strong

Manufacturing Industry"（发展智能制造——建设制造强国）。

- 9月18—20日，参加天津举办的"夏季达沃斯年会——新领军者年会"。

- 9月23日，在武汉参加工程院组织的"工程前沿论坛"，做主旨报告"创新 强基 智能——建设制造强国"。

- 10月9—13日，参加工程院组织的团队，赴德国考察，参加"中-德制造业数字化转型研讨会"，做主旨报告"*Modeling and Simulation — Key Technology for Digital Transformation of Manufacturing Industry*"（建模与仿真——制造业数字化转型关键技术）。

- 10月，在清华大学正式办理"退休"。出版题为《岁月成诗、薪火相传》的清华大学荣休纪念册。

- 11月，《中国经济周刊》刊登专访《四十年前，我们52人赴美留学》。

- 12月13日，清华材料学院及机械工程学院组织"学术人生"讲坛，做"爱国奉献 报效祖国——致敬改革开放40周年"的专题讲座。

- 12月15日，参加中央新闻纪录电影制片厂获奖纪录片《奋斗时代》首映式，影片中有柳百成等代表性人物的专访。

- 12月15日，中央教育台播出柳百成《从出国热到归国潮》专访片。

- 12月21日，《新清华》刊登改革开放四十年之亲历者记，《柳百成：留学岁月照亮了我的人生》。

（"生平大事年志"，由柳百成提供）

后记

经过四年、四次大修改,总算在百成 90 岁生日前完成了《柳百成传》的初稿。在后记中我想回答两个问题:为什么我在 80 多岁高龄,还要写《柳百成传》?为什么由我来写?

首先,我们这一代人,是在共产党领导下、新中国成立后成长起来的科技工程人员与高校教师。我们的童年都是在抗日战争和解放战争中度过的,亲历了日本帝国主义侵略的残暴和国民党政府的腐朽,十五六岁时兴高采烈地迎来了中华人民共和国的成立和人民的解放,经历了抗美援朝的残酷斗争。青年时代有幸接受了高等教育,迎来了热火朝天的第一个五年计划——大规模的社会主义建设,在新的中国健康成长,明确了方向、学习了知识、健壮了体魄,为建设社会主义的祖国时刻准备着。正当我们兴致勃勃投入社会主义建设时,不幸经历了错误的"大跃进""反右倾"和更加灾难性的十年"文革",经济崩溃、干部遭殃、知识分子挨批斗、青年上山下乡,制造了与科学文化绝缘的一代,这一代人与全国人民一道经历了种种的深重苦难,没有能为国家人民做出应有的贡献。改革开放,纠偏改错,平反冤假错案,迎来了科学技术、经济发展的大好春天。经过半个多世纪的艰苦奋斗、埋头苦干、韬光养晦,14 亿人民重新学习、努力探索、奋起追赶,取得了伟大的进步,中华民族重新崛起,以世界第二大经济体挺立于世界。我们这一代知识分子奋起学习世界先进科技及管理,在国家经济发展、文明建设中起了先锋作用,承前启后、爱国奉献、创造发明、传播知识、培育新人、重振道德、提升经济、改进管理、繁荣文化、增进国防、探索新路、呕心沥血，起了适应这个伟大时代发展不可或缺的特殊作用。作为群体，他们是建设社会主义国家的特殊重要力量，在未来日益飞速发展的新时代里，他们的作用将更加显现。

百成作为这一时代的中国知识分子，具有一定的代表性。他经历了日本帝国主义的侵略欺凌，培养了崇高的爱国主义精神，迎接解放，懂得了社会主义建设的艰巨。第一个五年计划时期，他在清华努力学习，做到"三好"（学习好、工作好、身体好），获得难能可贵的优秀毕业生金质奖章，时刻准备着投入社会主义建设。毕业留校，他承担了教书育人的光荣任务，为发展中国的高等教育尽心尽力，培育了一批国家急需的科技人才。正当他激情满怀取得初步成绩时，不幸"大跃进""反右倾"接踵而至，20多岁的百成在"反右倾"时遭到了无辜的严厉批判和错误打击，身心俱伤，多年来受到极不公平的待遇。继而，又是十年"文革"。劳动教化、思想改造，知识分子沦为"臭老九"，也成了革命专政改造的对象。百成也只能无所事事、接受改造，蹉跎岁月近20年之久。

好在他自幼受多年的教育，保持了独立思考的习惯和清醒的头脑，认识到"知识就是力量""违反常识必有妖""经济长期倒退，非治国之道"，不参与任何造反活动，静观其变。在"劳动改造"时，他不灰心丧气，坚信国家要建设发展，就需要先进的科学技术，不顾劳动改造的精疲力竭，趁夜晚常年坚持阅读大量先进的铸造专业英文科技文献，武装了头脑，丰富了知识，收获了硕果。

1976年，改革开放大转轨，废弃了阶级斗争纲领，开启了全面经济建设新篇章，祖国重新走上复兴之道。百成有幸成为新中国第一批被派往美国留学的访问学者，并被任命为总领队。打开国门，先进的世界科技、经济、文化扑面而来，我们太落后了！排在世界后部，泱泱大国何以立足？不拼命追赶行吗？他奋力学习先进的材料科学理论和计算机技术，并将信息化与铸造专业结合，开创了铸造、凝固过程建模与仿真的崭新学科前沿，在国际学术界占有了一席之地。他几十年奋战在高教战线，教书育人，培养了大批优秀科技人才，由于他杰出的贡献，1999年当选为中国工程院院士并被授予光华科技奖。此后，他受工程院委托，以长达20余年的时间，积极参加了国务院的"国家中长期科学和技术发展规划战略研究"课题中的"制造业发展科学技术问题研究"，以及中国工程院委托的重大咨询项目："装备制造业自主创新战略研究""制造强国战略研究""工业强基战略研究"等咨询研究，积极参与，提出建设制造业创新研究中心，并亲自规划和筹建了国家数字化设计与制造创新中心等，以推进制造业的更新换代、高质量发展，殚精竭虑为使中国制造业更加强大而献身。

他的点点滴滴为国为民忙碌的身影、严谨的学风、孜孜不倦的探索开拓精神、勇于战胜困难的勇气，淡泊名利、教书育人、科技创新，不仅是他个人的特色，更是这一代人在面临国家民族危难关头，表现出来敢于担当和重振中华的坚定决心和风貌！

我写《柳百成传》，就是想通过柳百成一生奋斗的细节，来显示我们这一代人，继承民族优秀文化传统的为国为民、卓越不懈的奋斗精神。中华民族5000年的光荣历史，是在战胜种种难以想象的困难中度过的，在近百年来更是如此。在悠悠岁月中，正是因为有不少仁人志士，担当了当年时代赋予他们的历史重任，抗击外敌，倡导中华文化，科技创新，精心治国，振兴中华，才使我中华绵延不绝，以大国之态傲立世界。我们这一代虽历尽艰辛，但未敢忘却兴国富民的历史重任，与人民一道，亲力亲为，终于造就了现代历史的辉煌。我想历史应是人民活动的真实记录，用笔记录下这一代人为民、为国,历经千难万险,勤奋有为、追赶先进的奋斗足迹。让我们的后继者,在胜利来之不易的基础上,仍要看清我们与世界发达国家还存在巨大的差距,要保持紧迫感。14亿人口的大国,要抓紧有利时机,尽力追赶、超越,脚踏实地,完成复兴大业,为世界人民做出更辉煌的贡献。

  这本书为什么由我来写?作为妻子来写,必然会有所偏颇,甚至受到诟病。我看到大量由子女写的父母的回忆录,带给我们许多珍贵真实的史实,让他们父辈的奋斗理想重现,延续了中华民族波澜壮阔的奋斗史,使我深受教育。历史贵在真实,不在乎谁写。我分析了我写《柳百成传》的优势和欠缺:我和他相识70余年,大学是同班同学,学的是同一个专业,熟习专业,共同成长。一起生活了近70年,共度磨难、共享成功。他的喜怒哀乐、爱好秉性、优缺长短我都一清二楚。改革开放后,我们都有出国学习的经历,共同访问过几十个国家和地区;都为祖国的振兴努力拼搏,为培养新一代尽心尽力。也有共同的爱好——努力关心学习新鲜事物、爱好摄影、旅游,具有共同的世界视野。我们都属于性格开朗,有话直说的人,交流颇多,对他的工作、学习、思想多有深入的了解,无论遭受磨难与成功,彼此都尽可能地给予了支持与鼓励,做到了同承受、共分享。改革开放后,我为清华大学研究生开新课数十年,阅读了大量的科技史、科技与社会、高科技发展、科学家传记等书籍文献,对科技发展与社会的相互影响,科技专家群体的特色和特殊贡献,有了一定的积累,深受教育,对此深感兴趣。获悉中国工程院支持为院士立传时,虽然我非文科出身,文字功底浅薄,笔头愚拙,但有一定的文理交叉的优势,斗胆一试。觉得可从更宽广的角度、更实事求是地来描述,试图通过百成的一生,来展示我们这一代特殊群体,在中国历史的重要转折关头,不管受到多少磨难困苦,矢志不移,始终为

后记

人民幸福，为中华重新崛起，尽我们的职责。我殷切希望我们的后代，无论处于何种困境，都要为中华民族的强大，提升人民的幸福感而奋斗终生！

封笔之日，我尚不知道自己的初衷是否能达到？不当之处，恳请读者批评指正。

曾晓萱　2022 年 12 月

于清华

致谢

  本书出版前经中国工程院编辑审稿委员会副主任葛能全审查修改，编辑出版办公室主任赵千负责联系出版事宜。其间，中国少年报社贺秉玮编辑对书稿中八章提出了修改意见，肖咏梅女士对书稿若干章节提出了修改建议；清华大学出版社鲁永芳编辑全面负责编辑及修改，提出了不少改进意见，对本书的质量提高大有裨益。对他们的辛勤劳动与付出，在此表示深深的感谢！

曾晓萱

2024 年 6 月